新能源汽车关键技术研究

李敬福　王洪佩　著

北京理工大学出版社
BEIJING INSTITUTE OF TECHNOLOGY PRESS

图书在版编目（CIP）数据

新能源汽车关键技术研究/李敬福，王洪佩著．—北京：北京理工大学出版社，2017.12

ISBN 978-7-5682-5043-6

Ⅰ.①新…　Ⅱ.①李…②王…　Ⅲ.①新能源-汽车-研究　Ⅳ.①U469.7

中国版本图书馆CIP数据核字（2017）第304168号

出版发行／北京理工大学出版社有限责任公司
社　　址／北京市海淀区中关村南大街5号
邮　　编／100081
电　　话／（010）68914775（总编室）
（010）82562903（教材售后服务热线）
（010）68948351（其他图书服务热线）
网　　址／http：//www.bitpress.com.cn
经　　销／全国各地新华书店
印　　刷／三河市华骏印务包装有限公司
开　　本／710毫米×1000毫米　1/16
印　　张／12.75
字　　数／240千字
版　　次／2017年12月第1版　2017年12月第1次印刷
定　　价／65.00元

责任编辑／赵　岩
文案编辑／赵　岩
责任校对／周瑞红
责任印制／李　洋

前　　言

随着世界能源危机和环保问题的日益突出，汽车工业面临着严峻的挑战。一方面，石油资源短缺，汽车是油耗大户，且目前内燃机的热效率较低，日益增长的汽车保有量加剧了这一矛盾；另一方面，汽车的大量使用加剧了环境污染，城市大气中污染性气体及微粒来自汽车尾气。此外，汽车噪声也是城市噪声污染的主要来源之一。面对这些现实问题，各国政府及产业界积极应对，纷纷提出各自的发展战略。新能源汽车成为21世纪汽车工业的发展热点。

2015年国务院发布《中国制造2025》，其中新能源汽车的发展被提升至国家战略层面，这既关乎整个国家能源、环境等方面的战略布局，也对汽车行业未来的发展方向提出了全新的要求。新能源汽车有别于传统能源汽车，它已经超越于传统能源，包括纯电动汽车、燃料电池汽车、混合动力汽车和氢能源动力汽车等。

本书系统地阐述了新能源汽车的关键技术，内容共包含7章，主要包括绪论、新能源汽车行驶的基本原理、新能源汽车的行驶工况、新能源汽车车载电源系统、新能源汽车电力驱动系统、新能源汽车辅助系统、新能源汽车充电技术等部分。本书符合人们对汽车的归类或叙述习惯，系统地将新能源汽车从整体到局部，尤其是核心技术进行具体介绍。本书适用于高等院校汽车相关专业的学生作为参考用书，也可以供从事汽车行业的相关技能人员使用。

本书由山东理工职业学院李敬福、王洪佩著，其中第1~5章由李敬福著，第6、7章由王洪佩著，全书由李敬福统稿。在本书的著作过程中查阅了大量的书籍、文献和网上资料，引用了一些网上资料和参考文献中的部分内容，在此特向其作者表示深切的谢意。

由于时间仓促，书中难免会有疏漏之处，希望读者予以谅解并指正，一并表示感谢。

著　者

2017年9月

目　录

第1章　绪　　论

1.1　概　　述

随着人口的增加及生活质量的不断提高，汽车保有量随之不断增长，而且从目前的发展趋势看来，汽车需求量会不断增加。传统燃油汽车是以汽油、柴油为主要能源，但从世界范围看，以石油为典型代表的能源危机日益凸显，在20世纪20年代有人预测全世界石油还能利用100年，而到1970年石油可开采年数月减少到40年。因此，开发出可以代替石油且能够满足需要的新能源，减少对石油的依赖，增加燃油消耗少的节能车数量，成为各国当前迫在眉睫的任务。并且大气污染以及二氧化碳排放问题日益严重，导致这些问题的主要原因——汽车尾气排放越来越受到人民的关注，并成为亟须解决的问题。但目前传统汽车技术还无法改变这些现状，若要摆脱对石油能源的依赖，减轻大气污染，改变传统汽车的不足，发展新能源汽车是必由之路。与传统汽车相比，新能源汽车是采用非常规的车用燃料作为动力来源（或使用常规的车用燃料但采用新型车载动力装置），综合车辆的动力控制和驱动等方面的先进技术，具有新技术、新结构的汽车。

1.1.1　新能源汽车的分类与特点

按照动力源的不同，新能源汽车主要分为纯电动汽车、混合动力汽车和燃料电池汽车三大类。纯电动汽车与传统内燃机汽车的最大区别是动力系统的差别，纯电动汽车的动力系统主要由动力电池组、驱动的电动机及其控制系统等组成，能够实现车辆减速制动时的能量回收。混合动力汽车主要指利用发动机与电动机的组合作为动力能源的汽车，其突出优点是发动机工作在经济工况区，排放低，燃油消耗量少，同时可以回收车辆减速制动时的能量；混合动力汽车被认为是当代汽车工业为保护大气环境及资源利用而采取的重大举措。近年来在国外取得了长足的发展，是当前最具产业化的新能源汽车。燃料电池汽车的动力系统主要由燃料系统、空气供给系统、燃料电池组、整车动力总成控制系统，驱动电动机及其控制系统、DC/DC变换器和蓄电池等组成；由于采用燃料电池作为动力源，可以实现完全的零污染零排放，被认为是最具发展前景的新能源汽车。

1.1.1.1 纯电动汽车

纯电动汽车，又称为蓄电池电动汽车、二次电池电动汽车，是以蓄电池作为主要能量来源或附加一种储能器的电动汽车，其结构形式如图 1－1 所示。

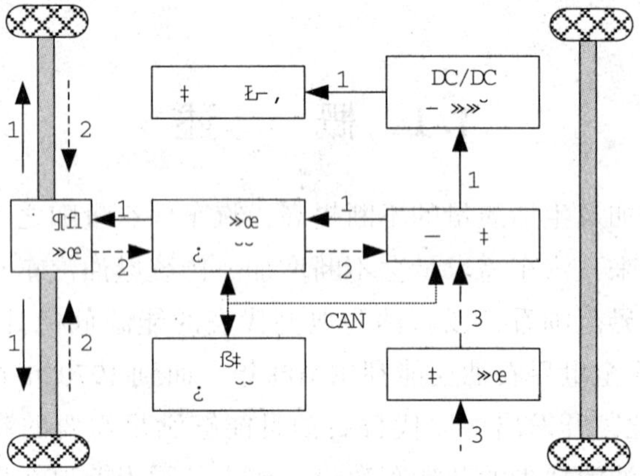

图 1－1 纯电动汽车结构结构形式

图 1－1 中，模式 1 为电动运行，由蓄电池输出电能，通过电动机控制器进行电能变换，控制驱动电动机运行，通过减速或变速装置将动力传输给车轮，驱动车辆运行；模式 2 为制动运行，当车辆减速或制动时，由电动机控制器控制驱动电动机运行于发电状态，将车轮动能转换为电能存储于蓄电池；模式 3 为外接充电模式，由车载充电动机接入外部电源向蓄电池充电。对于电动汽车的控制，由整车控制器通过 CAN 总线，协调蓄电池和电动机控制器的能量分配和车辆的运行控制，控制指令来自于加速踏板、制动踏板、方向盘和档位等信号。

纯电动汽车的优点主要包括以下几个方面：

① 零排放、无污染、低噪声。

② 结构简单，使用维修方便。

③ 直接采用电动机驱动，能量转换效率高；同时可以回收制动能量，提高了能量的利用效率。

④ 动力电池可以利用夜间进行充电，对电网能起到“削峰填谷”的作用。

1.1.1.2 混合动力汽车

混合动力汽车，又称为复合动力汽车，是由传统发动机与一种或一种以上的储能器作为动力源，且至少有一种储能器能够提供电能的车辆。

按照动力系统能量流和功率流的配置结构关系，混合动力汽车分为串联、并联和混联三种主要结构形式。按照两种不同能量的搭配比例不同，混合动力汽车又可以分为轻度混合动力、中度混合动力、重度混合动力和插电式混合动力四种类型。其中重度混合动力的代表车型有丰田普锐斯（Prius）等，插电式混合动力的代表车型有雪佛兰沃蓝达（Vlot）等。

混合动力汽车的主要特点主要包括：

① 可采用小排量的发动机，降低了燃油消耗。

② 通过控制策略优化，使发动机经常工作在高效低排放区，提高了能量转换效率，降低了排放。

③ 将制动能量回收到蓄电池中再次利用，降低了燃油消耗。

④ 某些混合动力汽车在市区可关停发动机，由电动机单独驱动，实现零排放。

⑤ 电动机和发动机联合驱动，提高了车辆的动力性能。

⑥ 利用现有的加油设施，具有与传统燃油汽车相同的续驶里程。

1. 串联式混合动力汽车

对于串联式混合动力汽车，发动机驱动发电动机，电动机使用发电动机的电能驱动车轮，因为功率是以串联的方式流向驱动车轮，故称为串联式混合动力汽车，如图1-2所示。由于发动机的功率和电动机的功率是串联结构，发动机不直接将动力传输至车轮，而是通过驱动发电动机以电能耦合的形式提供动力。串联式混合动力系统可以使用小功率输出的发动机，并且使其在相对稳定的高效率工作区间内工作，从而产生和提供电能给电动机，同时给蓄电池充电，因此串联式混合动力汽车又称为里程延长式混合动力汽车。

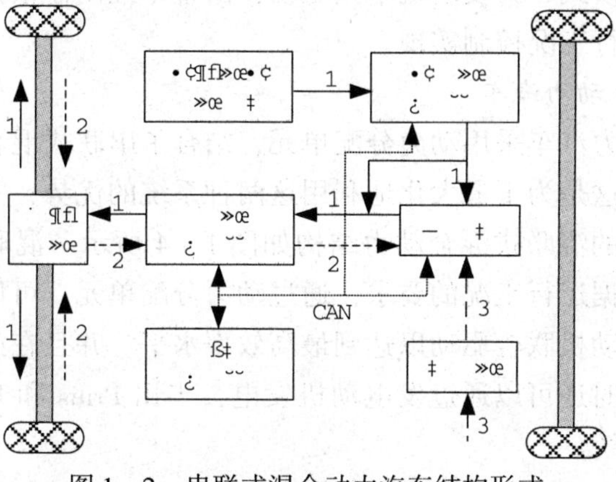

图1-2 串联式混合动力汽车结构形式

图 1－2 中，模式 1 为发动机发电动机组通过发电动机控制器向蓄电池充电，同时可以直接供给电动机控制器，控制电动机驱动车辆运行。模式 2 为制动运行；模式 3 为停车充电。

2. 并联式混合动力汽车

在并联式混合动力系统中，发动机和电动机都可以驱动车轮，车辆根据行驶工况来选择功率输出方式，如图 1－3 所示。因为功率是并联输出到车轮，因此称为并联式混合动力系统。在这种系统中，蓄电池充电是通过转换电动机为发电动机来实现的，利用蓄电池的电能来驱动车轮。虽然该系统结构简单，但是由于只有一台电动机，所以该电动机不能同时驱动车轮和向蓄电池充电。

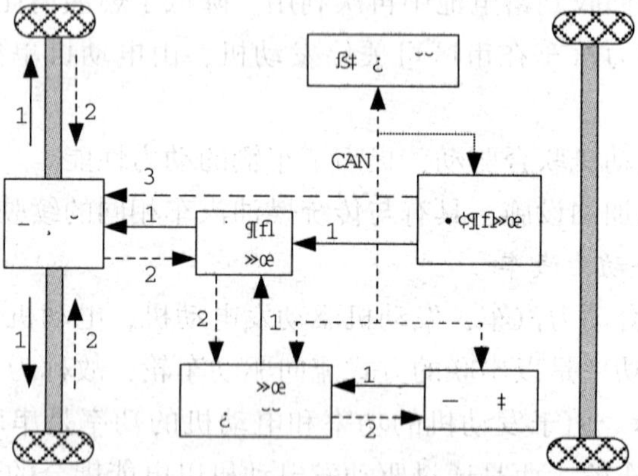

图 1－3　并联式混合动力汽车结构形式

图 1－3 中，模式 1 为并联驱动运行，发动机与电动机同时输出动力，传递给变速器驱动车辆运行；模式 2 为制动运行，使驱动电动机运行于发电状态，向蓄电池回收能量；模式 3 为发动机单独驱动，由整车控制器根据根据蓄电池不同电量状态和车辆运行工况控制实现。

3. 混联式混合动力汽车

混联式混合动力汽车采用动力分配单元，结合了串联式混合动力系统和并联式混合动力系统，这是为了最大化地利用这两种系统的优势，其混合动力结构具有多种形式，典型的混联式混合动力结构如图 1－4 所示。混联式混合动力汽车有两个电动机，根据运行工况的要求，通过动力分配单元，可以选择电动机单独驱动或电动机和发动机联合驱动以达到最高效率水平。并且在必要的情况下，系统在驱动车轮的同时还可以通过发电动机发电，丰田 Prius 和 Estima 混合动力汽车都是采用这种系统。

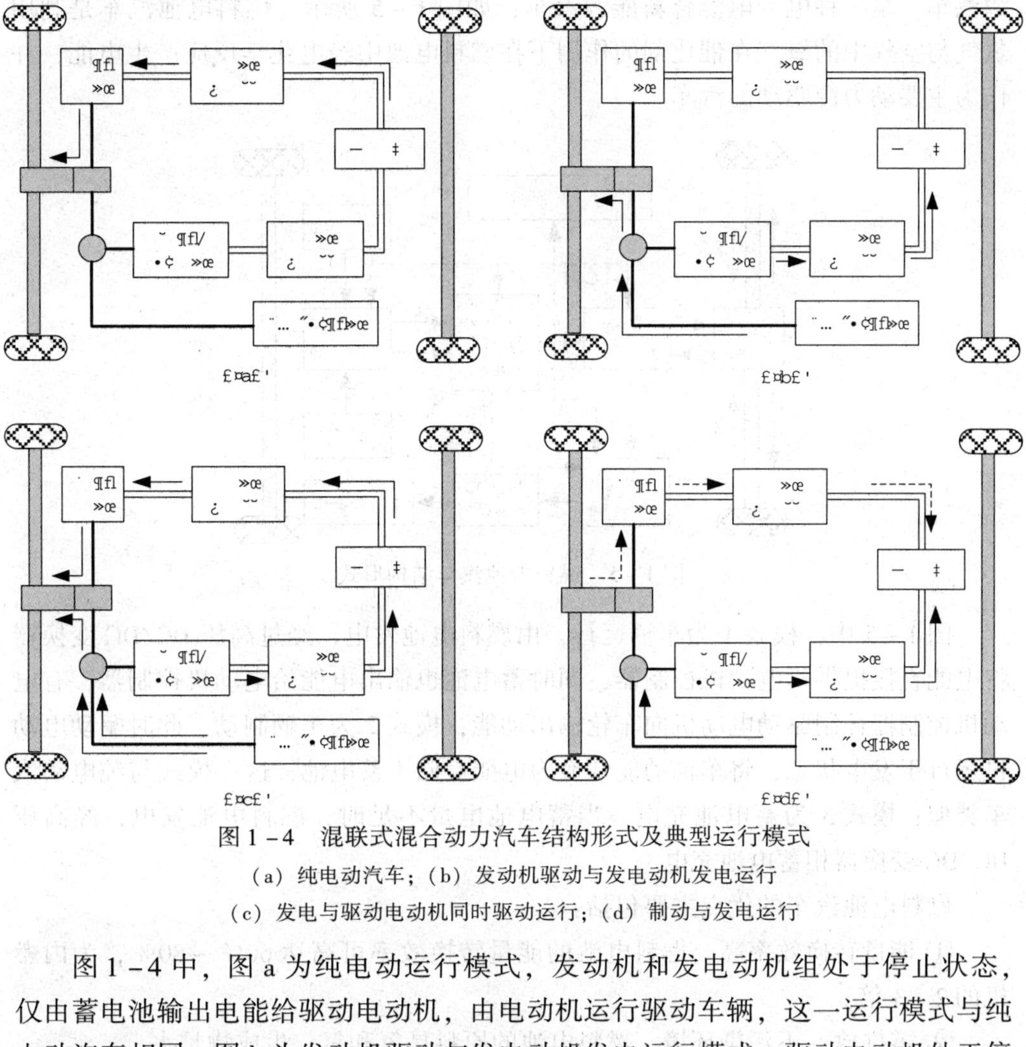

图1－4 混联式混合动力汽车结构形式及典型运行模式

（a）纯电动汽车；（b）发动机驱动与发电动机发电运行

（c）发电与驱动电动机同时驱动运行；（d）制动与发电运行

图1－4中，图a为纯电动运行模式，发动机和发电动机组处于停止状态，仅由蓄电池输出电能给驱动电动机，由电动机运行驱动车辆，这一运行模式与纯电动汽车相同；图b为发动机驱动与发电动机发电运行模式，驱动电动机处于停止状态，这种模式常应用于车辆高速行驶的工况或蓄电池电量较低时；图c为发动机和驱动电动机同时驱动模式，常用于车辆加速或高速超车运行工况；图d为制动与发电运行模式，当车辆需要减速或停车时，驱动电动机运行于发电工况，进行能量回收，同时也可以根据蓄电池电量，由发电动机进行充电。

混联式混合动力汽车运行工况涵盖了串联式混合动力汽车、并联式混合动力汽车和纯电动汽车的各种运行工况，控制灵活，节油率较高。

1.1.1.3 燃料电池汽车

燃料电池是主要以氢燃料为能源，辅助于蓄电池、超级电容等储能器的新能源汽车，是一种电－电混合新能源汽车，如图 1－5 所示。燃料电池汽车是利用氢气与空气中的氧气在催化剂的作用下在燃料电池中经电化学反应产生电能，并作为主要动力源驱动的汽车。

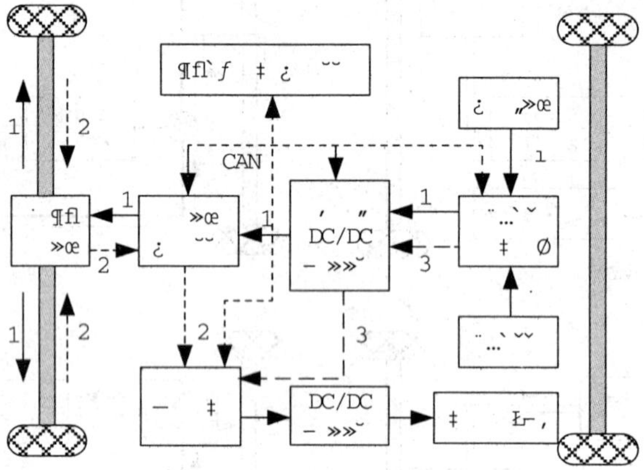

图 1－5　燃料电池汽车结构形式

图 1－5 中，模式 1 为车辆运行，由燃料电池发电，经过高压 DC/DC 变换器将电能直接提供给电动机控制器，同时蓄电池也输出电能给电动机控制器，有电动机控制器控制驱动电动机向车轮输出动能；模式 2 为车辆制动，此时驱动电动机运行于发电状态，将车辆动能转换为电能存储于蓄电池，这一模式与纯电动汽车类似；模式 3 为蓄电池充电，当蓄电池电量不足时，燃料电池发电，经高压 DC/DC 变换器相蓄电池充电。

燃料电池汽车的优点主要包括：

① 能量转换效率高。燃料电池的能量转换效率可高达 60%～80%，为内燃机的 2～3 倍。

② 零排放，不污染环境。燃料电池的原料是氢和氧，生成物是水。

③ 氢燃料来源广泛，可以从可再生能源获得，不需要依赖石油燃料。

1.2　新能源汽车的特点

1. 整车效率高

目前，虽然经历了很长时间的发展，内燃机技术已经趋于成熟，但是内燃机汽车对燃油的能量转化效率约为 38%，如果考虑到车辆在城市内行驶过程中频繁的起停、低速行驶和等待等多种行驶工况，其最终效率为 12% 左右。相对而言，新能源汽车采用电动机驱动系统，没有空转损失，新能源汽车的电池能量的

80%以上可以转化为汽车的驱动力，而即使考虑由原油发电，再给蓄电池系统充电运行，加上发电效率、送配电效率、充放电效率等，其最终车辆也可得到29%左右的能量转化效率。再有，新能源汽车在制动时有回收能量的能力，这样就更加提高了新能源汽车的能量利用率。

2. 对环境污染少

新能源汽车在行驶过程中没有废气的排放，不同于燃油汽车，新能源汽车即使以全部能量都归结为火力发电的状况计算，其废气排出量也会有很大程度的减少。新能源汽车和燃油汽车相比，几乎不会对环境造成污染。

3. 可应用多种能源

新能源汽车利用二次电力能源驱动，只要有电能的供给，就有了动力源泉，不受天然石油资源的限制。而电能的获得可以利用核能发电、水力发电、风力发电、太阳能等多种形式的原始资源。特别对于我国，水利资源和风力发电等能源的潜在发电量是相当高的，如果能有效地利用这些能源，不仅有利于环保，节约宝贵的石油资源，解决全球面临的石油资源枯竭危机，而且更符合我国经济的可持续发展战略。

4. 噪声相对较低

和内燃机汽车相比，新能源汽车明显减小了发动机（电动机）引起的振动和噪声，而发动机的振动和噪声恰恰是整车振动和噪声的主要来源。这使得新能源汽车的运行噪声比传统的燃油汽车减小了很多。通常，新能源汽车的噪声将比燃油汽车低约15 dB。

5. 机械结构多样化

由于电动机的驱动方式多变，而且可以采用不同轮分别驱动等方案，使新能源汽车的结构形成了多样化。一方面可以更合理地对系统机械结构进行配置，另一方面也可以采用多样化的造型，以满足不同消费者的需求。在新能源汽车研发的初始阶段，可以进行简单的动力部件替代，将燃油发动机新能源汽车动力性的仿真用电动机替代得到与传统汽车相仿的特性。进而，双轮独立驱动乃至四轮独立驱动被认为是新能源汽车一个有前景的发展方向，由此可实施更复杂和更灵活的系统控制以达到更高级的运行性能。

6. 优异的控制性能——电气可控变量自由度增加

新能源汽车以电动机取代了传统的内燃机，其带来的直接好处就是动力系统可以方便地通过电气参量进行控制，从而使新能源汽车的可控性增强。另外，由于电气驱动可以采取双（四）轮独立驱动的形式，这将使可控变量的自由度（自由可控变量数）增加，从而为进一步提高车辆的动力性能和操纵性能创造了良好的硬件条件。

1.3 传统燃料汽车带来的问题

1.3.1 能源问题

运输工具应用的大部分燃料都是源于石油的液态燃料。石油是从地下采掘出来的矿物燃料，是活性物质经几千万年分解成的生成物，这些物质几百万年前被埋藏在稳定的地质层中。其形成的过程大致如下：活性物质（主要是植物）死亡，并慢慢地被沉积物所覆盖。在时间进程中，这些累积的沉积物形成半固体层，且变态为岩石。这样活性物质就被截获在一个密闭的空间内，在该处高压和高温作用下，根据它们的类别，被缓慢地或变换为碳氢化合物或变换为煤。该过程由于经百万年才能完成，这便是以地下采掘的燃料形成地球资源之所以有限的原因。

石油是维系国家经济发展和维护国家能源安全的重要战略资源之一。我国的经济发展对石油需求在逐年上升：第一，工业化进程加快，目前中国经济增长的主要力量是以机械、钢铁、汽车等为代表的重工业，这些行业对能源有高度的依赖性，其中工业用油占到我国石油消费总量的40%以上。第二，城市化进程加快，大量的农民工进城务工，大量农业人口转为城镇人口，带动了包括房地产在内的各类消费的快速增长，同时拉动了石油及其相关下游产品的需求，据研究测算，城市人口平均年消耗能源为农村的3.5倍。第三，在经济全球化的背景下，高耗能和高污染的国际制造业也在加速向我国转移。第四，汽车消费的快速增长急剧加大了原油消费的加速增长。2013年以来，我国的汽车消费进入快速增长阶段，汽车保有量的增加带动石油消费的快速增长。

从经济发展对石油的依赖来看，中国能源安全的最大挑战在于石油。2004年，中国石油消费量达到2.92亿吨，进口原油1.23亿吨，对外依赖程度达到42.1%，2006年进口原油1.45亿吨，2007年，我国成为仅次于美国的石油消耗国，石油消耗量达3.46亿吨，石油对外依赖度达到45.2%。如果中国汽车业以当前12%的年均增长率发展，如此庞大的汽车数量将对能源产生巨大压力，对我国未来的石油安全构成了巨大挑战。

我国是一个能源短缺的国家，却是一个能源消耗大国。按照当前的能源资源开采速度，各种一次能源可供应的年限，石油为11.3年，天然气为27.7年，煤炭为45年。

这些问题严重制约了我国汽车产业的可持续发展，由于汽车数量的增加，石油需求也相应地增加，因此开发替代能源和新型动力车，实现车用能源多元化已成为一项迫在眉睫的工作。

1.3.2 环境问题

对于传统燃油汽车来说，它所带来的公害主要有四种形式：气候影响、空气污染、噪声污染和电磁（波）污染，其中尤其以空气污染为最。汽车所排放出的污染物90%来自汽车排放出来的废气，主要成分为二氧化碳、一氧化碳、氮氧化物、铅以及微粒等。其中柴/汽油每1升产生的二氧化碳（CO_2）约2.35千克，而其他排放值通常以ppm① 或克为单位表示，表明CO_2排放量是相当高的。

当人类大量使用燃烧化石燃料的同时，大气中二氧化碳浓度大量增加。二氧化碳排放过量会加剧温室效应，造成全球暖化，使碳循环失衡，改变地球生物圈的能量转换形式。全球暖化会导致气候反常，影响粮食供应，世界各地的旱灾、水灾增多。而地球在短时间变暖，动物未能适应，影响分布和数目；细菌和病毒加速传播，影响人类和其他生物的健康。全球气候变暖关乎人类社会的可持续发展，因此受到国际社会的广泛关注。IPCC（联合国政府间气候变化专门委员会）第四次评估报告（2007年）指出，“气候变化可能会导致一些不可逆转的影响”，如果全球平均温度增幅超过工业革命前1.5 ℃ ~2.5 ℃，那么20% ~30%的物种可能灭绝，超过3.5 ℃则可能导致40% ~70%的物种灭绝。

据统计，2007年我国每辆汽车的二氧化碳平均排放量为193 g/km，从2009年开始我国法律限制实现每辆汽车的二氧化碳平均排放量下降为168 g/km，减排13%。

在环境方面，交通能源消耗也是造成局部环境污染和全球温室气体排放的主要原因之一。调查研究表明，平均而言大气污染的42%来源于交通运输。据有关部门2002年统计，在全国600多座城市中，空气质量达到国家一级标准的城市不足1%。

1.4 世界范围的新能源汽车研发计划

当代整合多种高新技术而兴起的新能源汽车，正在掀起世界汽车工业的一场革命，展现了汽车工业的美好未来。近10年来，美国、欧洲、日本等国政府和

① 1 ppm即百万分之一。

跨国公司已投入超过100亿美元的资金，并且以每年不少于10亿美元的力度继续开发。

目前，国外新能源汽车整车研发主要有3种发展路线，各国的研发侧重点不同。

欧洲侧重点在于纯电动轿车和燃料电池公共汽车的研发。其中最为成功和著名的案例车型就是纯电动标致106，以镍镉电池组为动力源、电动机驱动，曾商业化生产。现阶段纯电动汽车技术开发已经相对比较完善，但由于面临充电等基础设施配套建设问题以及传统汽车工业的强大惯性，其推广应用仍处于示范运营阶段。现阶段纯电动汽车的应用研究主要致力于以公交车为主的定点、定线运行车辆，社区用车和特定用途的微型车。

日本侧重点在于混合动力汽车的研发。日本丰田汽车公司是混合动力汽车研发先锋，混合动力汽车是丰田公司环保计划的核心内容，现在混合动力轿车已商业化生产。日本丰田汽车公司2008年6月7日宣布，其生产的混合动力汽车在全球范围内的累计销量已经突破100万辆。丰田各混合动力品牌中，丰田plug－in混合动力车是绝对主力。自1997年在日本上市以及2000年登陆北美、欧洲等海外市场以来，plug－in混合动力汽车在全球共售出75.76万辆，占丰田混合动力汽车总销量的七成以上。

美国侧重点在于燃料电池汽车的研发。早在1964年，通用汽车就进行了第一个燃料电池试验，并于1968年生产出第一辆燃料电池汽车。依照美国能源部制订的“氢计划”，2010年燃料电池汽车已占汽车市场份额的四分之一。

除了在新能源汽车整车方面的角逐，国外新能源汽车的竞争已上升到关键技术和标准层面，比如电池技术，无论是混合动力、纯电动还是燃料电池汽车，电池技术均相当关键。因此，近年来日本各大汽车厂商已经开始围绕电池主导权进行竞争，丰田与日产两家公司已抢占先机，丰田与松下电器共同成立了新公司进行混合动力车用电池的开发和生产。日产汽车公司和NEC集团已联合生产锂离子电池，并已于2010年前后实现量产。日本电子巨头三洋电动机株式会社也从2009年开始量产高端混合动力车用电池，并且德国大众汽车集团已成为其合作伙伴。

在技术标准的制定上，美、日等国均表示要不遗余力协助推进“国际标准化”进程，日本企业还力争在安全标准和充电方式等方面获得国际标准化机构（ISO）的认证，以便长期在该领域抢夺先机。其中以燃料电池标准为例，由日本经济产业省提议，丰田汽车、松下电器、东京煤气和三洋电动机等在燃料电池开发方面有实力的企业联合组建了燃料电池开发公司，美国通用汽车公司和德国宝马汽车公司也结成了燃料电池汽车开发联盟，这些大企业联合体将在合作研发的名义下逐渐垄断燃料电池标准。

1.5 新能源汽车技术的发展现状及趋势

发展新能源汽车是保证国家能源安全、减少环境污染的重要途径。日本计划在2020年全面普及新能源汽车，并通过官、产、学的方式开发高端电池；而欧美也制定各自的战略规划。从它们的规划中，我们可以借鉴，我国在发展新能源汽车产业的时候需要政府介入，并联合多部门进行联合推动，在新能源汽车发展初期重点发展混合动力汽车，并逐步过渡到燃料电池的新能源汽车和可充电的混合动力汽车；并且逐渐完善天然气的加气站，建设可长期利用的供应网络。

（1）车用能源转型的方向和重点。目前车用能源主要是石油、天然气、煤层气、煤基燃料，在未来的发展中，将转向为生物燃料和化石能、核能及可再生能源。从中长期来看，煤基燃料、生物燃料、天然气燃料3种能源将是替代石油的主体，预计在2020年，我国燃料消耗能达到3 000万吨左右，占到车用燃料消耗的15% ~20%。在能源转型的过程中可以使用多种方式，如间接替换、部分替代及全部替代。并且要稳步发展，促进能源的多元化，车用燃料可以是氧，也可以是天然气等含氢的气体燃料，也可以是含氧的燃料，如甲醇等，同时也可以是合成油，如煤基合成油、生物质基合成油、天然气合成油等。作为替代能源的主体，这三种主体能源在推进过程中要因时、因地、有序地进行。含氧燃料由于技术比较成熟，是近期推广的重点，在使用的时候一般以掺混（部分替代）应用为主。合成油是一种优质的环保燃料，其技术体系和基础设施与现有车辆技术兼容。从中期来看，天然气是气体燃料中的主体，我国天然气的供应量能达到1 200亿立方米，只要拿出这中间的10%作为汽车替代能源，其起到的作用相当于1 000万吨的汽油、柴油。氢气作为一种尾气排放为零的环保燃料，其来源广泛，是车用能源转型的战略目标之一。

（2）为了解决节能与环保问题，需要开发和推广内燃机与混合动力汽车，并促使自主知识产权的汽车发展，推进动力系统的技术转型。

（3）企业和地方政府合作，通过燃料电池和纯电动汽车的研发，并把研发成果进行示范性运营，促进技术创新与重点领域的突破。

（4）混合动力汽车以锂离子电池为重点，并在电动机、电控、电池三大核心技术方面掌握自主知识产权，形成专利。

（5）以城市车辆为重点，形成混合动力平台，并通过平台实现混合动力汽车的规模化，以此促进燃料电池汽车的商业化，在政策措施的导向下，促进汽车的小型化和优先发展公共交通领域的原则。

（6）突破新能源汽车电池技术的瓶颈，目前，由于电池技术发展的不成熟，动力电池的初始成本比较高，电池循环寿命比较短，即使已经产业化的混合动力轿车也存在成本高的局限性，新能源汽车的蓄电池涉及各种类型的新能源汽车，要想推广并使得新能源汽车广泛应用它，突破电池技术的瓶颈将至关重要，虽然新能源汽车的产业化，也促使官、产、学合作研发动力电池，推动了电池技术的发展，但从过去电池发展的历史过程来看，电池关键领域的突破会长期处于一个稳定的状态，呈现稳步和渐变的特征。以氢作为燃料的好处在于完全不生产二氧化碳，不会对大气环境造成污染，是最具效率潜力的车用燃料电池，并能带来全新的汽车设计概念。截至 2004 年，对氢能燃料电池的研发资金占到公共资金投入的 12%，并且这一比重还将继续扩大，2012 年将会达到 55 亿美元。近年来，燃料电池汽车技术得到了快速的发展。但是，发展氢燃料电池也存在一些问题：氢不是自由的能源，目前转化技术还不是很成熟，在转化的过程中其转化剂也是较为贵重的稀有金属，转化难度很大，同时其转化成本是普通汽油机的 100 倍，市场难以承受这个价格；由于存储困难，氢燃料汽车行驶的历程较短，需要完善加氢站。尽管氢燃料电池面临这些缺点，但其优点也是不容置疑的，因此全球各国政府也纷纷对氢燃料电池进行政策上的大力支持。美国将氢能发展分为 4 个阶段，第一阶段主要是降低氢燃料电池的制造成本，并进一步完善氢燃料电池；第二阶段是市场过渡的阶段，发展大批量的固定和移动装置，提供氢能的供应点，并在一些建筑物中使用氢燃料电池供热；第三阶段是市场和基础设施的扩张阶段，氢能开始由局部走向全面推广，建立国家氢能基础设施；最后一个阶段是让氢燃料电池最终取代传统的石化能源。欧盟的氢能技术路线图分为 3 个阶段：第一个阶段的重点内容是提高再生能源的比例，并解决制取氢的方法，通过示范运用，让公众逐渐接受氢能；第二阶段是逐渐扩大氢能源的运用范围，减少温室气体和污染物的排放；第三阶段是通过可再生能源生产氢，将加油站逐渐改建为加氢站。

在 2040 年实现氢燃料私家车的比例达到 35%，碳的排放量减少 2. 4 亿吨。我国在氢能燃料电池技术竞争中处于除日本、加拿大、欧美之后，排在第二梯队中，在 2007 年，我国在上海建立了第一个加氢站，如果每辆公交车加氢 45 kg 则此量可相当于为三辆燃料电池公交车的加氢量。我国政府也大力发展氢能燃料电池技术，集中资金进行自主研发，并取得一系列成果，清华大学研发的氢能一号，行驶里程超过 4. 5 万千米，上海神力科技公司自主研发的神力一号巴士，电池寿命达到10万千米，并出口意大利。

（7）我国新型能源动力汽车发展趋势与进程展望通过对各国政策措施和产业发展技术路线的梳理，初步展望我国汽车能源动力系统的转型趋势为：①2010年，我国汽车能源动力系统技术转型的转折点已经出现，并对燃油税的征收与排放法规与国际接轨。②2020年左右，燃料电池轿车产业化可望兴起。③21世纪上半叶，先进内燃机与混合动力汽车将占主导地位。

第2章　新能源汽车行驶的基本原理

2.1　概　　述

欲使汽车行驶，必须对汽车施加一个驱动力以克服各种阻力。在汽车等速行驶时，其阻力由滚动阻力、空气阻力和上坡阻力组成。

滚动阻力主要是由于车轮滚动时轮胎与路面变形而产生。弹性车轮沿硬路面滚动时，路面变形很小，轮胎变形是主要的；车轮沿软路面（如松软土路、沙地、雪地等）滚动时，轮胎变形较小，路面变形较大。

此外，轮胎与路面以及车轮轴承内都存在着摩擦。车轮滚动时产生的这些变形与摩擦都要消耗发动机一定的动力，因而形成滚动阻力，以 F_f 表示，其数值与汽车的总重力、轮胎的结构和气压以及路面性质有关。

汽车行驶时，需要挤开其周围的空气，汽车前面受气流压力并且后面形成真空，产生压力差，此外还存在着各层空气之间以及空气与汽车表面的摩擦，再加上冷却发动机、室内通风以及汽车表面外凸零件引起的气流干扰等，就形成空气阻力，以 F_w 表示。空气阻力与汽车的形状、汽车的正面投影面积有关，特别是与汽车－空气的相对速度的平方成正比。当汽车高速行驶时，空气阻力的数值将显著增加。

汽车上坡时，其总重力沿路面方向的分力形成的阻力称为上坡阻力，以 F_i 表示，其数值取决于汽车的总重力和路面的纵向坡度。上坡阻力只是在汽车上坡时才存在，但汽车克服坡度所做的功并未白白地耗掉，而是以位能的形式被储存。当汽车下坡时，所储存的位能又转变为汽车的功能，促使汽车行驶。汽车行驶中的受力图如图2－1所示。

为了克服上述阻力，汽车必须有足够的驱动力。发动机经传动系统在驱动轮上施加一个驱动力矩 M_t，力图使驱动轮旋转。在 M_t 作用下，在驱动轮与路面接触之处对路面施加一个圆周力 F_o，其方向与汽车行驶方向相反，其数值为 M_t 与车轮滚动半径 R_r 之比。即

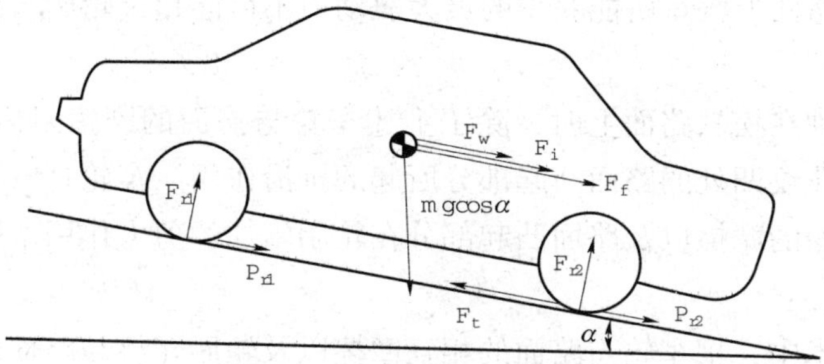

图 2－1　汽车行驶中的受力图

$$F_o = M_t / R_r$$

由于车轮与路面的附着作用，在车轮向路面施加力 F_o 的同时，路面对车轮施加一个数值相等、方向相反的反作用力 F_t，F_t 就是汽车行驶的驱动力。

当驱动力增大到足以克服汽车静止时所受的阻力时，汽车开始起步行驶。汽车起步后，其行驶情况取决于驱动力与总阻力之间的关系。总阻力等于上述各项阻力之和：

$$\sum F = F_f + F_w + F_i$$

当总阻力 $\sum F$ 等于驱动力 F_t 时,汽车将匀速行驶。

当总阻力 $\sum F$ 小于驱动力 F_t 时，汽车将加速行驶。然而，随着车速增加，总阻力亦随空气阻力而急剧增加，所以汽车速度只能增大到驱动力与总阻力达到新的平衡为止。此后，汽车便以较高的速度匀速行驶。

使汽车加速所做的功转变成动能，可随时被利用，如此时将发动机与传动系统脱开或使发动机熄火，汽车将依靠惯性克服阻力而继续行驶（滑行）并逐渐消耗所储存的动能。

当总阻力超过驱动力时，汽车将减速以至于停车。这时如欲维持原车速就需要加大节气门或将变速器换入低挡以便相应地增大驱动力。但是，汽车并不是在任何情况下都能发出足够的驱动力。比如汽车在很滑的（冰雪或泥泞）路面上行驶时，加大节气门可能只会使驱动车轮加速滑转，而驱动力却不能增大。驱动力的最大值固然取决于发动机的最大转矩和传动系的传动比，但实际发出的驱动力还受到轮胎与路面之间的附着性能的限制。

当汽车在较平整的干硬路面上行驶时，附着性能的好坏取决于轮胎与路面的摩擦力的大小，由物理学可知，在一定正压力作用下，两物体之间的静摩擦力有一最大值，当推动力超过此值时，两物体便会相对滑动。对汽车行驶而言，当驱动圆周力大于轮胎与路面间的最大静摩擦力时，即出现驱动车轮的滑转。因此在较平整的干硬路面上汽车所能获得的最大驱动力不可能超过轮胎与路面的最大静摩擦力。

当汽车行驶在松软路面上时，除了上述车轮与路面的摩擦阻碍车轮打滑外，还有嵌入轮胎花纹凹处的路面凸起部分所起的抗滑作用。车轮打滑现象只有在克服了轮胎与路面的摩擦以及路面凸起部分在轮胎施加的剪力作用下断裂时才会发生。

在汽车技术中，把车轮与路面的相互摩擦以及轮胎花纹与路面凸起部分的相互作用综合在一起，称为附着作用。由附着作用所决定的阻碍车轮打滑的路面反力的最大值就称为附着力。

在积雪和泥泞路面上，因雪和泥的抗剪强度很低，被轮胎花纹切下的雪或泥又将花纹凹处填满，使得轮胎表面和雪、泥之间的摩擦更小，因而附着系数的数值很小。如果附着重力相同，而积雪或泥泞路面的附着力比干硬路面要小得多，因此车轮也就更容易打滑。所以在这种条件下，尽管行驶阻力有时并不大，但受到附着力限制的驱动力却不能进一步增大到足以克服行驶阻力，汽车不得不减速以至于停车。

普通货车在冰雪路面上行驶时，往往在驱动轮上绕装防滑链，链条深嵌入冰雪中能使附着系数和附着力增加。但是，普通货车因只能利用分配到驱动轮上的那部分汽车总重力作为附着重力，故附着力可能仍不够大。

全轮驱动的越野汽车则可利用汽车的全部重力作为附着重力，并可利用其轮胎上的特殊花纹获得较大的附着系数，因而能使附着力显著增加。

2.2 车辆的动力性能

在纯电动汽车中动力性能的计算主要包括最高车速的计算、爬坡性能的计算、加速性能的计算，由于纯电动汽车用牵引电动机通常可以短时过载行驶，因而在计算加速时间和最大爬坡度时应按电动机过载计算，而最大车速为纯电动汽车较长时间平稳行驶下的参数，计算时电动机可以处于正常运行状态。

2.2.1 最高车速

纯电动车辆的最大车速指的是在水平良好的道路上匀速行驶且电动机正常运转（不过载）时，纯电动汽车可以达到的最大车速。当新能源汽车以最大速度行驶时电动机一般处于恒定功率运转阶段（只有在所选电动机额定功率相对于纯电动汽车整车质量过小时电动机才有可能处于恒定转矩运行阶段，这种情况应当避免发生)，而汽车所受到的阻力只有滚动阻力和空气阻力，此时汽车行驶方程式为：

$$F_t = F_f + F_w \tag{2-1}$$

即：

$$\frac{9\,549\pi P_m \eta_t}{30u_{max}} = mgf_r + \frac{C_D A u_{max}^2}{21.15} \tag{2-2}$$

式中，P_m为车辆行驶在不同路况下所需要的功率；m 为整车质量；C_D为空气阻力系数；A 为迎风面积；η_t为传动效率；u_{max}为最大车速；f_r为滚动阻力系数，它的值的大小通常随着车速的变化而变化，一般可以采用经验公式进行求解，如下所示：

$$f_r = \begin{cases} 0.016\,3 & u \leqslant 60 \\ 0.014\,5 + 0.002\,8 \times \dfrac{u}{100} + 0.001\,3 \times \left(\dfrac{u}{100}\right)^4 & u > 60 \end{cases} \tag{2-3}$$

把式（2-3）代入到式（2-2）中即可得到：

$$\frac{9\,549\pi P_m \eta_t}{30u_{max}} = mg\left(0.014\,5 + 0.002\,8 \times \frac{u_{max}}{100} + 0.001\,3 \times \left(\frac{u_{max}}{100}\right)^4\right) + \frac{C_D A u_{max}^2}{21.15} \tag{2-4}$$

对式（2-4）进行求解即可求得纯电动汽车的最大速度。在一些特殊情况下由于电动机额定功率较大或最小传动比相对较大，使得当电动机已经达到最大转速时汽车牵引力仍然大于汽车行驶阻力，此时虽然电动机仍有富余动力，但由于转速的限制汽车速度不能继续增加。在这种情况下，纯电动汽车最大车速计算公式如下：

$$u_{max} = \frac{3.6\pi n_{max} R}{30 i_{min}} = \frac{0.377 n_{max} R}{i_{min}} \tag{2-5}$$

式中，R 为车轮半径；n_{max}为驱动电动机的最高转速；i_{min}为传动系统最小传动比。

2.2.2　爬坡性能

纯电动汽车的爬坡性能是指汽车在良好路面上行驶时克服滚动阻力和空气阻力之后的剩余牵引力全部用来克服爬坡阻力所能爬上的最大坡度。

汽车车速小于各挡驱动电动机的基速所对应的车速时短时汽车行驶方程式为：

$$\frac{kTi_n\eta_t}{R} = mgf_r\cos\alpha_{max} + \frac{C_D A u^2}{21.15} + mg\sin\alpha_{max} \tag{2-6}$$

式中，k 为电动机的过载系数，等于电动机峰值功率与额定功率的比值；T 为电动机的输出转矩；i_n 为系统传动比。

当汽车车速大于各挡电动机基速所对应的车速时短时汽车行驶方程式为：

$$\frac{9\,549k\pi\eta_t}{30u}=mgf_r\cos\alpha_{max}+\frac{C_DAu^2}{21.15}+mg\sin\alpha_{max} \tag{2-7}$$

对上述两个式子求解就可以得到汽车以某一车速行驶时可以爬上的最大坡度 α_{max}。汽车的爬坡能力通常由路面坡度的正切值表示，图 2-2 给出了不同车速下各挡位最大爬坡度。

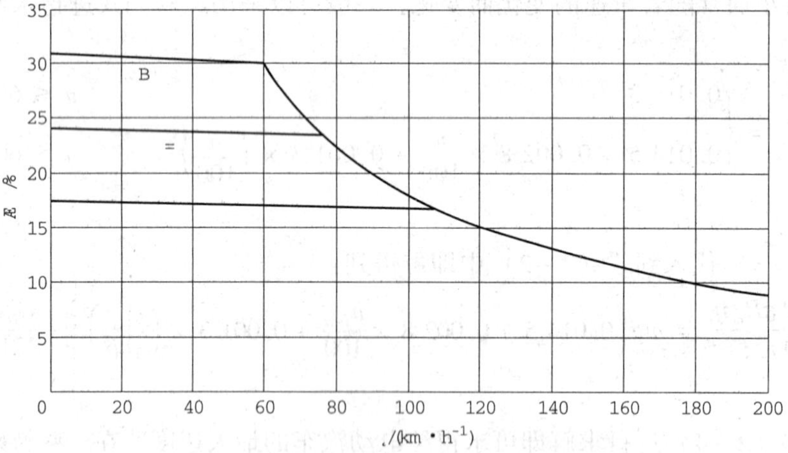

图 2-2　不同车速下各挡位最大爬坡度

2.2.3　加速性能

纯电动汽车的加速性能通常是指汽车从静止状态起动到加速到某一车速所需时间或由某一车速加速到另一较高车速所需的时间（超车时间）来予以描述。计算新能源汽车的加速时间对汽车加速度的倒数积分即可获得。

对于新能源汽车由静止加速到某一车速的加速时间，如果汽车最终速度小于一挡驱动电动机的基速所对应的车速，则加速时间计算公式如下式所示：

$$t=\int_0^{u_t}\frac{\delta m}{F_t-F_f-F_w}du=\int_0^{u_t}\frac{\delta m}{\dfrac{kTmi_1\eta_t}{R}-f_rmg-\dfrac{C_DA(3.6u)^2}{21.15}}du \tag{2-8}$$

如果新能源汽车的最终速度大于某一挡电动机基速所对应的车速，则加速时间计算公式如下式所示：

$$t=\int_0^{u_t}\frac{\delta m}{\dfrac{kTmi_1\eta_t}{R}-f_rmg-\dfrac{C_DA(3.6u)^2}{21.15}}du+\int_0^{u_t}\frac{\delta m}{\dfrac{9\,549k\pi P_m\eta_t}{30u}-f_rmg-\dfrac{C_DA(3.6u)^2}{21.15}}du \tag{2-9}$$

在上面两个式子中，δ 为旋转质量换算系数；t 为加速时间（s）；u_t 为最终速度；k 为电动机的过载系数，等于电动机峰值功率与额定功率的比值。

由上两式计算所得的对应于不同最终车速的加速时间如图 2－3 所示。

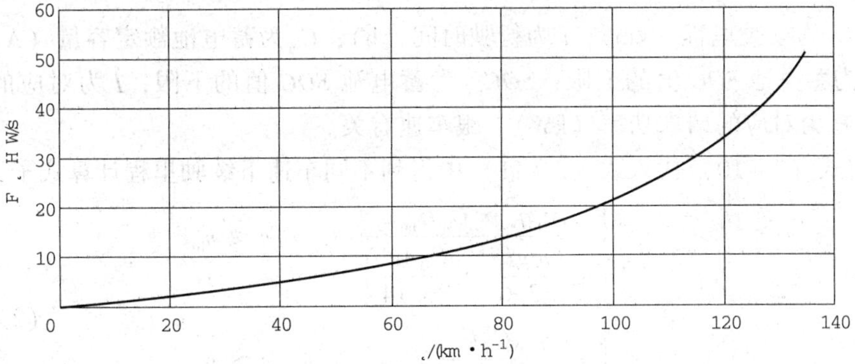

图 2－3　不同最终车速加速时间

2.3　车辆的经济性能

纯电动汽车的经济性能计算主要包括：非工况条件下以不同车速行驶时的最大续驶里程和车辆每百公里消耗的能量，以及基于工况的车辆每百公里能量消耗、能量回收以及能量回收率的计算。

2.3.1　非工况条件下车辆的经济性计算

非工况条件下的经济性主要包括：纯电动汽车以不同车速匀速行驶时的续驶里程和车辆每百公里消耗的能量。

1. 新能源汽车续驶里程的计算

根据前面的分析知道，纯电动汽车以小于一挡下对应于电动机基本速度的车速运行时，电动机的端电压随着车速的增大而逐渐增加，当新能源汽车速度达到一挡下对应于电动机基本速度的车速时，电动机的端电压达到额定电压且随着车速的增加而不发生变化，因此电动机的端电压与车速之间的关系如下式所示：

$$U=\begin{cases}\dfrac{v}{v_{b1}}U_m & v\leqslant v_{b1}\\ U_m & v>v_{b1}\end{cases}\qquad(2-10)$$

式中，U 为电动机的端电压（V）；v 为汽车速度（km/h）；U_m 为电动机的额定电压（V）；v_{b1}为一挡下对应于电动机基速的车速（km/h）。

纯电动车辆的续驶里程由下式进行计算：

$$S = vt = \frac{vC_m(SOC_{up} - SOC_{low})}{I} = \frac{vC_m(SOC_{up} - SOC_{low})U}{P} \tag{2-11}$$

式中，S为续驶里程（km）；t为行驶时间（h）；C_m为蓄电池额定容量（A·h）；SOC_{up}为蓄电池SOC值的上限；SOC_{low}为蓄电池SOC值的下限；I为对应的电流（A）；P为对应的请求功率（kW），跟车速有关。

将式（2－10）代入式（2－11）中得到不同车速下续驶里程计算式子，即：

$$S = \begin{cases} \dfrac{\eta_t \eta_{m0} v^2 C_m U_m}{v_{b1}\left(\dfrac{mgf_r v}{3.6} + \dfrac{C_D A v^3}{76.14}\right)} & v \leqslant v_{b1} \\[2ex] \dfrac{\eta_t \eta_{m0} C_m U_m}{\dfrac{mgf_r v}{3.6} + \dfrac{C_D A v^2}{76.14}} & v > v_{b1} \end{cases} \tag{2-12}$$

式中，η_t为传动装置效率；η_{m0}为电动机效率。

由式（2－12）所求得的纯电动车辆以不同车速匀速行驶时的续驶里程，如图2－4所示。

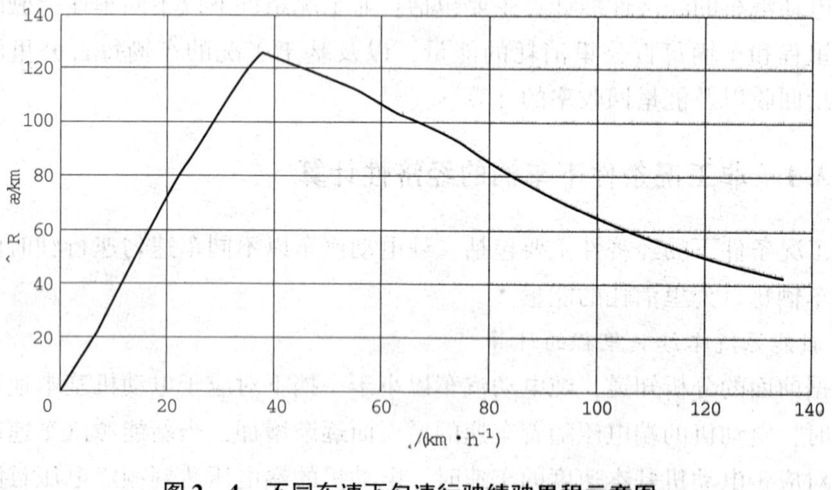

图2－4　不同车速下匀速行驶续驶里程示意图

2. 等速下车辆每百公里消耗的能量

纯电动车辆等速下车辆每百公里消耗的能量指的是汽车以某一车辆匀速在平直良好路面上行驶100 km所消耗的电能，计算公式如下：

$$E = \frac{F \times S}{\eta_t \eta_{m0}} = \frac{\left(mgf_r + \frac{C_D A v^2}{21.15}\right) \times 10^5}{3.6 \times 10^6 \times \eta_t \eta_{m0}} \quad (2-13)$$

式中，E 为等速下车辆每百公里消耗的能量。

2.3.2　基于工况的车辆经济性

基于工况的经济性计算是指纯电动汽车按照某一选定行驶工况行驶过程中所消耗的能量和所回收的能量以及能量回收率的计算。

能量回收率指的是纯电动汽车按照某一行驶工况行驶完成之后实际回收的能量与制动中损失能量总和的比值。在新能源汽车制动过程中大部分能量损失于机械传动装置中的摩擦碰撞产生的热量、电动机运转产生的磁与热以及蓄电池中产生的热量，这些能量是无法进行回收的。因此新能源汽车的传动装置的效率、电动机的运转效率和蓄电池的充电效率在很大程度上影响纯电动汽车的能量回收率。

2.4　车辆的制动性能及再生制动能量回收

制动能量回收在新能源汽车上具有相对重要的意义。由于制动能量回收和机械制动力密切相关，现如今的电制动的控制策略是建立在机械制动力即液压缸的压力可以控制的基础之上，才能发挥电制动力的再生制动效果。

新能源汽车在制动的过程中，制动效果和制动感觉受制动力在前后轮上的分配关系制约。制动力在前后轮上分配关系与汽车的质量中心在前后轮轴距的位置有关，有确定的数学关系。新能源汽车的质心与柴（汽）油车辆相当，但略微偏后，这样为提供电制动力在前轮上提供了可行性。如果在前轮上加入的电制动力过大，就会造成制动效果和制动感觉的改变，这是不希望看到的结果。

在新能源汽车的电池能量接收上，因为电池在充电过程中有化学反应参与其中，需要一定的时间周期，对于电动机在短时间内提供的能量团不一定能够完全接收，这样导致电池的电压上升很快。对于锂电池而言，电压是比较敏感的参数，所以在电制动过程中必须控制能量团的强度。电制动力的加入和撤销应当考虑制动的可以接受的驾驶性。

2.5　新能源汽车动力传动系统参数的选择

新能源汽车动力传动系统的选择除了要满足车辆结构布置方面的要求外，最为重要的是系统主要参数的选择要满足新能源汽车主要性能指标的要求。新能源汽车动力传动系统主要参数的选择包括：电动机的参数的选择、蓄电池的参数的选择、变速器的变速比参数的选择以及驱动桥中的最终减速器速比的选择。现如今车辆的动力性和续驶里程是评价新能源汽车性能好坏的主要指标，新能源汽车的动力性是指车辆的最高速度、爬坡性能和加速性能。新能源汽车的续驶里程是指车载动力能量源两次能量补给之间，车辆所能达到的最大行驶里程。

2.5.1 驱动电动机参数的选择

新能源汽车的动力源主要是电动机提供的，电动机为车辆的行驶提供驱动力，新能源汽车行驶过程中所需的功率均由电动机所提供。驱动电动机的主要参数为电动机功率，其中包括额定功率和峰值功率。电动机功率的选取原则是驱动电动机提供的功率应该能满足车辆各种工况条件下所需总功率的最大值。驱动电动机的峰值功率一般由新能源汽车的加速性能或者爬坡性能指标决定。驱动电动机的功率大于车辆所需的功率越多，则车辆的后备功率也就越大，新能源汽车的加速性能和爬坡性能越好，新能源汽车的动力性越好。但新能源汽车的功率大也有缺点：

(1) 驱动电动机的体积大，质量就大，会增加整车的质量，反过来影响新能源汽车的动力性。

(2) 驱动电动机经常会出现低负荷工作，不能工作在功率峰值附近，这样驱动电动机的效率会下降，不能有效利用车载能量。

因此驱动电动机功率的选择要大于或等于车辆在各种工况条件下最大功率的要求，同时做到所需各部件质量总和最小。也就是说电动机功率在满足车辆动力性能指标要求的同时，也要满足所选动力电动机的质量、体积达到最小的要求。

车辆行驶时所受的行驶阻力与其驱动力相平衡，F_t为车辆行驶过程中需要的驱动力。新能源汽车的驱动力，由电动机产生的转矩，经过传动系统传递作用在驱动轮上。地面对驱动轮的反作用力即为驱动力。车辆在角度为 α 的坡道上行驶，所需要的驱动力如下式所示：

$$F_t = Gf\cos\alpha + \frac{C_D A u_\alpha^2}{21.15} + G\sin\alpha + \delta m \frac{du}{dt} \qquad (2-14)$$

式中，G 为新能源汽车的重量；f 为滚动阻力系数；C_D 为空气阻力系数；A 为车辆迎风面积；$u_\alpha^2 = \frac{1}{2}\rho u_r^2$，其中 ρ 为空气密度，u_r 为气流相对阻力系数；$\delta = 1 + \frac{1}{m}\frac{\sum I_w}{r^2} = 1 + \delta_1$，其中 $\delta_1 = 0.05G_0/G$；I_w 为转动惯量。

在驱动力等式两边同时乘以车辆的速度，即可得到车辆行驶过程中各功率之间的关系。各个功率之间的关系为：驱动电动机提供的驱动力功率与各个行驶阻力功率相平衡。驱动力功率平衡方程式如下：

$$P=\left(\frac{Gf\cos\alpha}{3\ 600}u_{\alpha}+\frac{C_{D}Au_{\alpha}^{3}}{76\ 140}+\frac{G\sin\alpha}{3\ 600}u_{\alpha}+\frac{\delta mu_{\alpha}}{3\ 600}\frac{\mathrm{d}u}{\mathrm{d}t}\right)\frac{1}{\eta_{t}} \tag{2-15}$$

式中，η_t为主驱动电动机到前轮之间的机械传动效率。

如前所述，评价车辆动力性的主要指标为：车辆的最高行驶速度、最大爬坡性能及最大加速性能。

1. 新能源汽车以最高速度行驶时所需的驱动功率

新能源汽车以最高车速 $u_{\alpha\max}$行驶时所需的最大功率，即为车辆在良好水平路面上以最高车速直线运行时所需要的驱动功率。此时可以假设道路水平，新能源汽车匀速直线行驶，行驶坡道角度为零，车辆加速度为零。

根据驱动力功率平衡方程式（2－15）得满足新能源汽车以最高车速行驶时所需要的驱动功率为：

$$P_{1\mathrm{m}}\geqslant\left(\frac{GF}{3\ 600}u_{\alpha}+\frac{C_{D}Au_{\alpha\max}^{3}}{76\ 140}\right)\frac{1}{\eta_{t}} \tag{2-16}$$

根据式（2－16）可以得到满足新能源汽车最高车速要求的驱动电动机的功率，具有此功率的驱动电动机能满足新能源汽车在水平良好路面上以最高车速行驶时所需的驱动功率。

2. 新能源汽车以一定的速度爬坡所需要的驱动功率

驱动电动机要提供新能源汽车最大爬坡能力所需要的驱动功率，也就是新能源汽车在良好路面上以一定的速度爬上最大坡度路面所需的驱动功率。此时假设新能源汽车匀速爬坡行驶，即车辆加速阻力为零。根据驱动力功率平衡方程式（2－15）能得到满足新能源汽车最大爬坡性能所需的驱动功率为：

$$P_{2\mathrm{m}}\geqslant\left(\frac{Gf\cos\alpha}{3\ 600}u_{\alpha}+\frac{C_{D}Au_{\alpha}^{3}}{76\ 140}+\frac{G\sin\alpha}{3\ 600}u_{\alpha}\right)\frac{1}{\eta_{t}} \tag{2-17}$$

由式（2－17）可以确定驱动电动机满足新能源汽车的最大爬坡性能所需要的驱动功率，即可以满足新能源汽车的动力性中爬坡性能的指标。

3. 新能源汽车在加速过程中所需的驱动功率

新能源汽车的加速性能包括原地起步加速性能和以一定的初始速度超车时的超车加速性能。原地起步加速过程中所需功率，也就是在良好水平路面上，车辆由初始速度 u_0加速到末速度 u_t时车辆所需要的驱动功率。假设道路状况良好、坡度为零，起步加速时初始速度为零。

根据车辆行驶功率平衡方程式（2－15）得新能源汽车加速行驶时所需的驱动功率为：

$$P_{3\mathrm{m}} = \left(\frac{Gf}{3\ 600}u_{\alpha} + \frac{C_{\mathrm{D}}Au_{\alpha}^{3}}{76\ 140} + \frac{\delta mu}{3\ 600}\frac{\mathrm{d}u}{\mathrm{d}t}\right)\frac{1}{\eta_{\mathrm{t}}} \tag{2-18}$$

新能源汽车的加速行驶过程并非匀加速过程，上述式中的速度不能直接用加速末速度。根据经验，可用经验公式表示该速度为：

$$u = u_{\mathrm{t}}\left(\frac{t}{t_{\mathrm{t}}}\right)^{x} \tag{2-19}$$

式中，t_{t}为新能源汽车的加速时间（s）；x 为拟合系数，一般取0.5。

将式（2－19）代入式（2－18）整理得：

$$P_{3\mathrm{m}} = \left(u_{\mathrm{t}}\left(\frac{t}{t_{\mathrm{t}}}\right)^{x}\frac{Gf}{3\ 600} + \frac{C_{\mathrm{D}}A}{76\ 140}u_{\mathrm{t}}^{2}\left(\frac{t}{t_{\mathrm{t}}}\right)^{2x} + \frac{\delta m}{3\ 600}\frac{\mathrm{d}u_{\mathrm{t}}}{\mathrm{d}t}\left(\frac{t}{t_{\mathrm{t}}}\right)^{x}\right)\frac{1}{\eta_{\mathrm{t}}} \tag{2-20}$$

为了符合求解精度的要求，选择迭代步长 dt 为0.15。则车辆到加速过程末了时刻，新能源汽车所需要的驱动功率最大，整理出车辆加速过程中新能源汽车所需的最大驱动功率为：

$$P_{3\mathrm{m}} = \left(\frac{Gfu_{\mathrm{t}}}{1.5\times 3\ 600} + \frac{C_{\mathrm{D}}Au_{\mathrm{t}}^{3}}{2.5\times 76\ 140} + \frac{\delta mu_{\mathrm{t}}^{2}}{2\times 3\ 600t_{\mathrm{t}}}\right)\frac{1}{\eta_{\mathrm{t}}} \tag{2-21}$$

由式（2－21）确定电动机满足车辆的最大起步加速性能时所需功率，即满足设计的动力性中最大起步加速性能的指标。

新能源汽车行驶过程中所需的驱动力，均来自动力源驱动电动机。因此，所需要的驱动电动机功率应同时满足车辆行驶过程中，最高车速性能、最大爬坡性能及最大加速性能所需的最大功率。

因此，电动车的驱动电动机最大功率应该确定为：

$$P_{\mathrm{m}} = \max\{P_{1\mathrm{m}}, P_{2\mathrm{m}}, P_{3\mathrm{m}}\} \tag{2-22}$$

驱动电动机额定功率为：

$$P_{\mathrm{e}} = P_{\mathrm{m}}/\lambda \tag{2-23}$$

式中，λ 为电动机的过载能力系数，即过载系数。

2.5.2 传动系速比的选择

新能源汽车传动系统参数的选择，主要是如何选择传动比。同驱动电动机参数的选择原则基本一致，即选择的传动系速比既要满足车辆动力性要求，同时也要满足所选部件质量最小、体积最小的原则。

新能源汽车由驱动电动机提供动力通过传动系统传递动力从而驱动车辆行驶。由于驱动电动机的工作特性，如低速转矩大、调速范围宽、高效率工作区域宽等优点，在满足车辆驱动特性方面具有很大的优势。所以，无须采用多挡变速器，为了满足车辆的动力性能及保护动力电动机，暂定设置两个减速比，即传动系最大传动比和传动系最小传动比。

1. 传动系最大传动比的选择

根据新能源汽车传动系统机械结构，减速装置包括变速器和驱动桥中的主减速器，则传动系最大传动比为变速器一挡的传动比和主减速器主减速比的乘积，方程式表示为：

$$i_{\max} = i_{g1} \times i_0 \tag{2-24}$$

式中，i_{g1}为变速器一挡传动比；i_0为主减速器主减速比。

选择新能源汽车传动系最大传动比时，考虑驱动电动机的峰值转矩能满足车辆最大爬坡度的需要，根据电动机的峰值转矩和车辆的最大爬坡度，建立最大传动比的数学关系式为：

$$i_{\max} \geqslant \frac{F_{i\max} R}{\eta_t T_{\max}} \tag{2-25}$$

式中，R 为车轮半径；$F_{i\max}$为车辆最大爬坡阻力；$T_{\max}$为电动机最大输出转矩。

2. 传动系最小传动比的选择

传动系最小传动比为变速器的最高挡传动比与主减速器主减速比的乘积，方程式表示为：

$$i_{\min} = i_{g2} \times i_0 \tag{2-26}$$

传动系最小传动比的选择应该能够保证车辆能达到预先所设计的最高行驶速度。新能源汽车的动力是由驱动电动机提供，通过传动系统传递动力驱动车辆行驶，根据驱动电动机的最高转速和车辆的最高行驶速度，建立传动系统的最小传动比的数学关系式为：

$$i_{\min} \leqslant \frac{0.377 n_{\max} R}{u_{\alpha\max}} \tag{2-27}$$

式中，$n_{\max}$为驱动电动机的最高转速。

2.5.3　新能源汽车动力电池组容量的选择

动力蓄电池是新能源汽车唯一的车载能量源，选择蓄电池组容量时主要考虑能量要求，使其满足续驶里程的设计指标。电池组的容量越大，其输出能量也就越多，也就使续驶里程延长。同时蓄电池的容量越大，相应的其质量、体积也越大，增加了整车质量，增大了车辆消耗功率，又反过来影响续驶里程的增加。因此，新能源汽车动力蓄电池容量的选择是在满足能量需求的情况下，尽量选择小质量的动力蓄电池组。

动力蓄电池为驱动电动机提供能量，所选蓄电池容量满足续驶里程要求的同时，动力蓄电池的电压和功率要能满足驱动电动机的需要。一般所选的蓄电池的电压、功率均能满足系统电压等级。根据车辆的设计续驶里程建立所选蓄电池组的数学模型。

蓄电池的能量模型：

$$W_{ess} = \frac{U_{ess} \times C}{1\ 000} = N \cdot W_b \tag{2-28}$$

式中，W_{ess}为蓄电池组的总能量；U_{ess}为电池组的平均工作电压（V）；C为单个电池模块容量；W_b为单个电池模块额定能量。

假设新能源汽车以速度u_α在比较好的水平路面上匀速直线行驶，根据车辆行驶过程中功率平衡原理得该工况条件下新能源汽车的功率为：

$$P = \left(\frac{Gf}{3\ 600}u_\alpha + \frac{C_D A u_\alpha^3}{76\ 140}\right)\frac{1}{\eta_t} \tag{2-29}$$

新能源汽车以一定的速度u_α行驶，行驶路程为S，则所需要的能量为：

$$W = P \times t = P \times \frac{S}{u_\alpha} \tag{2-30}$$

新能源汽车所需要的能量仅由蓄电池提供，因此蓄电池提供的能量不得小于驱动车辆行驶一定的里程所需要的能量，车辆才能完成一定的里程。即数学表达式为：

$$W_{ess} \geqslant W \tag{2-31}$$

由上述公式可以整理出，蓄电池模块数和续驶里程的关系式为：

$$N \geqslant \frac{P \times S}{W_b \times \xi_{soc} \times u_\alpha} \tag{2-32}$$

式中，ξ_{soc}为蓄电池的有效放电量，根据现代电池技术，电池的放电量一般为80%。

第 3 章　新能源汽车的行驶工况

新能源汽车与传统内燃机汽车相比，主要区别是采用了不同的动力源。传统汽车的动力源是内燃机，而新能源汽车是全部或者部分由蓄电池、燃料电池等提供电能，通过电动机和传动系统驱动汽车行驶。然而，传统汽车以及新能源汽车的开发应用都离不开车辆行驶工况的研究，符合实际车辆的行驶工况为车辆参数匹配、控制策略的制定及性能指标的评价提供基础数据。例如，为了对新能源汽车的续驶里程进行评价，首先需要确定新能源汽车的行驶工况，没有具体行驶工况，新能源汽车的续驶里程就很难评价，因此符合实际道路的行驶工况对设计新能源汽车十分重要，本章将论述新能源汽车的行驶工况及其开发方法。

3.1　概　　述

传统汽车的动力来源于石油燃烧的化学能，经过内燃机转化为机械能，在此过程中会产生有害的排放物，危害人体健康。美国开创并推动了世界各国行驶工况的研究和开发。20 世纪 70 年代，美国加州率先建立排放法规，推进汽车工业开发更高燃烧效率和更低排放的发动机，该法规需要一个能够比较不同发动机之间性能差异的测试程序，这种测试程序被称为行驶工况（Driving Cycle，DC，简称工况）。到目前为止，由于评价目标和研究对象的不同，形成了种类繁多、用途不同的工况。这些工况满足了从轻型车到重型车、从汽油车到柴油车等各种系列车辆的性能测试。

车辆行驶工况又称为汽车运转循环，是针对某一类型车辆（如乘用车、公交车、长途客车、重型车等）指定用来代表特定交通环境下（如城区、高速公路）车辆行驶特征的速度 - 时间历程。行驶工况是汽车实际道路行驶状况的反映。随着工况研究的深入和完善，行驶工况具有典型的道路实际驾驶特征，为考察某类车辆某一地区的排放或能量消耗量提供评价标准和检测依据；为车辆动力系统匹配、经济性能优化提供参考；满足汽车检查/维护（Inspection/Maintenance）制度的需要。

美国、欧洲、日本等国家和地区对行驶工况研究相对较早，美国行驶工况

(FTP75)、欧洲行驶工况（ECE15+EUDC）和日本行驶工况（10工况）是世界三大行驶工况。以美国联邦认证程序FTP（Federal Test Program）为代表的瞬态工况（Transient Driving Cycle）是FTP72工况，其速度-时间曲线是瞬态变化的，瞬态工况与车辆实际运行过程非常相似，更符合车辆的实际行驶特征。而以欧洲ECE（Economic Commission for Europe）为代表的模态工况（Modal Driving Cycle）NEDC的速度-时间曲线是遵循某种模式的。模态工况主要由一些折线组成，其优点是试验操作比较容易，但不太符合车辆的实际行驶特征。日本的行驶工况相对简单，主要由匀速、匀加速和匀减速组成。

在我国，由于不同城市车辆保有量、道路交通特征以及交通流分布各不相同，其实际车辆行驶工况存在一定的差异，与国际标准工况也很难一致。我国载货汽车的燃油消耗测试采用6工况法，城市客车燃油消耗采用4工况法，乘用车的燃油消耗和排放测试工况采用的ECE工况是根据欧洲国家的交通状况、城市结构等解析出来的，其制定的目的是为欧洲国家提供满足其实际行驶状况的车辆行驶工况。近年来研究表明，我国交通状况、城市结构甚至交通规则等都与欧洲国家均存在很大差异，因此ECE工况并不能完全反映我国车辆的实际行驶状况。

2002年，我国科技部在十五“863”新能源汽车重大专项中，专门设立了我国乘用车和城市客车典型行驶工况研究课题。该课题主要由汽车技术研究中心负责，与国内一些大学和科研所合作。截至2005年年初，项目取得了阶段性成果，公布了典型乘用车和城市客车的运行工况。

3.2 国外车辆行驶工况

如今世界上很多国家都以指令和法规的形式提出了不同车型在各种应用条件下的标准行驶工况。世界范围内的车辆行驶工况被分成三类：美国行驶工况（USDC）、欧洲行驶工况（EDC）和日本行驶工况（JDC）。其中，以美国FTP72为代表的瞬态工况和以欧洲NEDC为代表的模态工况被广为采用。

3.2.1 美国行驶工况

美国行驶工况种类繁多，用途各异，大致包括三大体系：认证用（FTP系）、研究用（WVU系）和短工况（I/M）系。常见的有联邦测试程序（FTP75）、洛杉矶（LA92）和负荷模拟工况（IM240）等行驶工况。

1. 乘用车和轻型载货汽车的车辆行驶工况

美国是最早认识到汽车排放对环境产生严重污染的国家，早在20世纪60年代，研究人员发现美国加州洛杉矶的空气质量很差，甚至出现了光化学烟雾，主要是汽车排出的污染物。为了改善这种状况就需要降低汽车尾气排放。1972 年，美国环保局（简称 EPA）以一条从具有代表性的汽车上下班路线上解析出来的车辆速度 - 时间曲线作为测试用的车辆行驶工况，并将其作为检测车辆排放的测试程序。该测试程序被称为 FTP72，也被称为 UDDS。按照这种程序来测试汽车的排放，被认为考虑了最严格的情形。整个测试程序分为冷态过渡工况（0 ~ 505 s）和稳态工况（506 ~ 1 370 s）。1975 年又在 FTP72 的基础上加入 600 s 热浸车和热态过渡工况，即重复冷态过渡工况。FTP75 包含 4 个阶段，持续时间为 2 475 s，最高速度为 91. 2 km/h，平均速度为 31. 4 km/h。FTP75 行驶工况如图 3 - 1 所示。

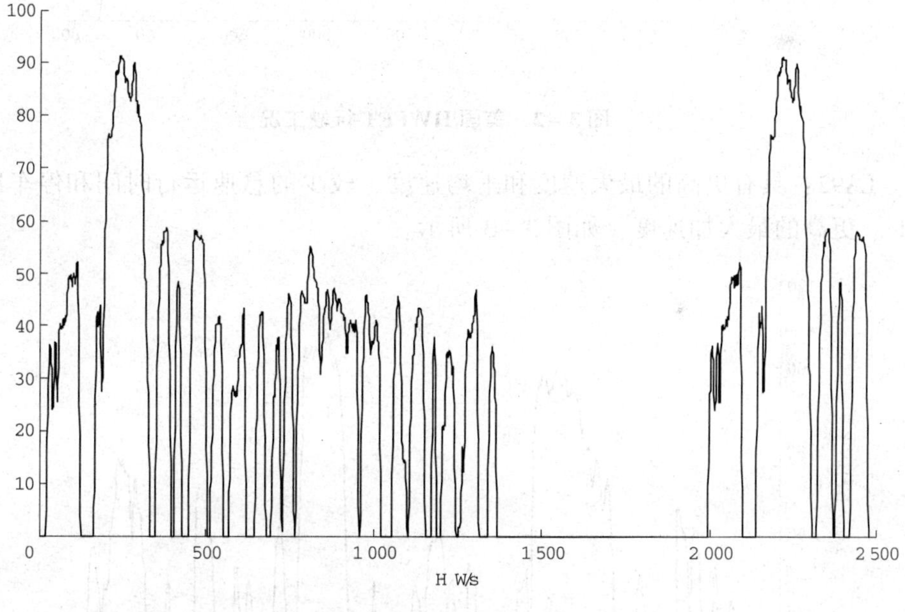

图 3 - 1　美国轻型车标准测试工况 FTP75

随着经济的快速发展，道路交通也快速地发展，出现了许多主干线和高速道路，车辆高速运行时间所占的比例越来越大，发动机的主要污染物（CO、C_xH_y、NO_x）的排放特征发生了变化，使得车辆的实际运行状况发生了很大变化，以前构建的车辆行驶工况已经不符合实际，因此 EPA 对 FTP 进行了修改。

研究人员根据不同的实际行驶状况构建出许多不同的车辆行驶工况，以此补充 FTP，形成 SFTP（Supplement FTP）。而被 EPA 用于乘用车高速公路燃油经济性测试的工况（HWFET），如图 3 - 2 所示。另外，由于道路坡度对车辆油耗的影响，还开发了可变坡度的循环 HWFET - MTN。除此以外，还有 LA92、ARB02、HL07 等，这些行驶工况都是针对不同的情况、不同目的构建出来的，对标准车辆行驶工况具有很好的补充和修正作用。

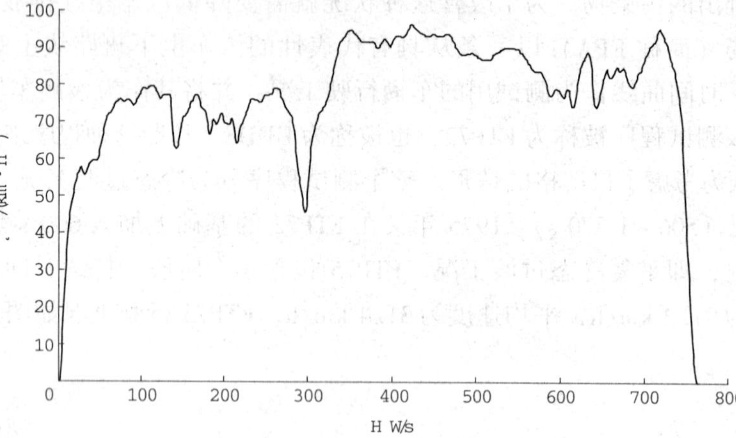

图 3 -2　美国 HWFET 行驶工况

LA92：具有更高的最大速度和平均速度、较少的怠速运行时间和停车次数/mile、更高的最大加速度，如图 3 -3 所示。

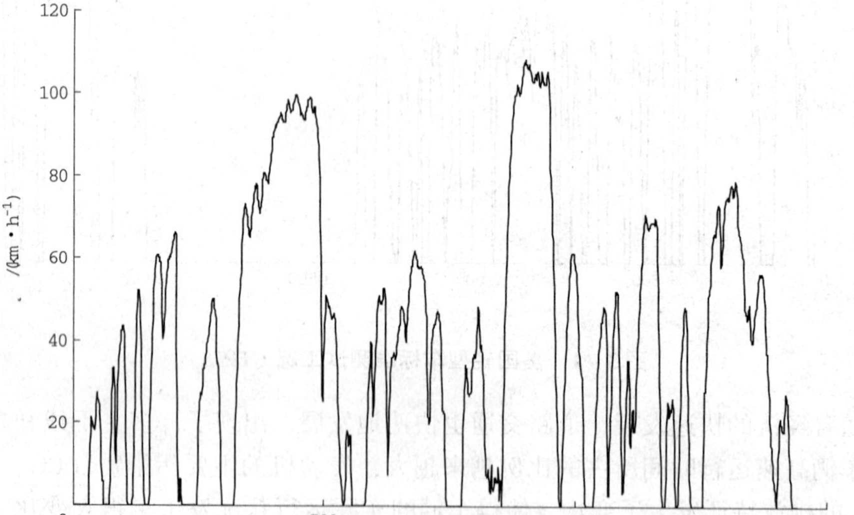

图 3 -3　美国 LA92 行驶工况

ARB02：由 CARB（加州大气资源委员会）开发的基于跟踪车辆的工况研究，目的是测试车辆的实际操作，研究结果是处在 FTP72 边缘之外。它包括了冷起动和行程结束部分。

HL07：EPA 协同汽车制造商开发的发动机循环，目的是测试车辆在超出一定速度范围情况下的一系列加速能力，这种加速情形下大多数车辆必须全开油门。它主要用于在各个速度上开发和修正美国现有的行驶工况。

此外，针对未被 FTP 工况描述和覆盖区域以外的车辆行驶工况，研究人员又开发了一些行驶工况，如 REP05，用于起动状况研究的 REM01（Remainder）工况等。这些车辆行驶工况的构建主要是针对速度和加速度的微小变化，侧重于更加细致的瞬态变化过程。图 3 – 4 给出了美国 REP05 行驶工况。

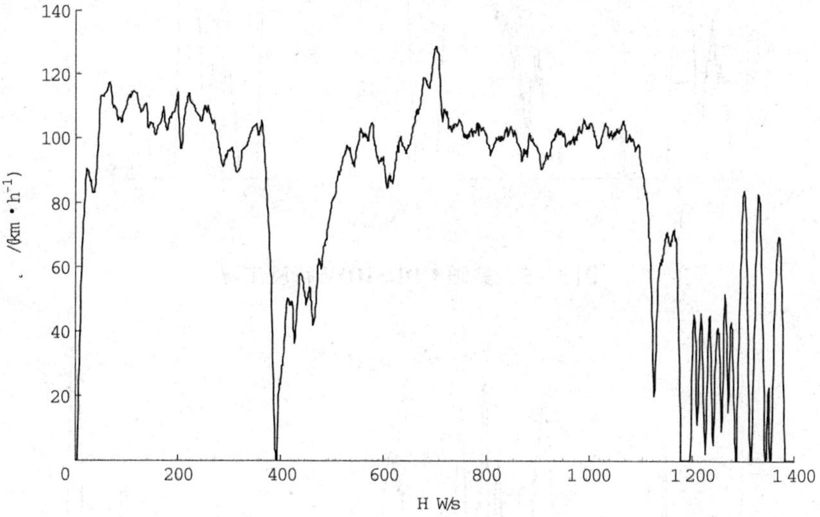

图 3 – 4　美国 REP05 行驶工况

2. 重型车用的行驶工况

针对重型车的行驶工况研究近年来有侧重于瞬态工况的趋势。其中 BAC 被推荐作为测试重型车燃油经济性的操作规程（SAE J1376）。CBD14 是商业中心区域车辆测试工况，它也是 BAC 复合测试工况的一部分，运用 14 个相同的循环模拟公交车停车 – 运行的驾驶模式。CBD14 近似于 CBDBUS 工况，但是时间步长可变。

其他还有用于卡车的 CBDTRUCK 工况、城郊通勤往返测试循环的 COMMUTER 工况。市内测功机测试工况（UDDSHDV），模拟了重型汽油机市内区域的操作，运行长度为1 060 s，33% 为怠速，平均速度为 30.4 km/h，并可用于燃油蒸发排放测试。纽约城市循环（NYCC）则更是代表了市内区域道路大型车辆的运行工况。它们作为 FTP 标准工况被广泛应用。图 3 – 5、图 3 – 6 分别给出了 UDDSHDV 和 NYCC 两种工况。

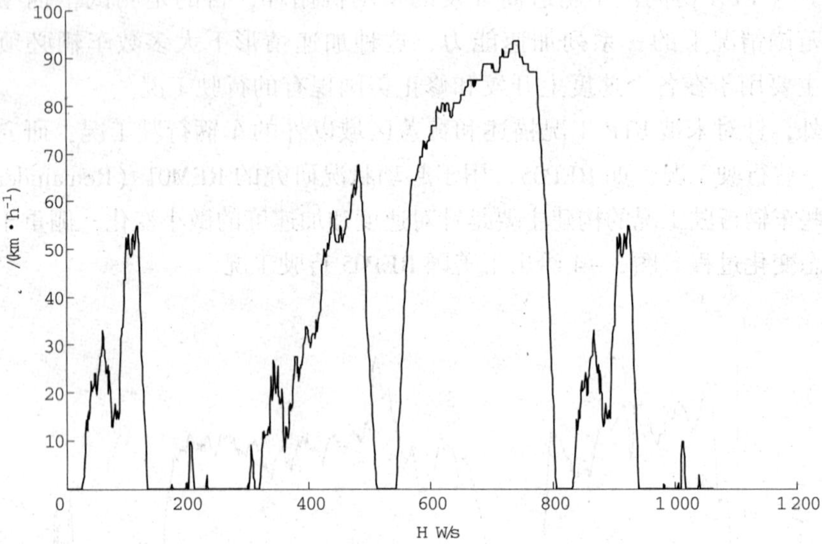

图 3－5　美国 UDDSHDV 行驶工况

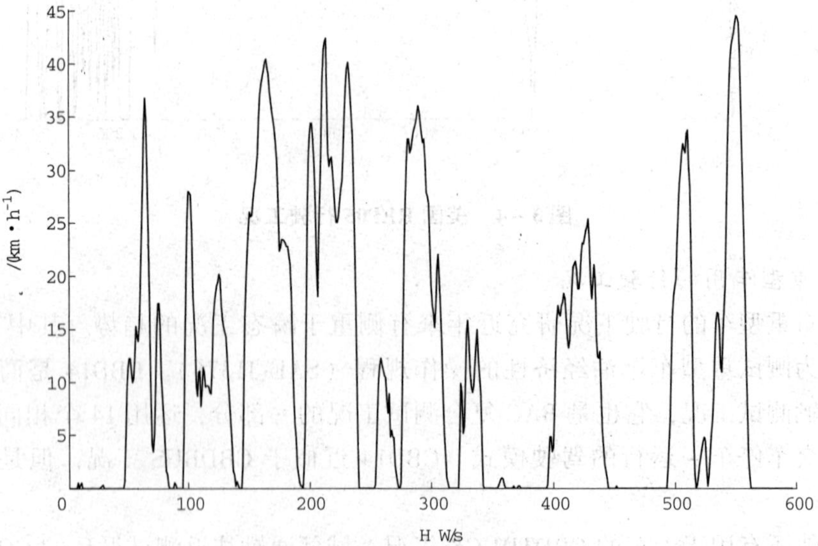

图 3－6　美国 NYCC 行驶工况

为了评价公交车的排放效果，通过覆盖几条不同的、公认的繁忙运行路线，美国西弗吉尼亚大学（WVD）对纽约城市曼哈顿地区混合动力和常规动力公交车的操作和状态进行调查，开发了一组含 10 个短行程的循环，短行程之间怠速时段 19 s，为满足足够的能源消耗测试，将短行程数目增加至 20 个，作为常规动力运输车（货车和城市客车）NewYorkBus 工况。

3.2.2　欧洲行驶工况

为了研究适合欧洲交通状况的工况，依据道路拥挤程度或流量大小，分类定义成不同道路区域，如市区、郊区和高速以及平均速度、加速度的多种层级归类，人为地开发和层叠成稳定的速度和加速度段。

用于在底盘测功机上认证的轻型车排放工况 EDC，在欧洲又称为 MVEG－A，现发展成为新 EDC（NEDC）。在该工况里局部工况速度是恒定的，是一种稳态工况。它包括市内（ECE15）、市郊（EUDC），ECE15 是一个包括 4 个代表市区驾驶状况的工况（Urban DC），具有低速、低负荷和低排气温度的特性。由于车辆城郊运行比例增加，1992 年开发了代表高速行驶工况的 EUDC，在 ECE15 基础上增加 1 个 EUDC，构成了现在大家熟悉的 ECE＋EUDC。在 2000 年之前（即欧洲Ⅱ排放法规）实际应用时，工况不计量 0～40 s 的运转数据。而欧洲Ⅲ/Ⅳ排放法规则由于更加严格控制车辆排放（考核发动机冷起动排放），排放采样和运转工况同步，采用完整的运转工况，并称之为新欧洲运转工况（简称 NEDC），如图 3－7 所示。其持续时间为 1 220 s，平均速度为 32. 12 km/h，最大加速度为 1. 06 m/s^2。

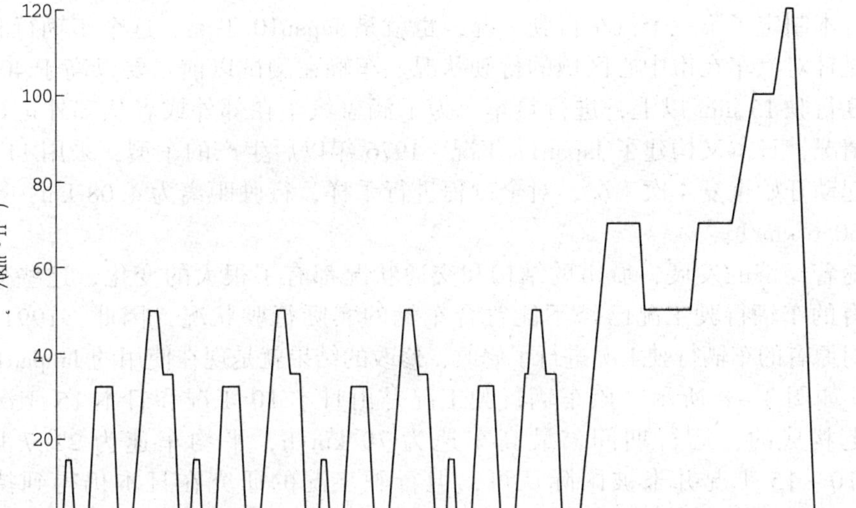

图 3－7　欧洲 NEDC 行驶工况

由于变速策略的不同，模态工况用于能源消耗（或排放）方面可能造成测试结果有一些细微差异。欧洲 ECER15.04 所采用的运转工况，针对手动和自动挡车辆就考虑了这种差异，工况的行驶距离和平均速度分别为 4.06 km 和 18.7 km/h 以及 3.98 km 和 18.4 km/h。

从速度－时间曲线中可以看出，欧洲工况稳定速度的比例太高，各种驾驶状况分布不均，如平均驾驶工况的持续时间短而中心市区驾驶工况的持续时间长，而且平均加速度值也比真实的要低一些。总之，由于 NEDC 属于模态工况，并不能代表真实的驾驶状况，因此这种工况存在着相当的局限性。

由于开发新型动力车辆的需要，欧洲基于 BRITE－EURAM HYZEM 项目开发了一组称之为 HYZEM 工况的实际行驶工况，属于瞬时工况。HYZEM 包含了市内工况、市郊工况和高速工况。该工况基于贯穿欧洲城市道路、89 部车辆真实驾驶模式记录数据库而开发的工况，因而它比标准的欧洲循环更能代表驾驶条件。相对于模态循环，其稳定速度部分要少很多，平均速度为 40.4 km/h，停车次数为 0.69 次/km，平均加速度为 0.71 m/s^2，最大加速度为1.3 m/s^2。可能由于它是在 1997 年后的研究成果，尚未被官方采用，但已被各种研究广泛使用。

3.2.3 日本行驶工况

与欧洲行驶工况类似，日本行驶工况也属于模态行驶工况。早在 1976 年以前，日本制定了第一个汽车行驶工况，也就是 Japan10 工况。这个车辆行驶工况主要是针对汽车在市中心区域的行驶状况。车辆在测试以前，要以高于 40 km/h 的速度行驶 15 min 以上，进行热车。为了涵盖汽车在郊外或者从郊外运行到城里的情况，日本又构建了 Japan11 工况。1976 年以后生产的车型，采用 11 工况，从冷起动开始重复 4 次工况，对全过程进行采样，行驶距离为 4.08 km，平均速度为 30.6 km/h。

随着经济的发展，城市的结构和交通状况都有了很大的变化，这些变化使得原有的车辆行驶工况已经不能符合车辆的实际行驶状况，因此，1991 年 11 月，对原有的车辆行驶工况进行了修改，修改的结果就是现在使用的 Janpan10－15 工况，如图 3－8 所示。该车辆行驶工况是由日本 10 工况和日本 15 工况组合在一起构成的，运行期间，最高车速为 70 km/h，平均车速为 22.7 km/h。虽然 10－15 工况并未被国际认可，但行驶工况的研究在日本仍得到持续和深入开展。

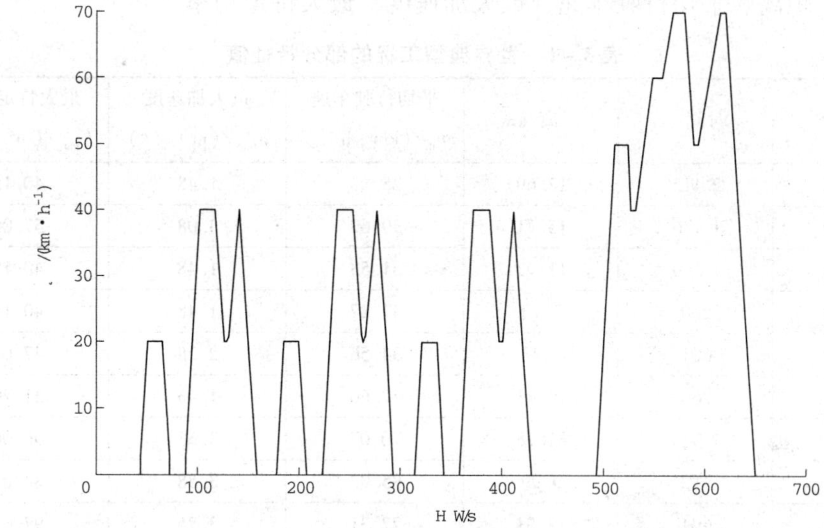

图 3-8　日本 10-15 行驶工况

3.3　行驶工况的特征

车辆在道路上的行驶状况可用一些参数（如车速、加速度、减速度、匀速、怠速和运行时间等）来反映其运动特征。通过对这种运动特征的调查和解析，开发出能够代表运动特征的行驶工况。无论以模态还是瞬态表达，行驶工况最终都表达为速度-时间曲线，时间步长通常为 1 s。

无论车辆采用何种动力，当测试车辆在底盘测功机上复现行驶工况，在相同的控制条件（如温度、风速、滚动系数等）下，可以对车辆的动力性、经济性以及车辆排放性能等指标进行测试和比较。由于实际道路条件和试验目的的多样性，各种行驶工况具有不同的特征，四种工况（怠速、匀速、加速和减速）所占的比例不同，因此，在不同的测试工况下同一辆车的测试结果也不相同。

为了对行驶工况进行统计分析，需要引入一组统计特征值。这些特征值包括平均车速（km/h）、最大车速（km/h）、平均行驶车速（km/h）、最大加速度（m/s^2）、最大减速度（m/s^2）、行驶时间（s）、距离（km）、平均加速度（m/s^2）、平均减速度（m/s^2）、匀速时间比例（%）、加速时间比例（%）、减速时间比例（%）、怠速时间比例（%）和最大特定功率（m^2/s^3）等。其中特定功率定义为 $2va$（v 为车速，km/h；a 为加速度，m/s^2），并取最大特定功率 K_{max}（m^2/s^3）作为特征值。表 3-1 给出了世界一些典型工况的部分特征值，其中包括时间、距离、平均行驶车速、最大加速度、最大特定功率。

表 3－1 世界典型工况的部分特征值

工况	时间/s	距离/km	平均行驶车速 $v_m/(km \cdot h^{-1})$	最大加速度 $a_{max}/(m \cdot s^{-2})$	最大特定功率 $K_{max}/(m^2 \cdot s^{-3})$
FTP75	2 475	17.69	25.82	1.48	40.15
LA92	1 436	15.71	39.62	3.08	57.08
UDDS	1 370	11.99	31.53	1.48	40.15
IM240	240	3.13	47.27	1.48	40.15
SC03	601	5.73	34.56	2.28	47.06
HWFET	766	16.41	77.66	1.43	31.29
ARB02	1 640	31.78	70.07	3.53	96.06
HL07	422	9.99	85.92	3.58	84.81
US06	601	12.81	77.31	3.75	97.69
REP05	1 401	32.07	82.92	3.79	97.23
WVUCITY	1 408	5.29	13.6	1.14	20.65
WVUSUB	1 665	24.81	25.88	1.3	25.24
WVUINTER	1 665	11.9	54.77	1.42	23.33
Japan10－15	673	4.3	22.71	0.79	8.81
COMMUTER	330	6.4	70.48	1.03	14.34
NEDC	1 180	10.87	32.12	1.06	18.51
ECE	195	0.99	18.35	1.06	14.65
EUDE	400	6.95	62.58	0.83	18.51
New York Bus	600	0.98	5.94	2.77	39.7
NYCC	599	1.89	11.43	2.68	38.76
NYCCOMP	1 030	4.01	14.11	4.11	56.1
NYCTRUCK	1 017	3.41	12.17	1.96	45.1
CBDTRUCK	850	3.51	14.88	0.36	4.77
CSHVR	1 760	12.77	21.87	1.16	21.02
CBDBUS	575	3.21	20.24	1.03	14.02
UDDSHDV	1 061	8.88	30.34	1.96	45.08
BEIJING 堵塞	1 261	3.07	3.038	1.78	20.81
BEIJING 正常	1 070	9.46	18.48	2.06	52.76
BEIJING 畅通	1 106	10.68	31.84	1.65	78.49
BEIJING 综合	1 180	7.69	20.39	1.92	49.34

对研究结果进行分析，可以看到：当 K_{max} 值较低而平均车速较高时，也就是以较低的功率维持较高的速度运行时，车辆运行处于一种比较理想的状态。一般来说，在畅通的道路如高速或市郊等道路上车辆的运行状况就是如此，如 COMMUTER、HWFET 或 WVUINTER；当 a_{max} 和 K_{max} 值都较高时，车辆就需要做出较大功率才能维持该种工况下的运行，相比来说是一个更有力度的工况，如 LA92 和 SC03 等。当 v_m、a_{max} 和 K_{max} 值均较低时，工况是最适度的，如 FTP75、NEDC。当平均速度处于 20 km/h 以下时，最能代表市内驾驶，如 NYCC、WVUCITY 等工况。从表 3－1 中还可以看出，US06 是最有力度的工况，其各项参数几乎都是 FTP 值的 2.5 倍。从单纯的特定功率来看，美国的行驶工况由于引入了过渡工况，包括了加速度和负荷的多种瞬态变化，其要比欧洲工况和日本工况大很多，因此对车辆的动力性能要求较高。在开发和识别工况时，可以通过研究这些特征值来选择适合各种不同需要的工况。

在表 3－1 基本特征参数的基础上，进一步研究各个工况速度区间（以 10 km/h为间距划分）的概率分布特征，通过那些结果，我们还能够从统计学上分析各种工况之间的差异。我们发现，认证工况的速度区间概率分布面比较宽；而研究工况则侧重于表现车辆两个极端的运行状况，即低速区间（中心城区）和高速区间（市郊或高速公路）概率分布权重均较大的运行情况。

3.4　车辆行驶工况的开发方法

工况主要是基于确定地区和时间内的车辆典型行驶状况，它包括四种行驶方式：加速、减速、怠速以及匀速。工况应能够反映车辆在道路运行中所有的运动学水平以及这些水平所占的比例，最终的表现形式是车速－时间曲线。近年来，国内外各研究机构和政府部门对汽车行驶工况进行了大量的研究，尽管开发车辆行驶工况的具体方法、手段形式各异，但总的技术流程可以归纳为图 3－9 所示。本节将详细阐述这种开发方法。

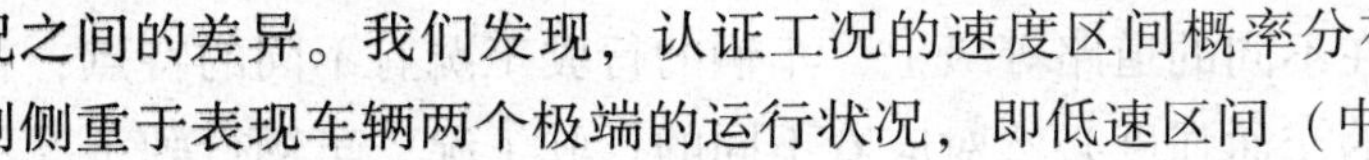

图 3－9　汽车行驶工况的开发流程

3.4.1　试验规划

1. 数据采集方法

要确定一种对试验车辆的驾驶方法来采集数据。目前主要有两大类共 4 种获取数据的方法。第1类方法包括：由关注研究目标的专业驾驶员驾驶试验车辆的方法；由一个普通的私车驾驶员驾驶试验车辆的方法；车辆追踪技术即测量被跟踪的目标车辆的方法。第1类方法是采用专门的数据采集试验车，安装好所有的测试仪器后，在确定的时间内、在确定的目标道路上行驶，但是需要规划试验路线和时间。第2类方法采用由车主按各自正常目的驾驶私人车辆的方法。第2类方法在时间和道路方面没有规定，随意性强，其主要优点是车辆在正常使用状态下行驶，可以利用较低的投入获取大量车型的数据。缺点是它不能针对确定的道路类型，也不能提供关于位置、交通流的任何信息。

2. 试验路线和试验时间的确定

如果采用第2类方式获取数据，则不需要考虑道路确定的问题。如果采用第1类方式获取数据，那么路线的确定方法至关重要。道路调查是开发车辆行驶工况的最基础的阶段，其目的是从许多道路中筛选出具有代表性的试验路线，这种路线反映了车辆在道路上的空间和时间规律，其结果能够以少量试验获得代表全局特征的统计结果。研究表明，城市内不同的道路等级对应着不同的交通流量、平均车速；在不同的道路等级上，车辆的行驶工况有不同的特点；在每一道路等级中，不同的交通强度必然对应着不同的行驶工况。车辆行驶工况主要受道路等级（快速道、主干道、次干道及支路以及车道数、机非混合等）、交通强度（车辆流量、周转量或饱和度等）、交叉口密度（路段内交叉形式和数量）以及时间等4大因素的影响。通过调查、收集城市区域一个周期内交通流的相关数据，进行统计分析，根据数据的统计结果，将路线分成几种不同层次的类别，再按照一定条件进行样本的概率抽样，最后确定试验路线和试验时间。

3. 试验车辆和驾驶员的确定

试验车辆需要确定3个方面的内容：车辆类型、数量以及驾驶员。

如果采用第2类数据获取方式，可以选择使用的车辆较多，车辆类型的确定可以基于该地区的普及车型（用市场占有率来衡量）。如果采用第1类数据获取方式，车辆既可以由专业驾驶员驾驶，也可以由普通驾驶员驾驶。当车辆在道路上自由行驶时（不刻意超车和慢行），车辆运行将主要受到变速策略的影响，无论使用何种水平的驾驶员，其固有的驾驶行为影响必须被排除。随着自动挡技术的成熟，自动挡车型增多，应该考虑首选该种车辆。

3.4.2 数据采集

1. 数据的设置

数据设置即确定需要采集的参数。国外很多研究在规划采集数据的类别时，为了能满足多种用途，通常设置大量的参数，通常情况下行车试验需要确定的参数包括：车速、发动机转速、行驶时间、行驶里程、道路坡度、节气门位置、燃油消耗量，甚至包括发动机油温和水温以及对手动阻风门、照明灯、雨刮器、后窗加热器和发动机风扇的使用或操作、环境温度、电气系统的能耗以及制动装置的使用情况等。但对开发一个具体的车辆行驶工况而言，以上这些参数并不是每个都是必需的。过分追求细节，在以统计特征为原则的行驶工况开发过程中并无具体意义。从工况的开发过程和表现结果来看，必须记录车速、发动机转速、燃油消耗量以及与燃油消耗相关的记录等参数。随着城市交通的立体化，行驶工况还应该附加一个坡度，使得行驶工况下能够反映城市的特征。此外坡度还将直接影响车辆的燃油消耗量。

2. 采样间隔的设定

为获得更加接近实际的数据，可以利用车辆自身的传感器，现代车辆提供了这种可能。而常用的外部高精度的传感器（如微波型和光电型速度传感器）受雨雪天气影响不能正常使用。车轮每转一周速度信号脉冲数一般分别为 6、24 和 48，甚至更高（如用于 ABS、TCS）。由于脉冲数差异的影响，较少的脉冲数会导致加速度平滑性差、匀速的运动比例少，而使加减速过程中加速度分布比例高。同时，会使低速比例降低。脉冲数为 24 以上时，这些影响较小。这种差异对传统车辆的设计和评价不会造成实际的影响，但是会对混合动力车辆控制策略的设计和评价造成影响。从工况构成参数比例分布一致性出发，建议采用尽可能多的脉冲数（48 以上）来获取实际行驶工况数据。车载数据记录设备的采样频率（一般有 5 Hz、2 Hz 和 1 Hz）也很重要。高的频率，响应更快，但是受采样空间间隔长度制约，速度曲线可能就不足够平滑；当使用大的时间间隔时，数据波动就小，但大的加速度值将会被平滑掉。由于较大的加速度值对车辆设计和评价有较大的影响，所以应该避免这种情况。

3. 数据量的确定

国内工况调查的相关研究不少，但结果之间差异较大。究其原因有两方面：一方面交通流调查不够科学，规划的试验路线不具备代表性，路线存在差异；另一方面是由于采集的原始数据量有差异。采集的数据量与最终导出的结果的准确性关系如图 3－10 所示。从理论上讲，采集的数据越多，结果会越准确。但是当采集的数据量达到一定值后，即使增加数据量，准确性也不会继续获得很大提高。

3.4.3　工况构建方法

构建工况的基础数据是车辆实际行驶特征数据，是基于完善的试验道路设计

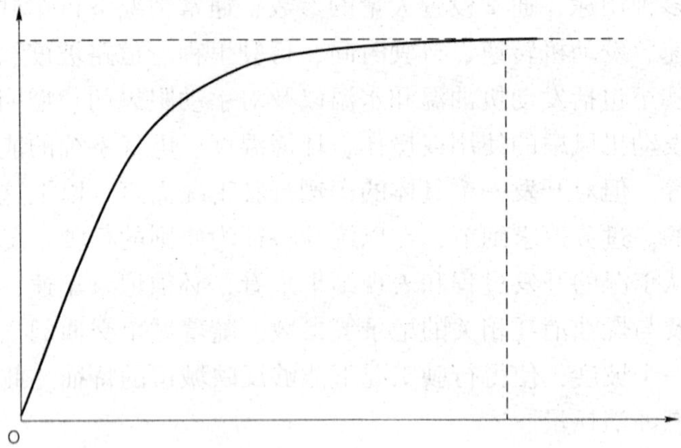

图 3-10 结果的准确性与数据量之间的关系

而获得的速度-时间数据。将车辆行驶速度数据划分为独立的运动学片段，即从一个怠速开始到下一个怠速开始作为一个运动学片段。由于采集的数据量庞大，运动学描述参数多，解析结果应该多样化，统计分析非常复杂，常采用的工况构建方法主要有主成分分析和聚类分析。运用主成分分析、聚类分析等多元统计理论，从众多的运动学片段中提取一些有代表性的运动学片段，然后用它们组合成该线路的车辆典型行驶工况。

1. 主成分分析

评估车辆运动学规律和水平，如果用一两个片段特征值来进行聚类分析，会丢失一些信息，而如果用片段所有的特征值来对数目庞大片段分类，一则变量太多增加了计算的复杂性，给合理分析和解释问题带来了困难；再则，虽然每个变量都提供了一定的信息，但有些变量有一定的相关性，从而使得这些变量所提供的信息在一定程度上有所重叠。例如，加速、减速、匀速和怠速这 4 个驾驶方式一定是此消彼长的。再例如，运行时间、运行距离和平均速度这 3 个特征值一定是强烈相关的。

多元分析中的主成分分析被用来解决这一问题。主成分分析是将多个变量化为少数综合变量的一种多元统计方法，主成分分析即构造原变量的一系列线性组合，使各线性组合在彼此不相关的前提下，尽可能多地反映原变量的信息，即使方差最大。在使用时根据不同的需要反映一定比例以上原变量信息的线性组合即可。

2. 聚类分析

聚类分析又称群分析或类分析，它是依照某种准则对个体（样品或变量）进行分类的一种多元统计分析方法。其基本思想是在样品之间定义距离，在变量之间定义相似系数，距离和相似系数代表样品和变量之间的相似程度。按相似程度的大小，将样品（或变量）逐一归类，关系密切的类聚集到一个小的分类单位，然后逐步扩大，使关系疏远的聚合到一个大的分类单位，直到所有的样品都聚集完毕。传统的聚类方法有系统聚类法、快速聚类法、分裂法、最优分割法、模糊聚类法、图论聚类法等多种方法。

3.4.4　数据分析及处理

在数据分析与处理上，主要存在两种方法。一种是把全行驶状态作为连续事实和现象用统计的方法来解析，在构建行驶工况之前根据试验区域人为地划分工况等级，并人为地合成。另一种则是从道路交通状况入手，通过对构成全行驶状态各个运动学片段的研究、归类，然后构建工况。第二种是目前国外使用的最新研究方法，在我国此方面研究也正逐步开展。

车辆行驶工况是对一个运动学过程的记录，车辆从起步出发至目的地停车，受道路交通状况影响，其间会经过多次起步、停车操作，可由一个接一个的“停车 - 运行 - 停车”组成。将车辆从一个怠速开始到下一个怠速开始的运动定义为运动学片段（以下简称片段），如图 3 - 11 所示，整个行程可以看成是由各种各样的片段组合而成。由于受到交通流的影响，运动学片段相互之间差异较大，既有长度短小、速度低的，又有长度较大、速度较高的，还有长度和速度相当而怠速时间不同的。其中某些片段反映的交通状况可能是一致的。不同时间、不同地点和不同公路类型会出现相同的片段，在繁忙的高速公路上的片段特征有时可能和拥挤的城市中的片段一致。从形态上看，持续时间的长短、速度的大小和怠速时间等能够反映行驶工况的特征，将这些片段类型和交通状况联系起来构建工况。

把车速曲线当作时间的函数来分析，这一曲线的特征参数便可以作为交通状况的函数。从原始数据中连续地分割运动学片段，并对这些片段的特征参数（如持续时间、片段长度和速度等）进行主成分得分分析。在此基础上采用聚类技术对片段进行分类，获得与交通状况相对应的类集合。最后用主要特征参数控制、构造出适用的、时间序列较短的行驶工况来。

3.4.5　工况验证

工况验证的目的是检验解析出的行驶工况与采集的原始数据的收敛约束程度，以及是否能够以小量的工况段集合代表采集的道路行驶数据特征。验证过程

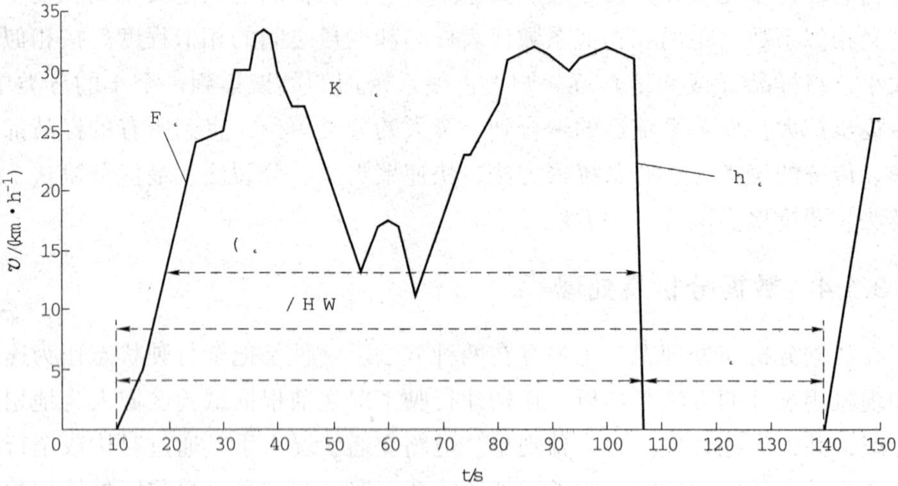

图 3-11 运动学片段

分为 3 个方面：工况的有效性、识别性和可操作性。这些验证主要基于以下原因：

（1）有效性验证。在选定了工况之后，需要通过重新计算速度－加速度的联合分布变化情况并需要在台架上试验进行验证。

（2）识别性验证。与工况的目的有关，用于车辆污染物排放测试时，需要检验该类工况对主要污染物的识别能力。

（3）可操作性验证。由于在原始数据采样过程中存在噪声的影响，速度－时间曲线不够平滑。一些曲线也可能不易被跟踪复现，必须对原始数据经过光滑平顺处理；这些数据如何处理以及处理结果如何，需要实践验证。

第4章　新能源汽车车载电源系统

2014年12月26日，美国新能源汽车制造商特斯拉发布了其两年前停产的第一代车型Roadster的升级版，续航里程达到644公里，高出原版60%。电池技术的进步，提高了特斯拉产品的性能。特斯拉CEO马斯克称，特斯拉的高性能石墨烯电池，相比目前的电池，其容量增长了近70%。

2014年12月初，西方媒体报道，西班牙Graphenano公司和西班牙科尔瓦多大学合作研发的石墨烯电池，一次充电时间只需8分钟，可行驶1 000公里，它被石墨烯研究者称作“超级电池”。

4.1　概　　述

蓄电池是纯电动汽车的唯一能源，它除了能供给汽车驱动行驶所需的电能外，也是供应汽车上各种辅助装置的工作电源。蓄电池在安装到车上前需要通过串并联的方式组合成所要求的电压等级，电动机驱动所需的等级电压往往与照明、各种灯光信号装置、车载音响设备等辅助装置的电压要求不一致，辅助装置所要求的一般为12 V或24 V的低压电源，而电动机驱动一般要求为高压电源，并且所采用的电动机类型不同，其要求的电压等级也不同。为满足该要求，可以用多个12 V或24 V的蓄电池串成96～384 V的高压直流电池组，再通过DC/DC转换器或DC/AC供给所需的不同电压类型；也可按所需求的电压等级，直接由蓄电池组合成不同电压等级的电池组，不过这样会给充电和能源管理带来相应的麻烦。

4.1.1　车载电源系统组成

车载电源系统主要由辅助动力源和动力电池系统（动力电池模组、电池管理系统、动力电池箱及辅助元器件）组成。辅助动力源是供给新能源汽车其他各种辅助装置所需能源的动力电源，一般为12 V或24 V的直流低压电源，其作用是给动力转向、制动力调节控制、照明、电动窗门等各种辅助装置提供所需的能源；动力电池模组由多个电池模块或单体电芯串联组成；电池管理系统是整个动力电池系统的神经中枢；动力电池箱用来放置动力电池模组；辅助元器件主要包括动力电池系统内部的电子电器元件，如熔断器、继电器、分流器、接插件、紧急开关、烟雾传感器、维修开关以及电子电器元件以外的辅助元器件，如密封条、绝缘材料等。

动力电池系统的组成及其内部结构如图 4－1～图 4－3 所示，辅助元器件如图 4－4 所示。

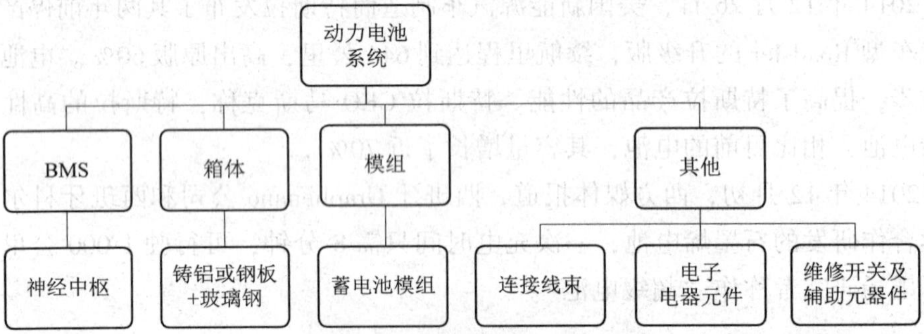

图 4－1　动力电池系统组成

图 4－2　动力电池系统

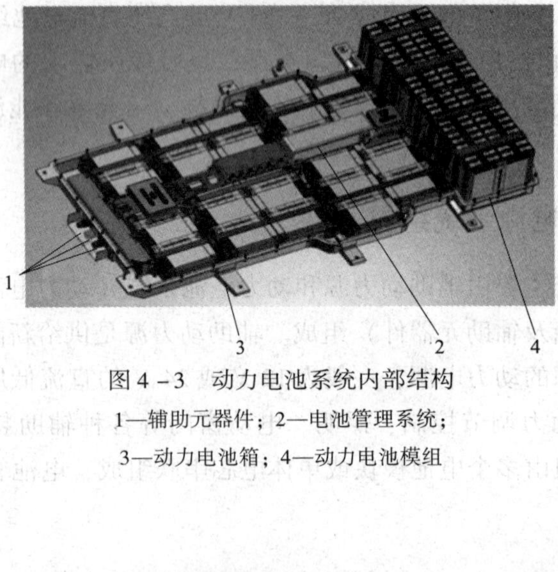

图 4－3　动力电池系统内部结构

1—辅助元器件；2—电池管理系统；

3—动力电池箱；4—动力电池模组

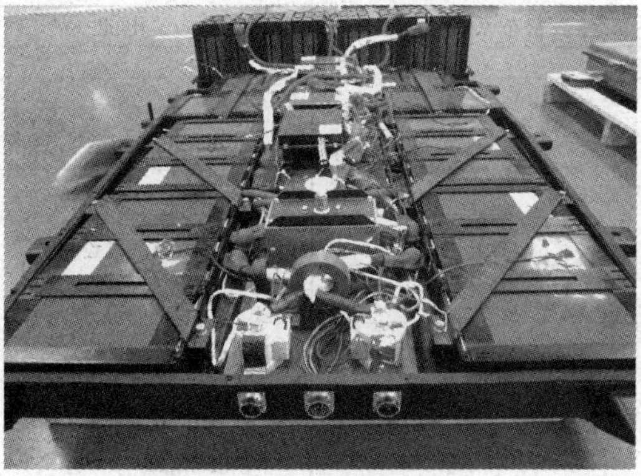

图 4－4　辅助元器件

4.1.2　动力电池系统工作原理

动力电池模组放置在一个密封并且屏蔽的动力电池箱内，动力电池系统使用可靠的高压接插件与高压控制盒相连，然后输出的直流电由电动机控制器转变为三相脉冲高压电，驱动电动机工作；系统内的 BMS 实时采集各电芯的电压、各传感器的温度值、电池系统的总电压值和总电流值等数据，实时监控动力电池的工作状态，并通过 CAN 线与 ECU 或充电动机进行通信，对动力电池系统充放电等进行综合管理。

高、低压系统及绝缘监测回路的工作原理如图 4－5～图 4－7 所示。

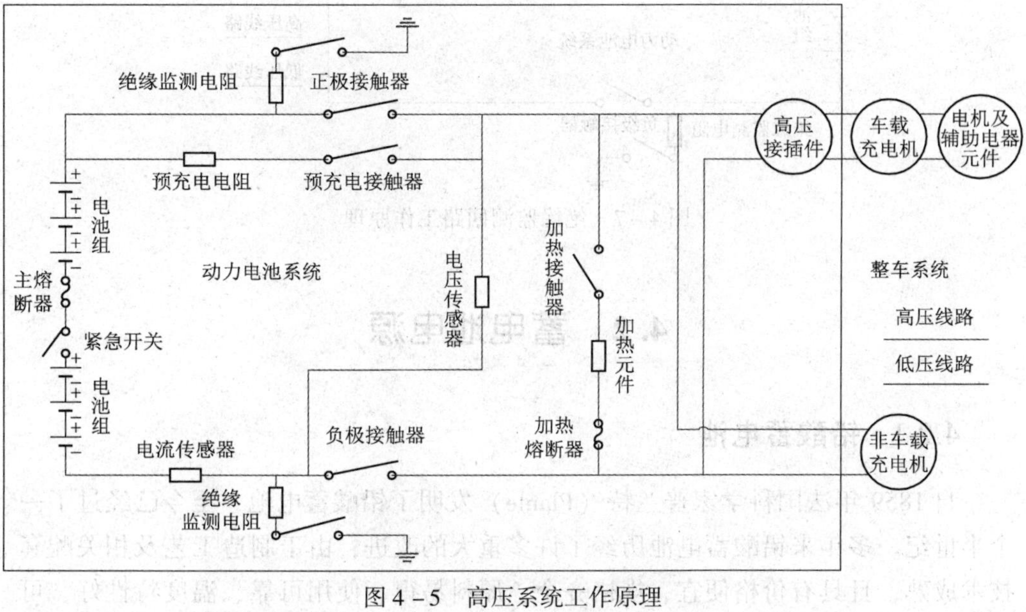

图 4－5　高压系统工作原理

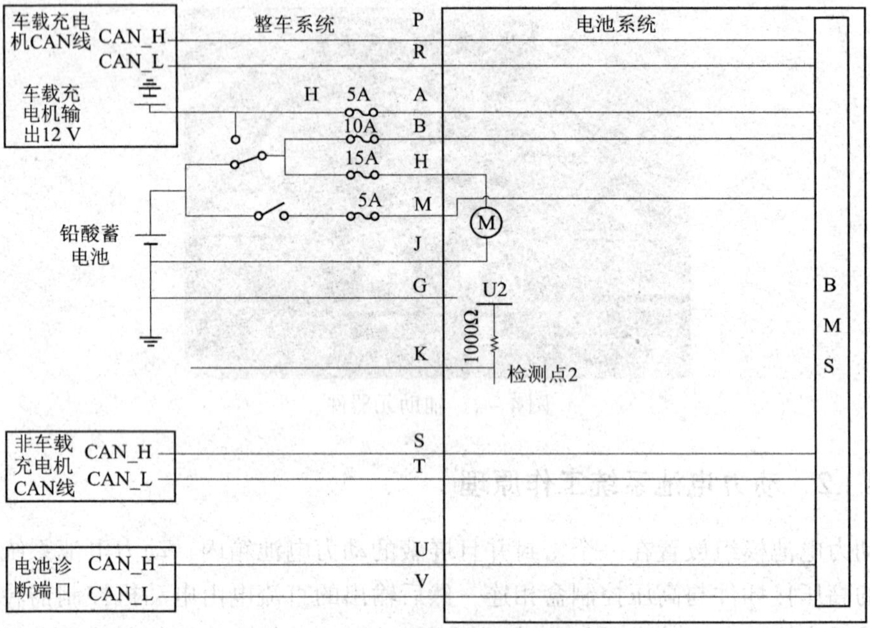

图 4-6 低压系统工作原理

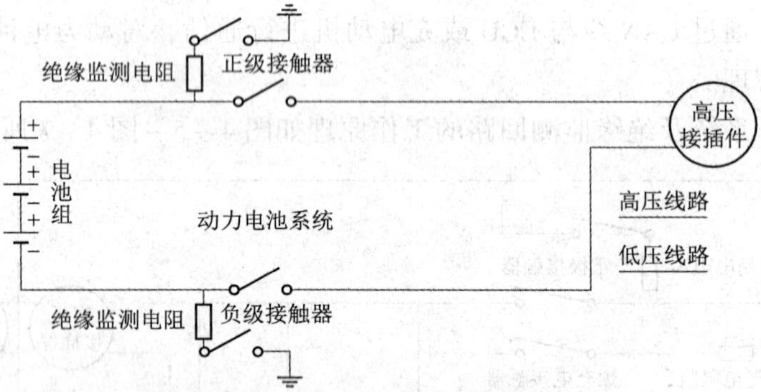

图 4-7 绝缘监测回路工作原理

4.2 蓄电池电源

4.2.1 铅酸蓄电池

自 1859 年法国科学家普兰特（Plante）发明了铅酸蓄电池，至今已经过了一个半世纪。多年来铅酸蓄电池历经了许多重大的改进，由于制造工艺及相关配套技术成熟，且具有价格便宜、规格齐全、原料易得、使用可靠、温度特性好、可大电流放电等优点，因此在许多领域里得到了广泛应用。在此主要针对新能源汽车所用的铅酸蓄电池予以介绍。

1．铅酸蓄电池的分类及型号

铅酸蓄电池是采用稀硫酸作电解液，用二氧化铅和绒状铅分别作为电池的正极和负极的酸性蓄电池。它通常按用途、结构和维护方式来分类，实际上我国铅酸蓄电池产品型号的中间部分就包含其类型。通常铅酸蓄电池型号用三段式来表示：第一段用数字表示串联的单体电池数，第二段用两组字母分别表示其用途和特征，第三段用数字表示额定量。如型号6DAW150表示为由6个单体电池串联组合（通常单体电池电压为2.0 V）成为额定电压12 V，用于电动道路车辆的干荷电式、免维护及额定容量为150 Ah的蓄电池。其中特征就是按其结构和维护方式来划分的。表4－1中列出了铅酸蓄电池型号中表示用途和特征的两组拼音字母含义。

表4－1　蓄电池型号含义

表示蓄电池用途		表示蓄电池特征	
字母	含　义	字母	含　义
Q	起动用（起动发动机，要求大电流放电）	A	干荷电式（极板处于干燥的荷电状态）
G	固定用（固定设备中作保护等备用电源）	F	防酸式（电池盖装有防酸栓）
D	电池车（作牵引各种车辆的动力电源）	FM	阀控式（电池盖设有安全阀）
N	内燃机车（用于内燃机车起动和照明等）	W	无须维护（免维护或少维护）
T	铁路客车（用于车上照明等电器设备）	J	胶体电解液（电解液使用胶状混合物）
M	摩托车用（摩托车起动和照明）	D	带液式（充电态带电解液）
KS	矿灯酸性（矿井下照明等）	J	激活式（用户使用时需激活方式激活）
JC	舰船用（潜艇等水下作业设备）	Q	气密式（盖子的注酸口装有排气栓）
B	航标灯（航道夜间航标照明）	H	湿荷式（极板在电解液中浸渍过）
TK	坦克（用于坦克起动及其用电设备）	B	半密闭式（电池槽半密封）
S	闪光灯（摄像机等用）	Y	液密式

2．铅酸蓄电池的工作原理

铅酸蓄电池放电和充电的反应过程，是铅酸蓄电池活性物质进行可逆化学变化的过程。它们可以用下列化学反应方程式表表示为

$$PbO_2 + 2H_2SO_4 + Pb \rightleftharpoons PbSO_4 + 2H_2O + PbSO_4$$

铅酸蓄电池在放电时，化学反应由左向右进行，其相反的过程为充电过程的化学反应。

放电时，负极板中的每个铅分子从硫酸电解液中吸收一个硫酸根离子（一个

硫四个氧离组成的带电原子团）组成硫酸铅，自己却放出两个电子送到正极板；正极板的二氧化铅在吸收电子的同时，自硫酸电解液中吸收一个硫酸根离子化合成硫酸铅，并放出两个氧离子；电解液中硫酸的一个分子被铅吸收一个硫酸根离子后余下两个氢离子，当二氧化铅放出两个氧离子时，就和这四个氢离子自动结合成两个水分子。所以在放电时电解液中水的成分增加，而硫酸的成分减少。

充电时，负极板的硫酸铅自电源中取得两个电子后就放出一个硫酸根离子于电解液中，而自己变为铅；正极板中的硫酸铅则放出两个氧气，自己变为二氧化铅；负极板放出的一个硫酸根离子与正极板放出的一个硫酸根离子和电解液中剩下的四个氢离子化合成两个硫酸分子。所以在充电时电解液中的水分逐渐减少而硫酸的成分逐渐增加。

由于铅酸蓄电池在放电时其 H_2SO_4的浓度会逐渐减小，因此，可以用比重计来测定硫酸的密度，再由铅酸蓄电池电解液密度确定铅酸蓄电池电解液的放电程度。单体铅酸蓄电池的电压为 2 V，在使用或存放一段时间后，当电池电压降低到 1.8 V 以下，或 H_2SO_4溶的密度下降到 1.2 g/cm^{3}时，铅酸蓄电池就必须充电，如果电压继续下降，则铅酸蓄电池将可能损坏。

3. 铅酸蓄电池的构造

汽车所用的普通铅酸蓄电池如前面蓄电池构造所述，正负极板浸入稀硫酸电解液中成为单体电池。每个单体电池的标称电压为 2 V，为增加铅酸电池的容量，一般由多块极板组成极群，即多块正极板和多块负极板分别用连接条（汇流排）焊接在一起，共同组成电池（Battery）。新能源汽车的辅助电源及传统内燃机汽车用的12 V铅酸起动电池就是由 6 个独立的铅酸电池单体组成的，而新能源汽车的动力电池组则为多个电池以多种方式组合成的大容量电池。铅酸蓄电池的构造如图 4－8 所示。

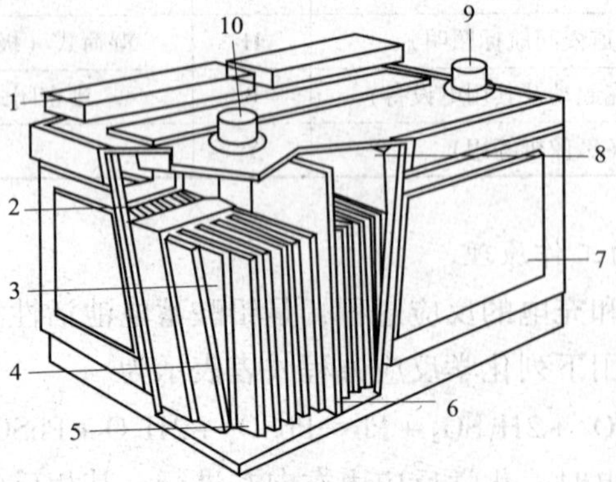

图 4－8　铅酸蓄电池构造

1—排气阀；2—汇流排；3—隔板；4—负极板；5—正极板；6—单体隔板；7—壳体；8—电解液；9—正极柱；10—负极柱

1）极板

极板是电池的基本部件，它的作用是接收充入的电能和向外释放电能。极板由栅架和活性物质组成，分为正极板和负极板，如图 4－9 所示。正极板上的活性物质是棕红色的二氧化铅（PbO_2），负极板上的活性物质是青灰色的海绵状纯铅（Pb）。蓄电池的极板栅架如图 4－10 所示，一般由铅锑合金铸成，其作用是固结活性物质。为了降低蓄电池的内阻、改善蓄电池的起动性能，有些铅蓄电池采用了放射型栅架结构，如图 4－10 所示。

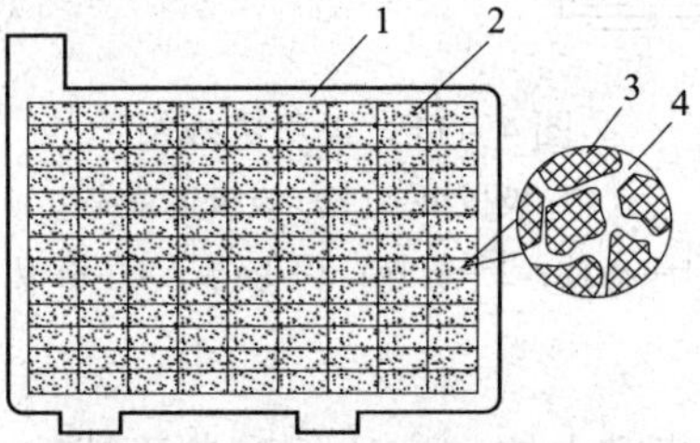

图 4－9　蓄电池的极板结构

1—栅架；2—活性物质；3—颗粒；4—孔隙

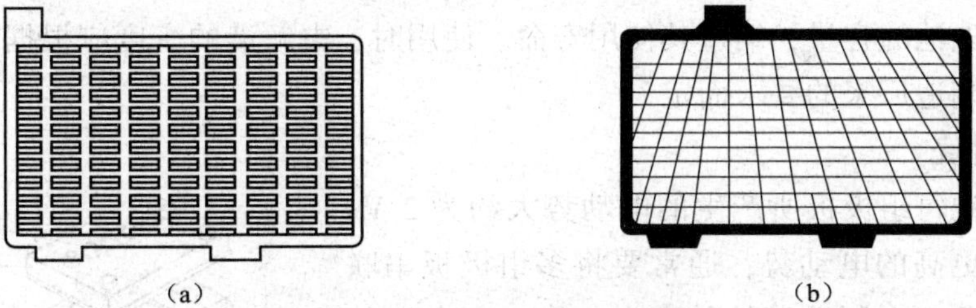

图 4－10　蓄电池的极板栅架

(a) 网格型栅架；(b) 放射型栅架

将正、负极板各一片浸入电解液中，可获得 2 V 左右的电动势。为了增大蓄电池的容量，常将多片正、负极板分别并联，组成正、负极板组，如图 4－11 所示。在每个单格电池中，正极板的片数要比负极板少一片，这样每片正极板都处于两片负极板之间，可使正极板两侧放电均匀，避免因放电不均造成极板拱曲。

2）隔板

隔板放置在正、负极板之间，以避免其接触而短路。隔板一面平整，一面有沟槽，沟槽应面对着正极板且与底部垂直，以便充放电时电解液能通过沟槽及时供给正极板，当正极板上的活性物质二氧化铅脱落时能迅速通过沟槽沉入容器底部。

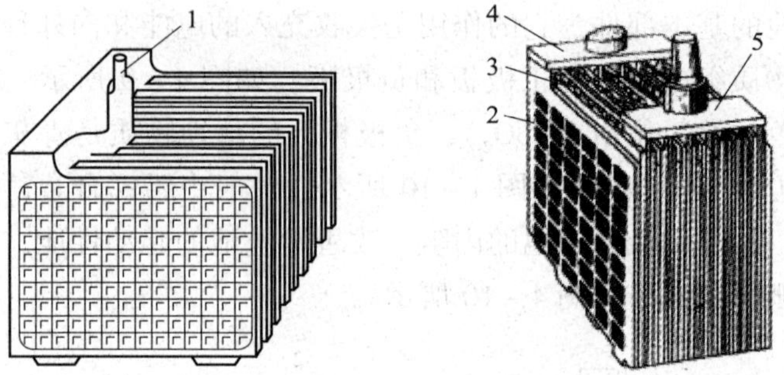

（a） （b）

图 4－11 正负极板组

（a）极板组；（b）极板组总成

1—极柱；2—极板；3—隔板；4—横板

3）电解液

电解液由纯净硫酸和蒸馏水按一定比例配制而成，也叫稀硫酸。蓄电池的电解液密度一般为 1.24～1.30 g/cm^3。电解液的密度对蓄电池的工作有重要影响，密度大，可减少结冰的危险并提高蓄电池的容量，但密度过大，则黏度大，反而会降低蓄电池的容量，缩短其使用寿命。使用时，电解液的密度应根据地区、气候条件和制造厂家的要求而定。

4）外壳

蓄电池每组极板所产生的电动势大约为 2 V，要想获得更高的电动势，通常要将多组极板串联起来。因此，在制造蓄池外壳时，将一个电池外壳分成若干个单格，每个单格的底部制有凸筋，用来搁置极板组，如图 4－12 所示。凸筋之间的空隙可以积极板的脱落物质，防止正、负极板短路。

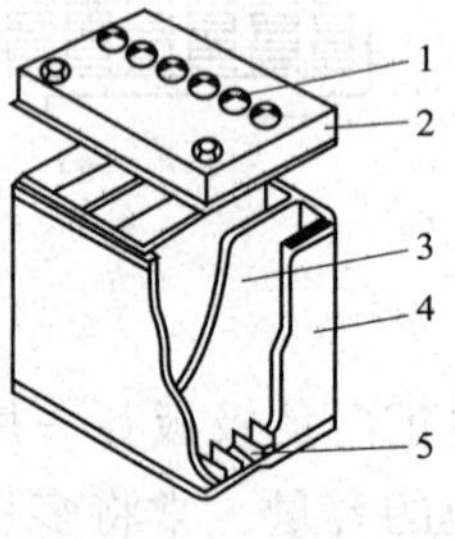

图 4－12 蓄电池外壳

1—注入口；2—盖；3—隔板；4—蓄电池壳体；5—凸筋

各单格电池之间采用铅质连接条串联起来，分为传统内部穿壁式连接、跨越式连接和外露式连接三种方式，如图 4－13 所示。目前，蓄电池采用内部穿壁式或跨越式连接方式。内部穿壁式连接方式是在相邻单格电池之间的间壁上打孔使连接条穿过，将两个单格电池的极板组极柱连接在一起。跨越式连接在相邻单格电池之间的间壁上边留有豁口，连接条通过豁口跨越间壁将两个单格电池的极板组极柱连接，所有连接条均布置在整体盖的下面。

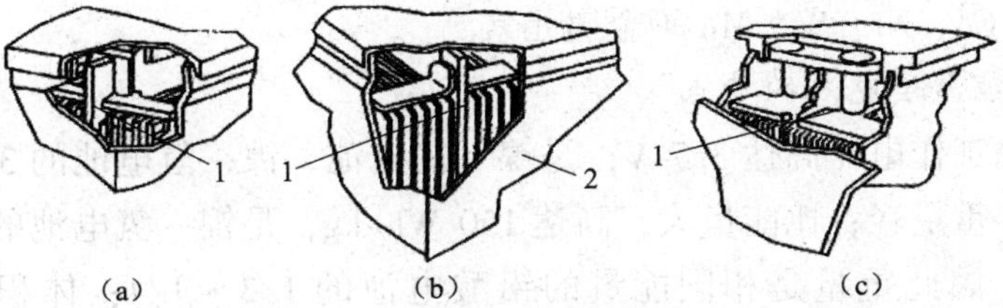

图 4-13　连接单格电池的三种方式

(a) 跨越式连接；(b) 内部穿壁式连接；(c) 外露式连接

1—间壁；2—外壳

加液孔用来向蓄电池单格内加注电解液或蒸馏水，加液孔盖上有通气小孔，以保证蓄电池内部压力与大气压力的平衡。

4.2.2　锂离子电池

以两种不同的、能够可逆地插入及脱出锂离子的嵌锂化合物，分别作为电池正、负极的二次电池即为锂离子电池。锂离子电池是由锂原电池改进而来的。锂原电池的正极材料是二氧化锰 MnO_2 或亚硫酰氯 $SOCl_2$，负极是锂，电池组装完成后无须充电即有电压，这种电池虽也可充电，但循环性能不好，在充放电循环过程中容易形成锂枝晶，造成电池部短路，所以这种电池是不允许充电使用的。日本索尼公司在 1991 年研发成功了以炭材料为负极的锂离子电池，它可进行可逆反应，不过该反应不再是一般电池中的氧化—还原反应，而是锂离子在充放电过程中可逆地在化合物晶格中嵌入和脱出反应。当对电池进行充电时，电池的正极上有锂离子生成，生成的锂离子经过电解液运动到达负极。而作为负极的碳呈层状结构，它有很多微孔，到达负极的锂离子就嵌入到碳层的微孔中，嵌入的锂离子越多，充电容量越高。同样，当对电池进行放电时，嵌在负极碳层中的锂离子脱出，又运动回到正极，回正极的锂离子越多，放电容量越高。在充放电过程中，锂离子如同一把摇椅在正、负极两个电极之间往返嵌入和脱出，因此锂离子电池也被形象地称为"摇椅式电池"。锂离子电池的电极反应表达式分别为

正极反应式：

$$LiMO_2 \rightarrow Li_{1-x}MO_2 + xLi^+ + xe$$

负极反应式：

$$nC + xLi + \ + xe \rightarrow L_{ix}C_x$$

电池反应式：

$$LiMO_2 + nC \rightarrow Li_{1-x}MO_2 + Li_xC_n$$

式中，M——Co、Ni、W、Mn 等金属元素。

1. 普通锂离子电池的特点

单体电池工作电压高达 3.7 V，是镍—镉电池、镍—氢电池的 3 倍，铅酸蓄电池的 2 倍；重量轻；比能量大，高达 150 Wh/kg，是镍—氢电池的 2 倍、铅酸电池的 4 倍，因此重量是相同能量的铅酸电池的 1/3 ~ 1/4；体积小，高达到 400 Wh/L，是铅酸电池的 1/3 ~ 1/2；提供了合理的结构和更美观的外形设计条件、设计空间和可能性；循环寿命长，循环次数可达 1 000 次。以容量保持 60% 计，电池组 100% 充放电循环次数可以达到 600 次以上，使用年限可达 3 ~ 5 年，寿命为铅酸电池的 2 ~ 3 倍；自放电率低，每月不到 5%；允许工作温度范围宽，锂离子电池可在 −20 ℃ ~ 55 ℃ 条件下工作；无记忆效应，所以每次充电前无须像镍—镉电池、镍—氢电池一样放电，可以随时随地进行充电；电池充放电深度对电池的寿命影响不大，可以全充全放；无污染，锂离子电池中不存在有毒物质，因此被称为“绿色电池”，而铅酸蓄电池和镍—镉电池由于存在有害物质铅和镉，故环境污染问题严重。

2. 锂离子电池的结构原理

根据锂离子电池所用电解质材料不同，可以分为液态锂离子电池和聚合物锂离子电池两大类。它们的主要区别在于电解质不同，液态锂离子电池使用的是液体电解质，而聚合物锂离子电池则以聚合物电解质来代替。不论是液态锂离子电池还是聚合物锂离子电池，它们所用的正负极材料都是相同的，工作原理也基本一致。液态锂离子电池的负极材料采用碳材料，主要有石墨、微珠碳、石油焦、碳纤维、裂解聚合和裂解碳等；正极材料主要有 $LiCoO_2$、$LiNiO_2$、$LiMn_2O_4$ 等，其中 $LiCoO_2$ 应用较为广泛，可逆性、放电容量、充放电率、电压稳定性等性能均较好。电解质为液态，其溶剂为无水有机物。隔膜采用聚烯类多孔膜，如 PE、PP 或复合膜。外壳采用钢或铝材料，盖体组件具有防焊、断电的功能。聚合物锂离子电池又称为高分子锂电池，属第二代锂离子电池。聚合物锂离子电池由多层薄膜组成，第一层为金属箔集电极，第二层为负极，第三层为固体电解质，第四层为正极，第五层为绝缘层。负极采用高分子导电材料、聚乙炔、人造石墨、聚苯胺或聚对苯酚等，正极采用 $LiCoO_2$、$LiNiO_2$ \ $LiMn_2O_4$ 和 $Li(CFSO_2)_2$ 等；电解质为胶体电解质如有机碳酸酯混合物等。下面把锂离子电池的几种典型正极材料的特性比较列于表 4 − 2 中。

表4-2　锂离子电池正极材料特征比较

项目	钴酸锂 $LiCoO_2$	镍钴锰 $LiNiCoMnO_2$	锰酸锂 $LiMn_2O_4$	磷酸铁锂 $LiFePO_4$
振实密度/($g \cdot cm^{-3}$)	2.8~3.0	2.0~2.3	2.2~2.4	1.0~1.4
比表面积/($m^2 \cdot g^{-1}$)	0.4~0.6	0.2~0.4	0.4~0.8	12~20
克容量/($mA \cdot h \cdot g^{-1}$)	135~140	155~165	100~115	130~140
电压平台/V	3.6	3.5	3.7	3.2
原料、成本	贫乏，很高	贫乏，高	丰富，较低	非常丰富，低廉
安全性能	差	较好	良好	优秀
适用领域	小电池	小电池/小型动力电池	动力电池	动力电池/超大容量电源

锂离子电池正、负极及电解质材质上的差异使其具有不同的性能，尤其是正极材料对电池的性能影响最大。锂离子电池有方形和圆柱形两种，如图4-14和图4-15所示。

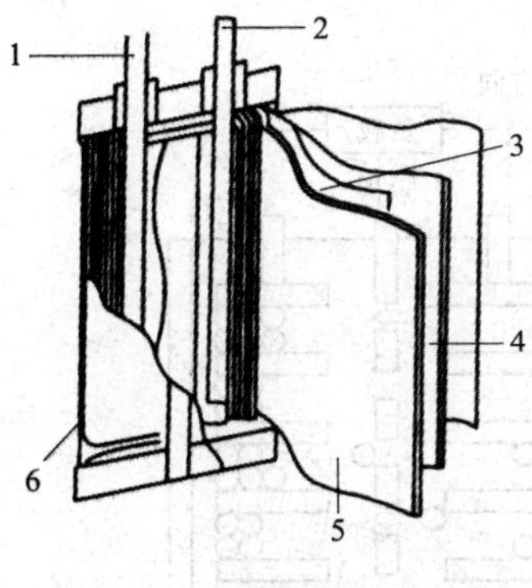

图4-14　方形锂离子电池

1—负极柱；2—正极柱；
3—隔膜；4—负极板；
5—正极板；6—外壳；

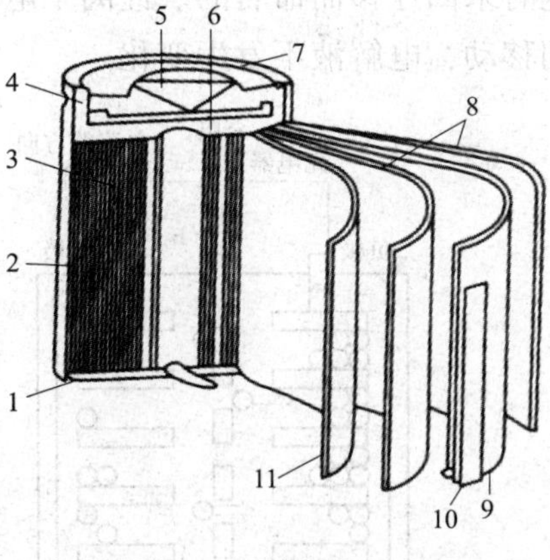

图4-15　圆柱形锂离子电池

1—绝缘体；2—负极柱；3—绝缘体；
4—密封圈；5—顶盒；6，11—正极；
7—安全排气阀；8—隔膜；
9—负极；10—负极板

3. 磷酸铁锂电池

磷酸铁锂（$LiFePO_4$）动力电池是以磷酸铁锂作为正极材料的锂离子电池，虽在2002年出现，但从目前各种锂离子电池的性能对比可以看出，磷酸铁锂电池是目前最适合于新能源汽车产业化运用的锂离子电池，中国汽车技术发展报告

(2014—2015) 中的数据显示，2013 年磷酸铁锂电池装车总容量为 82.1 万 kW · h，占各类型电池装车总量的 95%。磷酸铁锂电池有以下特点：

(1) 高效率输出。标准放电为 2C ~ 5C，连续高电流放电可达 10C，瞬间脉冲放电（10 s）可达 20C。

(2) 高温时性能良好。外部温度 65 ℃时内部温度则高达 95 ℃，电池放电结束时温度可达 160 ℃。

(3) 电池的安全性好。即使电池内部受到伤害，电池也不燃烧、不爆炸，安全性好。

(4) 经 500 次循环，其放电容量仍大于 95%。

磷酸铁锂电池的结构与工作原理如图 4 - 16 所示。$LiFePO_4$ 作为电池的正极，由铝箔电池正极接线柱连接，中间是聚合物的隔膜，它把正极与负极隔开，锂离子（Li^+）可以通过而电子（e^-）不能通过；由碳（石墨）组成的电池负极，由铜箔与电池的负极线柱连接。电池的上下端之间是电解质，电池由金属外壳密闭封装。磷酸铁锂电池在充电时，正极中的锂离子通过聚合物隔膜向负极迁移；放电过程中，负极中的锂离子通过隔膜向正极迁移。锂离子电池就是因锂离子在充放电时来回迁移而命名的。锂离子电池的特点是充、放电时，只是锂离子在两极之间移动，电解液不发生变化。

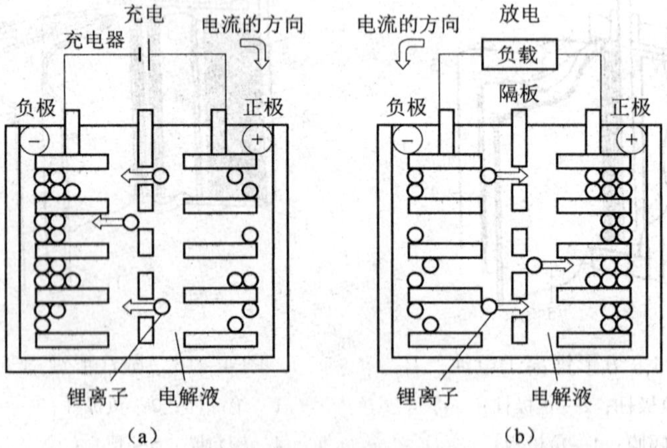

图 4 - 16　磷酸铁锂电池的结构和工作原理

(a) 在充电时，锂化合物正极材料中的锂离子通过隔板移动到作为负极的炭精材料的层间，形成充电电流；

(b) 在放电时，负极炭精材料层间的锂离子通过隔板移动到锂化合物正极材料中，形成放电电流

4.2.3　镍—氢电池

1. 镍—氢电池的特点

镍—氢电池是一种碱性电池，标称电压为 1.2 V，比能量可达到 70～80 Wh/kg，有利于延长新能源汽车的行驶里程；比功率可达到 200 W/kg，是铅酸蓄电池的 2 倍，能够提高车辆的起动性能和加速性能；有高倍率的放电特性，短时间可以 3C 放电，瞬时脉冲放电率很大；过充和过放电性能好，能够带电充电，并可以快速充电，在 15 min 内可充 60% 的容量，1 h 内可完全充满，应急补充充电的时间短；在 80% 的放电深度下，循环寿命可达到 1 000 次以上，是铅酸电池的 3 倍；采用全封闭外壳，可以在真空环境中正常工作；低温性能较好，能够长时间存放；没有 Pb 和 Cd 等重金属元素，不会对环境造成污染；可以随充随放，不会出现其他电池在没有放完电后即充电而产生的“记忆效应”。

镍—氢电池用于新能源汽车，主要优点是：起动、加速性能好，一次充电后的行驶里程较长，不会对周围环境造成污染，易维护，快速补充充电时间短。

镍—氢电池在充电过程中容易发热，发热产生的高温会对镍氢—电池产生负面影响。高温状态下，正极板的充电效率较差，并会加速正极板的氧化，使电池寿命缩短。镍—氢电池在充电后期会产生大量的氧气，在高温环境条件下将加速储氢合金氧化，并使储氢合金平衡压力增加，使储氢合金的储氢量减少而降低镍—氢电池的性能。尼龙无纺布隔膜在高温作用下会发生降解和氧化。尼龙无纺布隔膜发生降解时，会产生氨根离子和硝酸根离子，加速了镍—氢电池的自放电；尼龙无纺布隔膜发生氧化时，氧化成碳酸根，使镍—氢电池的内阻增加。在镍—氢电池充电的过程中，电池温度迅速升高，会使充电效率降低，并产生大量氧气，如果安全阀不能及时开启，会有发生爆炸的危险。

在镍—氢电池的制造技术上进行一些改进，例如：正极板采用多极板技术而负极板采用端面焊接技术，在电解液中适当加入 LiOH 和 NaOH，采用抗氧化能力强的聚丙烯毡做隔膜等，可以有效地提高镍—氢电池的耐高温能力。在镍—氢动力电池组的单体镍—氢电池之间，加大散热间隙，采取有效的散热措施和建立自动热管理系统，以保证镍氢电池正常工作并延长使用寿命。

镍—氢电池的成本很高，达 600～800 美元/（kW · h）。不同的储氢合金具有不同的储氢能力，价格也不相同。我国自行研制了稀土系的储氢合金，已达到世界水平，为我国生产镍—氢电池提供了有利条件。目前高档电动车多采用镍—氢电池或锂离子电池。

2. 镍—氢电池的构造

镍—氢电池正极是活性物质氢氧化镍，负极是储氢合金，用氢氧化钾作为电解质，在正、负极之间有隔膜，共同组成镍—氢单体电池，在金属铂催化作用下，完成充电和放电的可逆反应。在电池充电过程中，水在电解质溶液中分解为氢离子和氢氧离子，氢离子被负极吸收，负极由金属转化为金属氢化物；在放电过程中，氢离子离开了负极，氢氧离子离开了正极，氢离子和氢氧离子在电解质氢氧化钾中结合成水并释放电能。

镍氢电池的正极是球状氧化镍粉末与添加剂、塑料和黏合剂等制成的涂膏，用自动涂膏机涂在正极板上，然后经过干燥处理成发泡的氢氧化镍正极板。在正极材料 $Ni(OH)_2$ 中添加 Ca、Co、Zn 或稀土元素，对稳定电极性能有明显的改进。采用高分子材料作为黏合剂，或用挤压和轧制成的泡沫镍电极，并采用镍粉、石墨等作为导电剂时，可以提高大电流时的放电性能。

镍—氢电池负极的关键技术是储氢合金，要求储氢合金能够稳定地经受反复的储气和放气循环。储氢合金是一种允许氢原子进入或分离多金属合金的晶格基块，是由钛—锆—镍—铬（Ti－V－Zr－Ni－Cr）五种基本元素，并与钴、锰等金属烧结的合金，其经过加氢、粉碎、成形和烧结成负极板。储氢合金的种类和性能，对镍—氢电池的性能有直接的影响。负极在充电或放电过程中既不溶解，也不结晶，电极不会有结构性的变化，在保持自身化学功能的同时，还保证了本身的机械坚固性。储氢合金一般需要进行热处理和表面处理，以增加储氢合金的防腐性能，这有利于提高镍—氢电池的比能量、比功率和使用寿命。

镍—氢电池的特征与镍—镉电池基本相同，但氢气是没有毒性的物质，无污染，安全可靠，使用寿命长，而且不需要补充水分。镍—氢电池正常充、放电时的化学反应式如下：

正极反应：

$$NiOOH + H_2O + e^- \rightleftharpoons Ni(OH)_2 + OH^-$$

负极反应：:

$$MH + OH^- \rightleftharpoons M + H_2O + e^-$$

电池总反应：

$$NiOOH + MH \rightleftharpoons Ni(OH)_2 + M \rightharpoonup 放电 \leftharpoondown 充电$$

镍—氢电池充、放电反应机理如图 4－17 所示。

镍—氢电池的极板有发泡体和烧结体两种，发泡体极板的镍—氢电池在出厂前必须进行预充电，且放电电压不能低于 0.9 V，工作电压也不太稳定，特别是在存放一段时间后，会有近 20% 的电荷流失，老化现象比较严重。为避免发泡镍氢电池老化造成内阻增高，镍—氢电池在出厂前必须进行预充电，使其电压平衡、稳定，具有低温放电性能好、不易老化和寿命长的优点。

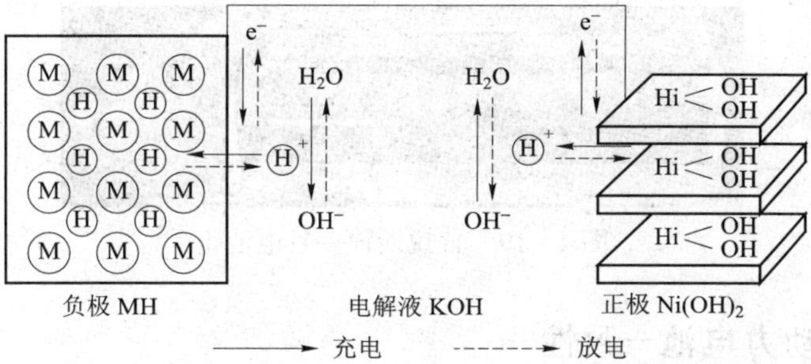

图4－17　镍—氢电池充、放电反应机理

镍—氢电池的基本单元是单体电池，每个单体电池都由正极板、负极板及装在正极板和负极板之间的隔板组成。其外形有圆形和方形两种，每节电池的额定电压为13.2 V（充电时最大电压16.0 V），然后将电池按使用要求组合成不同电压和不同容量的镍—氢电池总成（电池组）。该种镍—氢电池的比能量可达到70 Wh/kg，能量密度达到165 Wh/L，比功率在50%的放电深度下为220 W/kg，在80%的放电深度下为200 W/kg。

本田Insight镍—氢电池组如图4－18所示。电池系统是由原新能源汽车电池改良而成的，电池组置于行李舱底板，由120个松下1.2 V镍氢电池组成，串联合计电压为144 V，支持电流输入50 A、输出100 A，系统限制容量可采用4 Ah，以延长电池寿命。新Insight搭载1.3 L发动机。本田研发的经济油耗驾驶辅助系统能够有效提高燃油经济性，起步和加速时电动系统自动调节功率输出，从而实现混合动力模式百公里理想油耗4.34 L，二氧化碳排放量低于100 g/km。纯电动模式下，该车能达到50 km/h，适合城市路况。

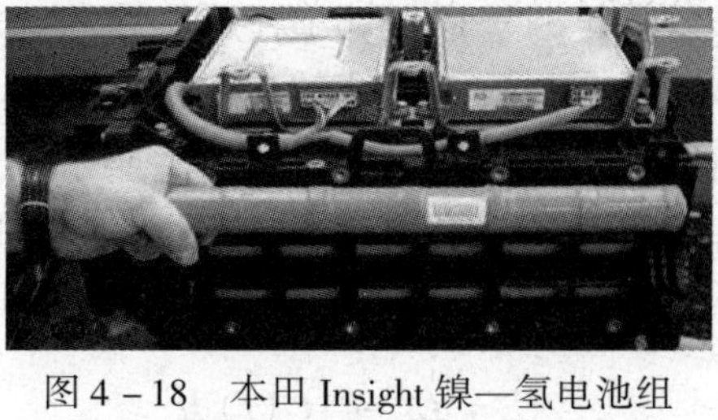

图4－18　本田Insight镍—氢电池组

图4－19所示为普锐斯汽车的镍—氢电池组，重53.3 kg，由28组松下棱柱镍—氢电池模块构成，每个模块又分别载有6个1.2 V电池，总计168个电池，串联标称电压合计201.6 V，比上一代的38组228个电池有所减少。

图 4－19 普锐斯镍—氢电池组

4.2.4 动力电池一致性

电池一致性是指同一规格型号的单体电池组成电池组后，其电压、荷电量、容量及其衰退率、内阻及其变化率、寿命、温度影响、自放电率等参数存在一定的差别。不一致产生的原因主要有以下两个方面：

(1) 在制造过程中，由于工艺上的问题和材质的不均匀，使得电池极板活性物质的活化程度和厚度、微孔率、连条、隔板等存在很微小的差别，这种电池内部结构和材质上的不完全一致性，就会导致同一批次出厂的同一型号电池的容量、内阻等参数不可能完全一致；

(2) 在装车使用时，由于电池组中各个电池的温度、通风条件、自放电程度、电解液密度等差别的影响，导致在一定程度上增加的电池电压、内阻及容量等参数不一致。

1. 电池一致性的分类

根据使用中电池组不一致性扩大的原因和对电池组性能的影响方式，可以把电池的一致性分为容量一致性、电压一致性和电阻一致性。

1) 容量一致性

电池组在出厂前的分选试验可以保证单体初始容量一致性较好，也可以在使用过程中通过电池单体单独充、放电来调整单体初始容量，使之差异性较小，所以初始量不一致不是新能源汽车电池成组应用的主要矛盾。实际应用的容量一致性是指电池在放电过程中所剩余的电量不相等，对于电池剩余电量 C 可表示如下：

$$C = C_0 - \int I_b(t)\,\mathrm{d}t$$

上式表明电池组实际容量不一致主要与电池起始容量 C_0 和放电电流 I_b 有关。

电池起始容量受电池循环工作次数影响显著，越接近电池寿命周期后期，实际容量不一致就越明显。图 4－20 所示为某类型锂离子电池循环寿命对起始容量的影响特性，可以发现随着电池循环次数的增加，电池的起始容量减少，并且充电过程中恒压时间加长，同时电池在放出相同容量的电量时电压有所下降。例如，同样放出 40 Ah 电量，同样的放电电流，循环 10 次时电池的放电电压是 3.7 V，而循环 600 次时电池的放电电压是 3.5 V，这主要是由于电池内阻随电池充放电次数的增多而增大所致。同时电池起始容量还与电池容量衰减特性有关，受电池储存温度、电池荷电状态（SOC）等因素影响。表 4－3 所示为某类型锂离子电池容量衰减特性，从中可得出电池容量的衰减随着储存温度、储存荷电状态（SOC）的增大而加大，例如，SOC＝100% 的电池在 40 ℃ 环境下保存 1 年后容量衰减 30%。

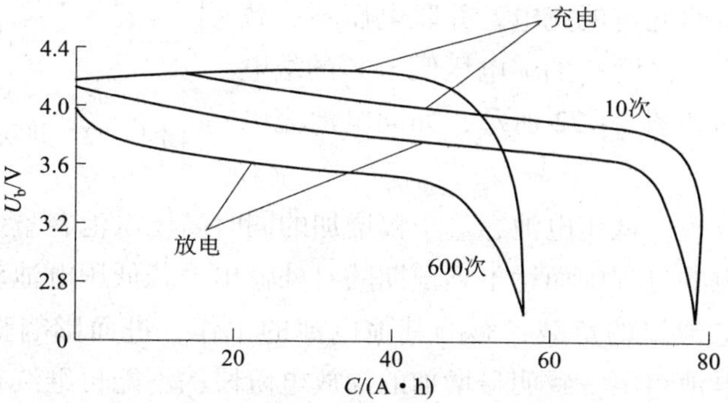

图 4－20　锂离子电池循环寿命对起始容量的影响特性

表 4－3　锂离子电池容量衰减特性

温度 / 时间/年 / SOC	20 ℃			40 ℃		
	0.25	0.5	1	0.25	0.5	1
0	0	0	0	0	0	0
50%	5%	6%	6%	6%	10%	11
100	11%	14%	17%	19	26	30

电池组实际放电容量的不一致性还与电池放电电流有关。串联电池组由于流经电流相等，可认为对单体电池影响相同。但对于并联电池组，其模型简化表达如图 4－21 所示，电路方程如下

$$\sum E_{1i} - i_1 \sum r_{1i} = \sum E_{2i} - i_2 \sum r_{2i}$$

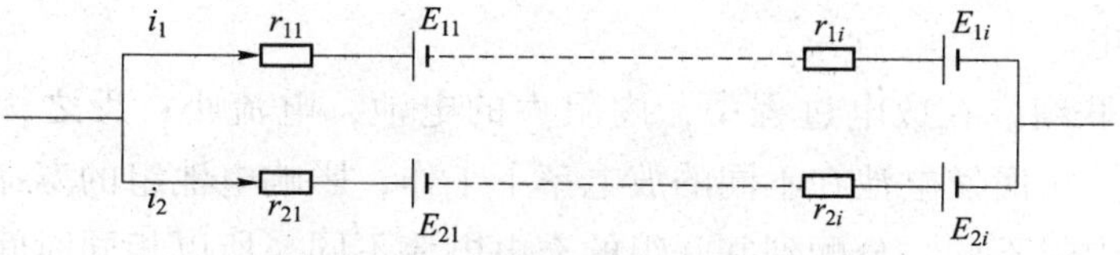

图 4－21　电池并联简化模型

假设并联电池组每个单体起始电动势 E 相等，即 $\sum E_{1i} = \sum E_{2i}$，但内阻 r 是不一样的，使得 $i_1 \neq i_2$，由电路方程式可知，电池组实际容量将出现差异。所以，在电池组实际使用过程中，容量不一致主要是电池初始容量不一致和放电电流不一致综合影响的结果。

2）电压一致性

电压不一致的主要影响因素在于并联组中电池的互充电，当并联电池组中一节电池电压低时，其他电池将给此电池充电。并联电压不一致性如图 4－22 所示，设 V_1 的端电压低于 V_2 的端电压，则电流方向如图 4－22 所示，如同电池充电电路。

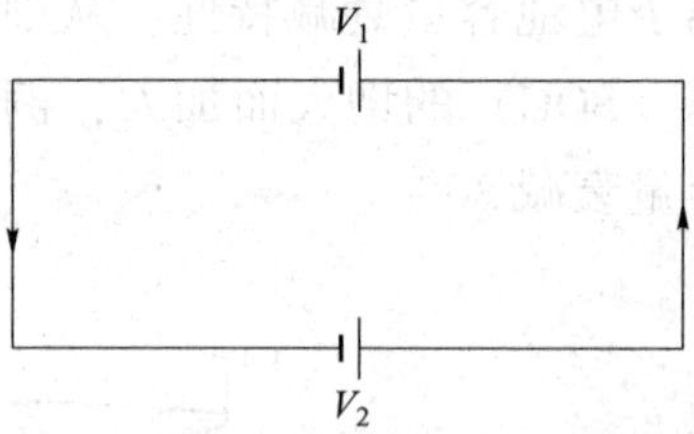

图 4－22　并联电压不一致性

这种连接方式，低压电池容量小幅增加的同时高压电池容量急剧降低，能量将损耗在互充电的过程中而达不到预期的对外输出。若低压电池和正常电池一起使用，将成为电池组的负载，影响其他电池的工作，进而影响整个电池组的寿命。所以，在电池组不一致明显增加的深放电阶段，不能再继续行车，否则会造成低容量电池过放电，影响电池组使用寿命。电池静态（电池静止 1 h 以上）开路电压在一定程度上是电池 SOC 的集中表现。由于电池 SOC 在一定范围内还与电池开路电压呈线性关系，故开路电压不一致也在一定程度上体现了电池能量状态的不一致。

3）内阻一致性

电池内阻不一致使得电池组中每个单体在放电过程中热损失的能量各不相同，最终会影响电池单体能量状态。

（1）串联组。串联组中电流相同，内阻大的电池，能量损失大，产生热量多，温度升高快。若电池组的散热条件不好，热量不能及时散失，电池温度将持续升高，可能导致电池变形甚至爆炸等严重后果。在充电过程中，由于内阻不同，分配到串联组每个电池的充电电压不同，将使电池充电电压不一致。随着充电过程的进行，内阻大的电池电压可能提前达到充电的最高电压极限。由此，为了防止内阻大的电池过充电和保证充电安全，不得不在大多数电池还未充满的情况下停止充电。

（2）并联组。在放电过程中，内阻大的电池，电流小；反之，内阻小的电池，电流大。从而使电池在不同的放电率下工作，影响电池组的寿命。在充电过程中，由于内阻不同，分配到并联组的充电电流不同，所以相同时间内充电容量不同，即电池的充电速度不同，从而影响整个充电过程。在实际充电过程中，只能在防止充电快的电池过充和防止充电慢的电池充不满之间采取折中的方案。

2. 提高电池一致性的措施

电池组的一致性是相对的，不一致性是绝对的。电池的不一致性在生产阶段就已经产生了，在应用过程中，需要采取一定的措施，减缓电池不一致性扩大的趋势或速度。根据动力电池应用经验和试验研究，常采用以下8项措施，以保证电池组寿命逐步趋于单体电池的使用寿命。

(1) 提高电池制造工艺水平，保证电池出厂质量，尤其是初始电压的一致性。同一批次电池出厂前，以电压、内阻及电池转化成的数据为标准进行参数相关性分析，筛选相关性良好的电池，以此来保证同批电池的性能尽可能一致。

(2) 在动力电池成组时，务必保证电池组采用同一类型、同一规格、同一型号的电池。

(3) 在电池组使用过程中检测单电池参数，尤其是动、静态情况下（新能源汽车停驶或行过程中）电压的分布情况，掌握电池组中单电池不一致性的发展规律，对极端参数电池及时进行调整或更换，以保证电池组参数不一致性不随使用时间而增大。

(4) 对使用中发现的容量偏低的电池，进行单独维护性充电，使其性能恢复。

(5) 间隔一定时间对电池组进行小电流维护性充电，促进电池组自身的均衡和性能恢复。

(6) 尽量避免电池过充电，尽量防止电池深度放电。

(7) 保证电池组具有良好的使用环境，尽量保证电池组温度场均匀，减小振动，避免水、尘土等污染电池极柱。

(8) 采用电池组均衡系统，对电池组的充、放电进行智能管理。

4.3　动力电池管理系统

4.3.1　数据采集方法

1. 单体电压检测方法

电池单体电压采集模块是动力电池组管理系统中的重要一环，其性能好坏或精度高低决定了系统对电池状态信息判断的准确程度，并进一步影响到后续的控制策略能否有效实施。常用的单体电压检测方法有以下5种。

1) 继电器阵列法

图4-23所示为基于继电器阵列法的电池电压采集电路原理框图，其由端电

压传感器、继电器阵列、A/D 转换芯片、光耦合器、多路模拟开关等组成。如果需要测量 n 块串联成组电池的端电压，就要将 $n+1$ 根导线引入电池组中各节点。当测量第 m 块电池的端电压时，单片机发出相应的控制信号，通过多路模拟开关、光耦合器和继电器驱动电路选通相应的继电器，将第 m 根和第 $m+1$ 根导线引到 A/D 转换芯片。通常开关器件的电阻都比较小，配合分压电路之后由于开关器件的电阻所引起的误差几乎可以忽略，而且整个电路结构简单，只有分压电阻和 A/D 转换芯片还有电压基准的精度能够影响最终结果的精度，通常电阻和芯片的误差都可以做得很小。所以，在所需要测量的电池单体电压较高而且对精度要求也较高的场合最适合使用继电器阵列法。

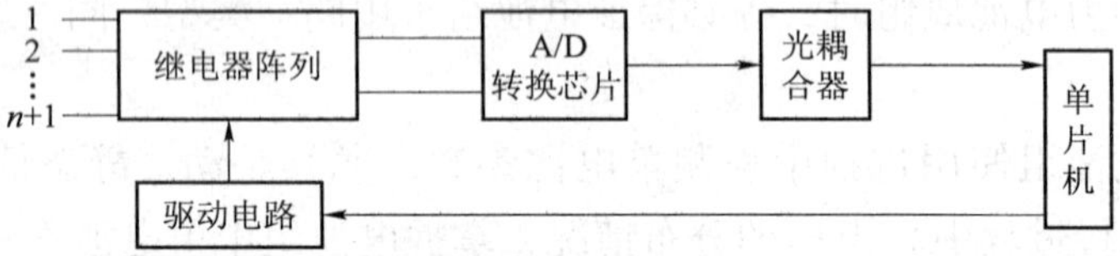

图 4－23 基于继电器阵列法的电池电压采集电路原理框图

2）恒流源法

恒流源电路进行电池电压采集的基本原理是，在不使用转换电阻的前提下，将电池端电压转化为与之呈线性变化关系的电流信号，以此提高系统的抗干扰能力。在串联电池组中，由于电池端电压也就是电池组相邻两节点间的电压差，故要求恒流源电路具有较好的共模抑制能力，一般在设计过程中多选用集成运算放大器来达到此种目的。出于设计思路和应用场合的不同，恒流源电路会有多种不同形式，图 4－24 所示就是其中一种，它是由运算放大器和绝缘栅型场效应晶体管组合构成的减法运算恒流源电路。

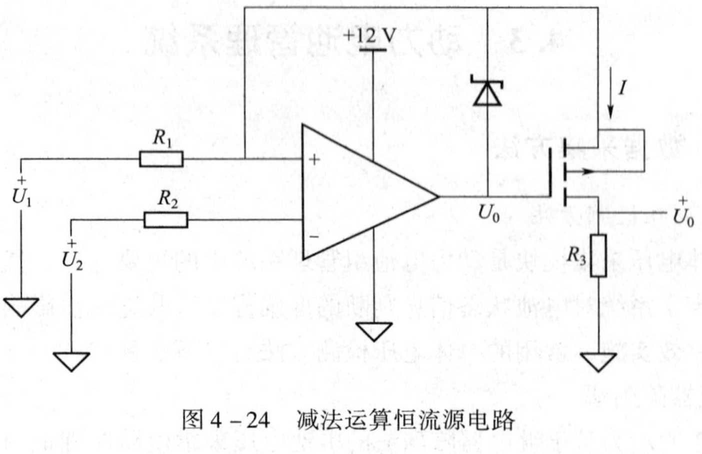

图 4－24 减法运算恒流源电路

3）隔离运放采集法

隔离运算放大器是一种能够对模拟信号进行电气隔离的电子元件，广泛用作工业过程控制中的隔离器和各种电源设备中的隔离介质。一般由输入和输出两部分组成，二者单独供电，并以隔离层划分，信号经输入部分调制处理后经过隔离层，再由输出部分解调复现。隔离运算放大器非常适合应用于电池单体电压采集电路中，它能将输入的电池端电压信号与电路隔离，从而避免外界干扰而使系统采集精度提高，可靠性增强。下面以一个典型应用实例来说明。

图 4－25 所示为隔离运算放大器在 600 V 动力电池组管理系统中的应用，其中共有 50 块标定电压为 12 V 的水平铅蓄电池，其端电压被隔离运算放大器电路逐一采集。从图 4－25 中不难发现，ISO122 的输入部分电源就取自动力电池组，输出部分电源则出自电路板上的供电模块，电池端电压经两个高精密电阻分压后输入运算放大器，与之呈线性关系的输出信号经多路复用器后交单片机控制电路处理。隔离运算放大器采集电路虽然性能优越，但是较高的成本却影响了其广泛应用。

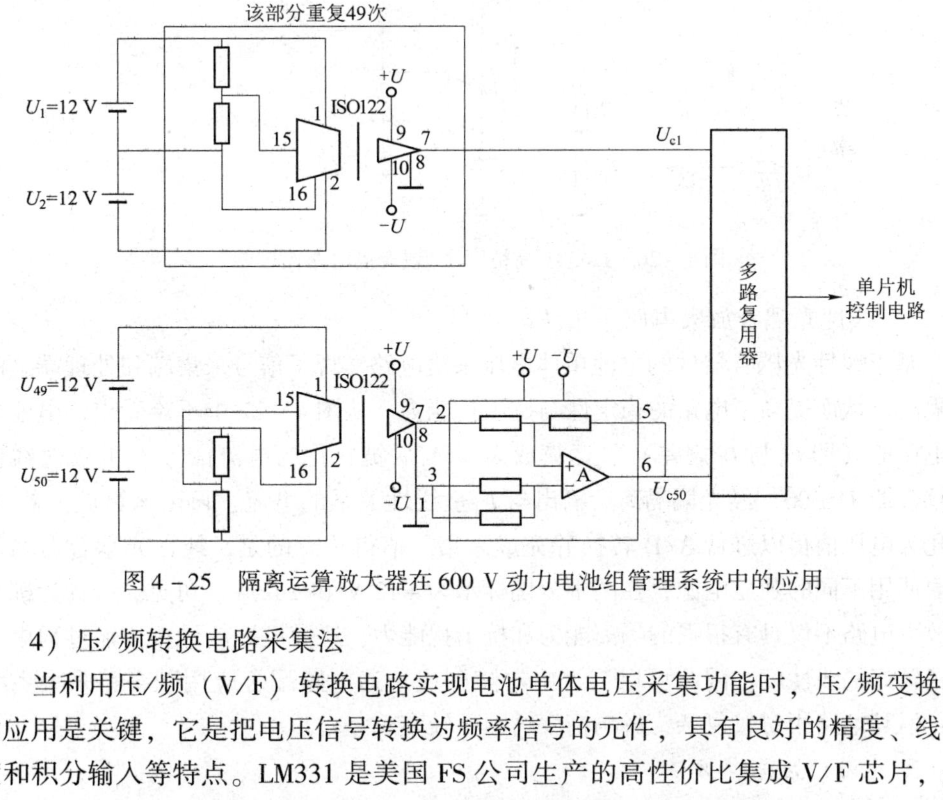

图 4－25　隔离运算放大器在 600 V 动力电池组管理系统中的应用

4）压/频转换电路采集法

当利用压/频（V/F）转换电路实现电池单体电压采集功能时，压/频变换器的应用是关键，它是把电压信号转换为频率信号的元件，具有良好的精度、线性度和积分输入等特点。LM331 是美国 FS 公司生产的高性价比集成 V/F 芯片，采用了新的温度补偿带隙基准电路，在整个工作温度范围内和低到 4 V 电源电压以上都有极高的精度。

图 4 - 26 所示为 LM331 高精度压/频转换电路原理图，电压信号直接被转换为频率信号，即可进入单片机的计数器端口进行处理，而无须 A/D 转换。此外，为了配合压/频转换电路在电池单体电压采集系统中的应用，相应选通电路和运算放大电路也需加以设计，以实现多路采集的功能，这种方法涉及的元件比较少，但是压控振荡器中含有电容器，而电容器的相对误差一般都比较大，而且电容越大相对误差也越大。

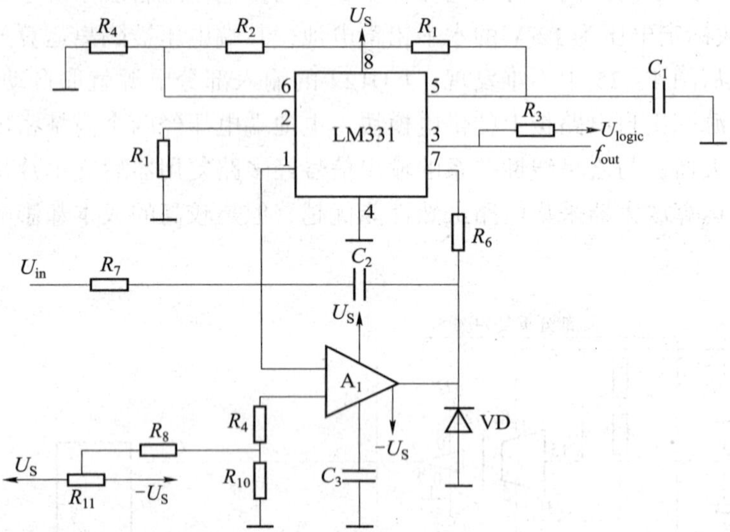

图 4 - 26　LM331 高精度压/频转换电路原理图

5）线性光耦合放大电路采集法

基于线性光耦合器件的电池单体电压采集电路实现了信号采集端和处理端之间的隔离，从而提高了电路的稳定性与抗干扰能力。从图 4 - 27 中不难看出，电池单体电压值（即 U_1 与 U_2 之差）经运算放大器 A_1 后被转化为电流信号 I_{p1} 并流过线性光耦合器 TIL300，经光耦隔离后输出与 I_{p1} 呈线性关系的电流，再由运算放大器 A_2 转化为电压值得以进行 A/D 转换并完成采集。值得注意的是，线性光耦合器两端需要使用不同的独立电源，在图中分别标示为 +12 V 和 ±12 V。可见，线性光耦合器放大电路不仅具有很强的隔离能力和抗干扰能力，还使模拟信号在传输过程中保持了较好的线性度，因此可以与继电器阵列或选通电路配合应用于多路采集系统中，但其电路相对较复杂，影响精度的因素较多。

2. 电池温度采集方法

电池的工作温度不仅影响电池的性能，而且直接关系到新能源汽车使用的安全问题，因此准确采集温度参数显得尤为重要。采集温度并不难，关键是如何选择合适的温度传感器。目前，使用的温度传感器有很多，如热电偶、热敏电阻、热敏晶体管、集成温度传感器等，下面介绍其中的三种。

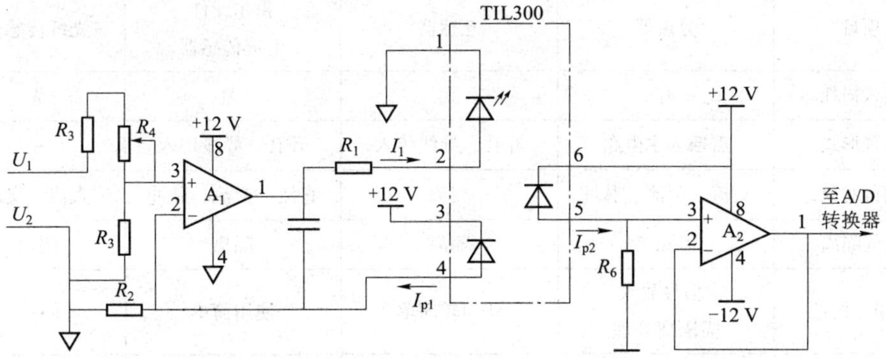

图 4－27　基于线性光耦合器 TIL300 的电池单体电压采集电路原理图

1）热敏电阻采集法

热敏电阻采集法的原理是利用热敏电阻阻值随温度的变化而变化的特性，用一个定值电阻和热敏电阻串联起来构成一个分压器，从而把温度的高低转化为电压信号，再通过 A/D 转换得到温度的数字信息。热敏电阻成本低，但线性度不好，而且制造误差一般比较大。

2）热电偶采集法

热电偶的作用原理是双金属体在不同温度下会产生不同的热电动势，通过采集这个电动势的值就可以查表得到温度的值。由于热电动势的值仅与材料有关，所以热电偶的准确度很高。但是由于热电动势都是毫伏等级的信号，所以需要放大，外部电路比较复杂。一般来说，金属的熔点都比较高，所以热电偶一般用于高温的测量。

3）集成温度传感器采集法

由于温度的测量在日常生产、生活中用得越来越多，所以半导体生产商们都推出了很多集成温度传感器。这些温度传感器虽然很多是基于热敏电阻式的，但都在生产的过程中进行了校正，所以精度可以媲美热电偶，而且直接输出数字量，很适合在数字系统中使用。

3. 电池工作电流采集方法

常用的电流检测方式有分流器、互感器、霍尔元件电流传感器和光纤传感器 4 种，各方法的特点见表 4－4。其中，光纤传感器昂贵的价格影响了其在控制领域的应用；分流器成本低、频响应好，但使用麻烦，必须接入电流回路；互感器只能用于交流测量；霍尔元件电流传感器性能好，使用方便。目前，在新能源汽车动力电池管理系统电流采集与监测方面应用较多的是分流器和霍尔元件电流传感器。

表 4－4　各种电流检测方法的特点

项目	分流器	互感器	霍尔元件 电流传感器	光纤传感器
插入损耗	有	无	无	无
布置形式	需插入主电路	开孔、导线传入	开孔、导线传入	—
测量对象	直流、交流、脉冲	交流	直流、交流、脉冲	直流、交流
电气隔离	无隔离	隔离	隔离	隔离
使用方便性	小信号放大、 需隔离处理	使用较简单	使用简单	—
适用场合	小电流、控制测量	交流测量、 电网监控	控制测量	高压测量， 电力系统常用
价格	较低	低	较高	高
普及程度	普及	普及	较普及	未普及

4.3.2　电量管理系统

电池电量管理是电池管理的核心内容之一，对于整个电池状态的控制及新能源汽车续驶里程的预测和估计具有重要的意义。SOC 估计常用算法有开路电压法、容量积分法、电池内阻法、模糊逻辑推理和神经网络法、卡尔曼滤波法。

1. 开路电压法

开路电压法是最简单的测量方法，主要根据电池组开路电压判断 SOC 的大小。由电池的工作特性可知，电池组的开路电压和电池的剩余容量存在一定的对应关系。某动力电池组的电压与容量的对应关系如图 4－28 所示，随着电池放电容量的增加，电池的开路电压降低。由此，可以根据一定的充放电倍率时电池组的开路电压和 SOC 的对应曲线，通过测量电池组开路电压的大小，插值估算出电池 SOC 的值。

2. 容量积分法

容量积分法是通过对单位时间内，流入流出电池组的电流进行累积，从而获得电池组每一轮放电能够放出的电量，确定电池 SOC 的变化。

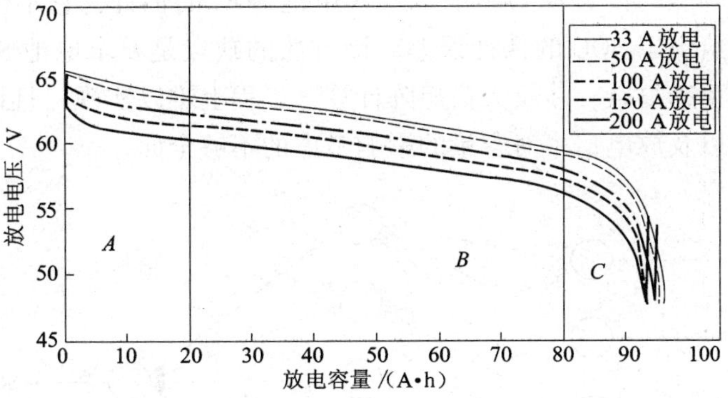

图 4－28　某动力电池组电压与容量的对应关系

3．电池内阻法

电池内阻有交流内阻（常称交流阻抗）和直流内阻之分，它们都与 SOC 有密切关系。电池交流阻抗为电池电压与电流之间的传递函数，是一个复数变量，表示电池对交流电的反抗能力，要用交流阻抗仪来测量。电池交流阻抗受温度影响大，是对电池处于静置后的开路状态还是对电池在充放电过程中进行交流阻抗测量存在争议，所以很少在实车测量中使用。直流内阻表示电池对直流电的反抗能力，等于在同一很短的时间段内，电池电压变化量与电流变化量的比值。实际测量中，将电池从开路状态开始恒流充电或放电，相同时间里负载电压和开路电压的差值除以电流值就是直流内阻。直流内阻的大小受计算时间段影响，若时间段短于 10 ms，只有欧姆内阻能够检测到；若时间段较长，内阻将变得复杂。准确测量电池单体内阻比较困难，这是直流内阻法的缺点。在某些电池管理系统中，内阻法与安时计量法组合使用来提高 SOC 估算的精度。

4．模糊逻辑推理和神经网络法

模糊逻辑推理和神经网络是人工智能领域的两个分支，模糊逻辑接近人的形象思维方式，擅长定性分析和推理，具有较强的自然语言处理能力；神经网络采用分布式存储信息，具有很好的自组织、自学习能力。它们共同的特点是均采用并行处理结构，可从系统的输入、输出样本中获得系统输入、输出关系。电池是高度非线性的系统，可利用模糊推理和神经网络的并行结构和学习能力估算 SOC，如图 4－29 所示。

5．卡尔曼滤波法

卡尔曼滤波理论的核心思想是对动力系统的状态做出最小方差意义上的最优估算。卡尔曼滤波法应用于电池 SOC 估算，电池被称作动力系统，SOC 是系统的一个内部状态。卡尔曼滤波法适用于各种电池，与其他方法相比，尤其适合于电流波动比较剧烈的混合动力新能源汽车电池 SOC 的估计，它不仅给出了 SOC 的估计值，还给出了 SOC 的估计误差。该方法的缺点是要求电池 SOC 估计精度越高，电池模型越复杂，涉及大量矩阵计算，工程上难以实现，且该方法对于温度、自放电率以及放电倍率对容量的影响考虑的不够全面。

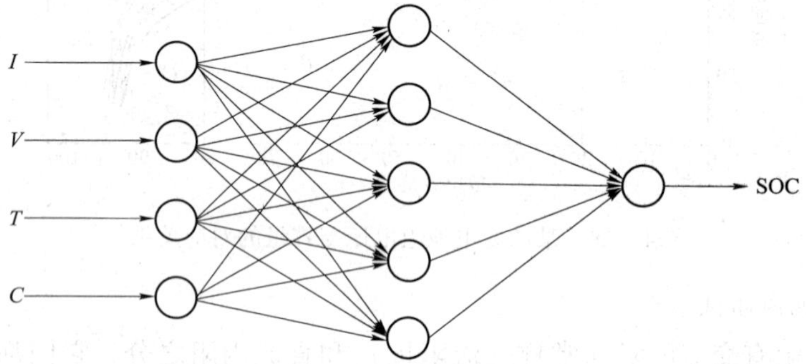

图 4－29 估算 SOC 神经网络结构

4.3.3 均衡管理系统

随着动力电池在新能源汽车动力系统中的广泛应用，逐渐暴露出一系列诸如耐久性、可靠性和安全性等方面的问题。电池成组后单体之间的不一致是引起这一系列问题的主要原因之一。由于新能源汽车类型和使用条件限制，对电池组功率、电压等级和额定容量的要求存在差别，电池组中单体电池数量存在很大的差异。即使参数要求相似，由于电池类型不同，所需的电池数量也存在较大的差别。总体看来，单体数量越多，电池一致性差别越大，对电池组性能的影响也越明显。车载动力锂离子电池成组后，电池单体性能的不一致严重影响了电池组的使用效果，减少了电池组的使用寿命。造成单体电池间差异的因素主要有以下三方面：

（1）电池制作工艺限制，即使同一批次的电池也会出现不一致。

（2）电池组中单体电池的自放电率不一致。

（3）电池组使用过程中，温度、放电效率、保护电路对电池组的影响会导致差异的放大。

因此，均衡系统是车载动力锂电池组管理系统的关键技术。从电池集成和管理方面来看，主要可以从两个方面来缓解电池不一致带来的影响：成组前动力电池的分选；成组后基于电池组不一致产生的表现形式和参数的电池均衡技术。然而，成组前电池单体的分选技术在保证电池组均衡能力方面是有限的，其无法消除电池组在使用过程中产生的不均衡。所以，基于电池组不一致的表现形式和参数的电池均衡技术是保证电池组正常工作、延长电池寿命的必要模块和技术。

串联蓄电池组均衡策略，按照均衡过程中能量的流动和变换形式可以分为被动均衡和主动均衡两大类。被动均衡策略的典型代表为电阻分流均衡策略，其均衡过程是将串联蓄电池组中能量较高的单体蓄电池中的能量通过电阻转化成热能，最终实现串联蓄电池组中各单体蓄电池能量的一致，如图 4－30 所示。该方法在均衡过程中耗散一定的电池能量，故而现在已经较少使用。

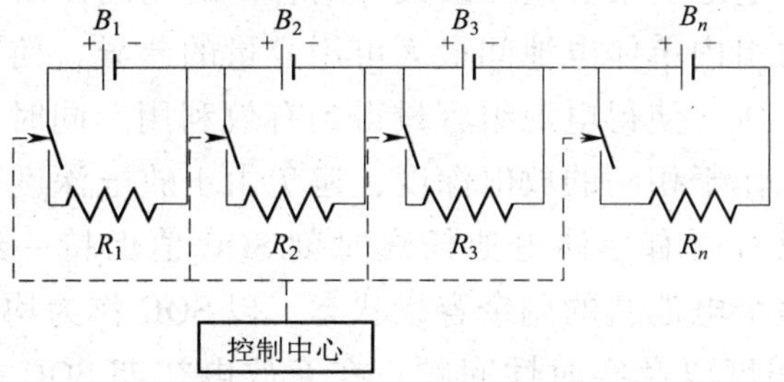

图 4－30 电阻分流的被动均衡策略

1. 均衡变量的选择

1）以开路电压作为均衡变量

目前多数均衡系统以开路电压作为均衡变量，因为开路电压为直接观测量，容易测量，并且开路电压与 SOC 之间存在一定的关系，开路电压达到一致时电池组 SOC 一致性也较好，而相同充放电电流时 SOC 与工作电压也存在类似正相关关系，开路电压较高的电池，SOC 较高，充放电时该电池电压仍会高于其他电池，因此在电池组处于搁置状态时以开路电压作为均衡变量可以在一定程度上改善电池组不一致性状态。但是以开路电压作为均衡变量使得均衡系统只能工作于电池组搁置状态，降低系统工作效率，故均衡控制过程中某些参数需要重新标定。此外，开路电压本身变化范围很小，要求均衡系统采集模块具有较高的采集精度。

2）以工作电压作为均衡变量

工作电压与开路电压一样都是可以直接测量的参数，而且工作电压相比于开路电压变化范围更大，采集精度上更容易满足要求。以工作电压作为均衡变量的均衡系统工作于电池组充放电阶段，由于目前纯电动汽车上的动力锂离子电池组充放电截止条件就是以工作电压来判定的，以工作电压作为均衡变量可以保证在不过充过放的前提下尽可能地提高电池组的容量利用率。对于老化程度较深、内阻较大的电池，在非满放的情况下，以工作电压一致作为均衡目标可以保证其工作过程中 SOC 波动范围小于其他电池，可减缓该电池的老化速度，延长整组电池的使用寿命。以工作电压作为均衡变量的缺点在于其受干路电流的影响波动幅度特别大，特别是在纯电动汽车实际运行工况下，工作电压可能会出现剧烈波动，使得均衡系统启闭频繁，开关损耗增加。在电池 SOC 较高和较低时工作电压变化比较剧烈，对均衡系统均衡能力要求较高，而 SOC 处于中间阶段时单体间工作电压差距可能会很小，需要保证均衡系统的采样精度。

3）以 SOC 作为均衡变量

SOC 表征当前电池剩余容量占最大可用容量的比例，以 SOC 作为均衡变量时，可以忽略电池组内单体电池间最大可用容量的差异，使所有单体电池同时达到充放电截止电压，使得电池组容量得到有效利用。同时，SOC 保持一致意味着所有单体均工作于相同的放电深度，避免由于放电深度不同导致的电池老化速度的差异。只有所有单体电池任意时刻 SOC 值保持一致时，电池组 SOC 值才能真实反映整个电池组的剩余容量状态。以 SOC 作为均衡变量最大的问题在于 SOC 的估算精度以及实时性问题，在充放电初期 SOC 差异较小，如果不能识别的话，到后期差异较大时均衡系统压力就会比较大，甚至无法完成均衡。均衡电流本身也会对 SOC 估算造成影响，现有的估算方法大多没有考虑。此外，高精度 SOC 估算算法一般计算量较大，对电池组内每节电池进行实时估算要求均衡系统具有足够的运算能力。

4）以剩余可用容量作为均衡指标

与 SOC 作为均衡指标类似，以当前剩余可用容量作为均衡指标也是从容量角度对电池组进行均衡，同样能够避免低容量电池导致的“短板效应”，充分发挥电池组的能力。在组内电池老化程度差异不大的情况下两者是一致的，如果组内电池老化程度不同，某一时刻 SOC 达到一致后，由于不同电池 SOC 变化速率不同，下一时刻又会出现不一致，但若以剩余可用容量为均衡目标，则后续不一致性问题就不会出现。以剩余可用容量作为均衡指标主要的问题在于在线实时估算电池当前最大可用容量，目前的估算方法大多只能做到离线估算，并且估算精度难以保证。

2. 主动均衡方案

对于锂离子动力电池而言，要改善单体电池之间的不一致性，均衡系统是电池管理系统设计工作的核心。若没有均衡管理模块，动力电池组的稳定性就没有了保证。从均衡子系统的元器件来分，电阻均衡、储能元器件均衡是锂离子电池目前比较常用的均衡方法。当然，所有的均衡子系统，从均衡结构的拓扑形式来分有独立均衡和集中均衡，从均衡的能量回收角度来分有主动均衡和被动均衡，从能量流向角度来分有单向均衡和双向均衡。电池均衡结构如图 4 – 31 所示。

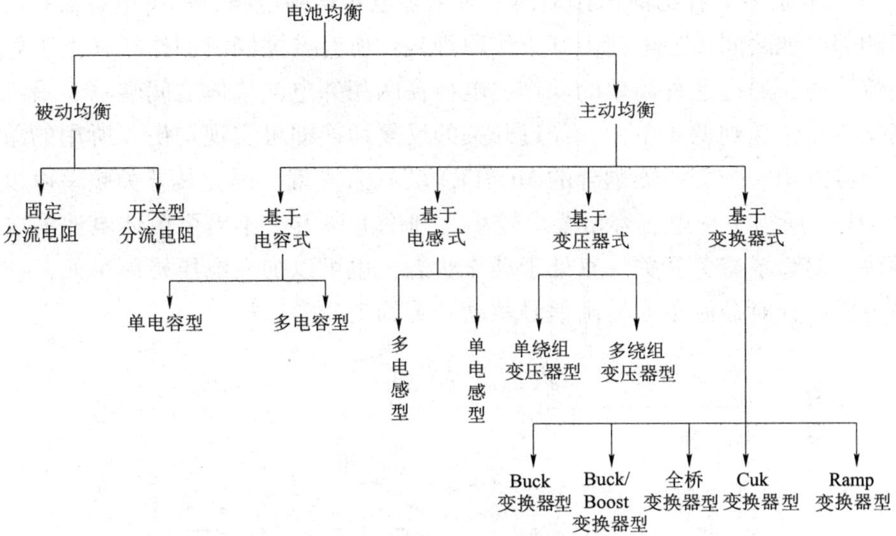

图4－31　电池均衡结构

1）基于电容式均衡拓扑结构

在基于电容式均衡策略的电路拓扑中，最基本的电路拓扑结构有两种，分别如图4－32和图4－33所示，二者的主要差别在于均衡过程中参与均衡的电容数量以及均衡电路的控制方式不同。

（1）基于单电容均衡拓扑结构。在图4－32所示的单电容均衡策略中，只需要一个电容作为能量转移的载体，其均衡过程还需要电压检测电路的参与。其工作流程为：控制中心从串联蓄电池组中检测能量过高的单体蓄电池，控制其两端开关闭合将能量传递给电容，电容充电之后将断开电压过高的单体电池，闭合电压过低的单体与电容的连接，电容器给低压单体充电，经过若干周期进而将电荷转移至能量过低的单体蓄电池中。该策略结构相对复杂，但是均衡电路体积小，均衡速度快。

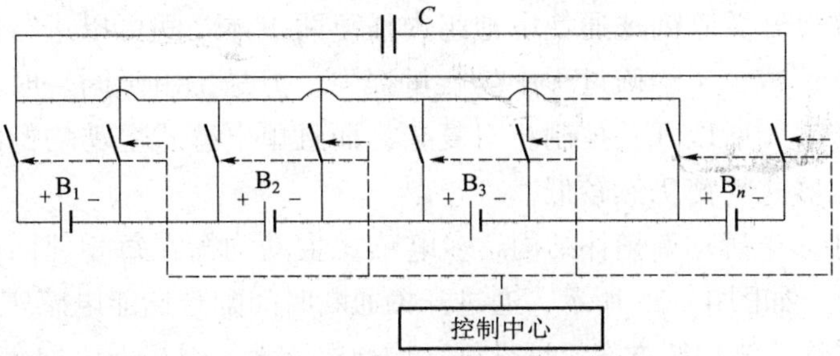

图4－32　单电容均衡拓扑结构

（2）基于多电容均衡拓扑结构。对于多电容均衡电路，一组电容器在串联电池组相邻电池之间传递电荷，其工作原理是：所有开关同时动作，在上下触点之间轮流接通，通过这种简单的动作，电荷在两相邻电池单体之间转移，最终电荷由高压单元传递到低压单元，经过开关的反复切换即可实现均衡。所用的单刀双掷开关可以用一个变压器耦合的 MOSFET 装置来实现，因此其开关频率可以高达上百 kHz，所需平衡电容容量要求较小。理论上该方法不需要单体电池的电压检测模块，但为了避免开关一直处于动作状态，也可以加入电压检测单元，在出现单体电压差异时控制单元发出信号驱动开关的动作。

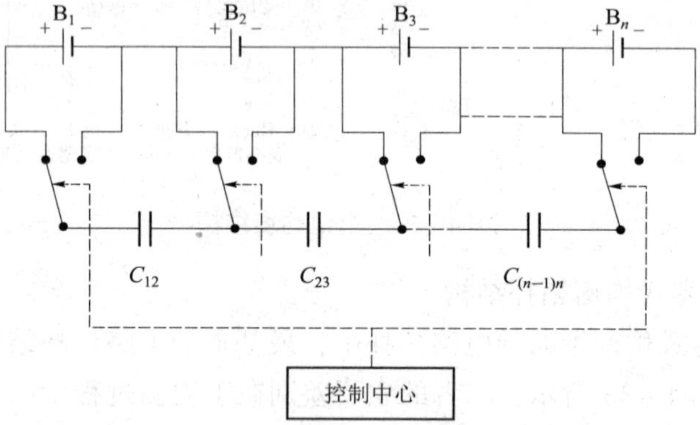

图 4 – 33　多电容均衡拓扑结构

2）基于电感式均衡电路

基于电感式均衡策略是以电感作为能量转移的载体，实现各单体蓄电池之间能量的均衡。按照电感的耦合形式，又可分为单/多电感均衡策略，均衡拓扑结构分别如图 4 – 34、图 4 – 35 所示。

（1）基于单电感均衡拓扑结构。单电感式主动均衡中每个单体电池两端通过开关连通两条单向路径，分别连向中间储能元件电感 L 的两端，通过控制开关阵列使能量能在任意两节单体之间进行转移，如图4 – 34 所示，实现能量的削峰填谷。该方案通过开关阵列选通使电池组内任意两单体之间可以进行能量转换，加快了均衡速度，减少了均衡过程中的能量损失。但是，由于同一时刻只有两节单体参与能量转移，所以开关控制相对复杂，而且单电感式主动均衡的能量转移效率相较于变压器式均衡仍然较低。

（2）基于多电感均衡拓扑结构。多电感式主动均衡在每相邻两单体电池之间放置一个电感，如图 4 – 35 所示，通过开关通断时间配合储能电感实现能量在相邻两单体之间转移，该均衡方案扩展性好，均衡电流大，但当需要均衡的单体电池相隔较远时需要经过多次中间传输，降低了均衡速度，同时也会增加能量损失。

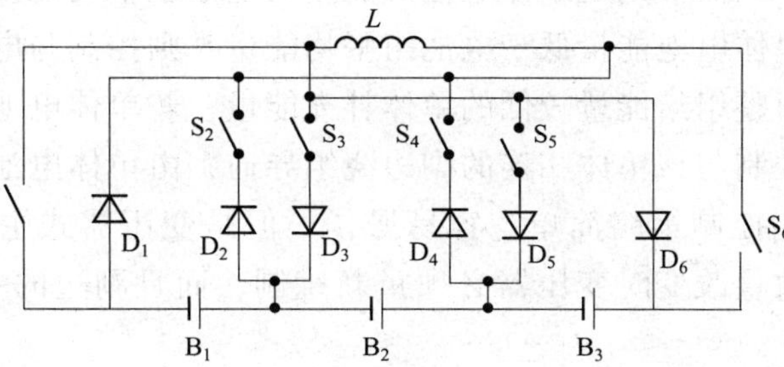

图 4 – 34　单电感均衡拓扑结构

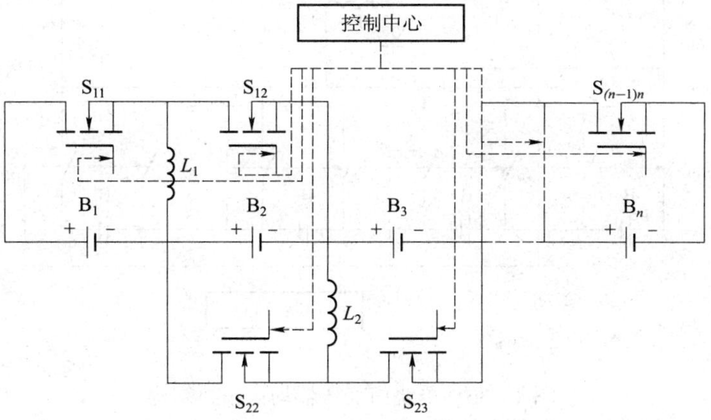

图 4 – 35　多电感均衡拓扑结构

3. 基于单绕组和多绕组变压器的均衡电路

（1）基于单绕组变压器的均衡结构。图 4 – 36 所示为单绕组变压器均衡策略电路拓扑结构，为每个单体蓄电池配备一个变压器和一个整流二极管。当控制中心发出均衡信号时，均衡开关 S_1 以一定频率开始动作，为初级线圈充电进而激发次级线圈输出电压，匝数比将保证输出电压是各单体电压的平均值，并且自动为电压最低的单体电池充电，保证各单体蓄电池电压的一致。串联蓄电池组中的能量将自动在各个单体蓄电池中进行均匀分配，从而完成能量的均衡过程。

（2）基于多绕组变压器的均衡结构。多绕组变压器均衡电路一般指反激式多绕组变压器均衡拓扑电路（图 4 – 37），工作在 DCM（断续模式）下，主要有单铁芯和多铁芯的多绕组变压器。变压器式主动均衡通过充电阶段的顶部均衡和放电阶段的底部均衡防止单体电池过充过放，最终使所有单体电池的能量差异在一定阈值范围内。该方案能量转移对象为单体和电池组，因此不涉及相互转移的问题，只需要判定单体电池的能量与电池组平均能量的差值是否在一定范围内，若单体电池能量低于电池组平均能量，则控制与电池组相连的变压器原边导通，由整组给能量较低的单体补充能量；若单体电池能量高于电池组平均能量，则控制与该单体相连的副边绕组导通，由单体电池向电池组转移多余的能量，因此控制策略简单、容易操作，但是变压器式主动均衡的扩展性差，单体电池数量改变时变压器必须重新绕制，而且副边的一致性难以保证，易出现磁饱和。

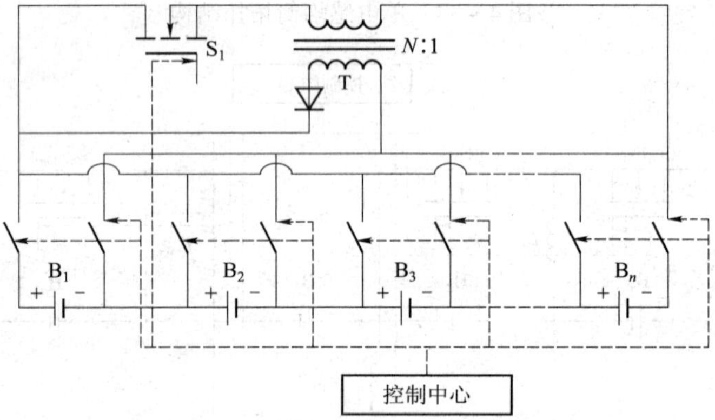

图 4-36　单绕组变压器均衡拓扑结构

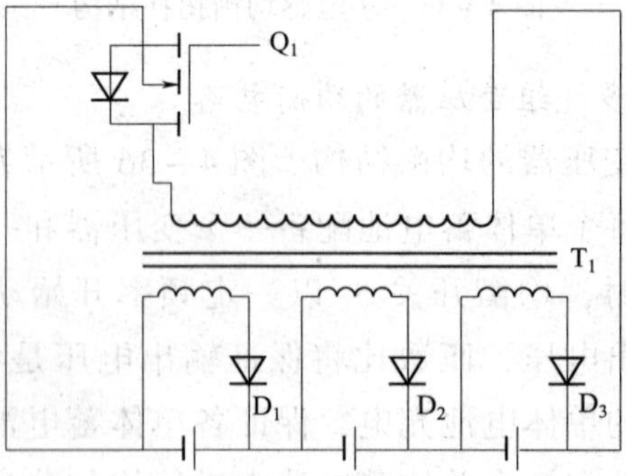

图 4-37　多绕组变压器均衡拓扑结构

如图 4-38 所示，多磁芯变压器式主动均衡增加了变压器式均衡结构的扩展性，每个单体对应一个小变压器，当单体数量发生变化时，只需要相应增加变压器数量，但是该方案需要的变压器数量较多，成本高，占用空间大且难以布置。

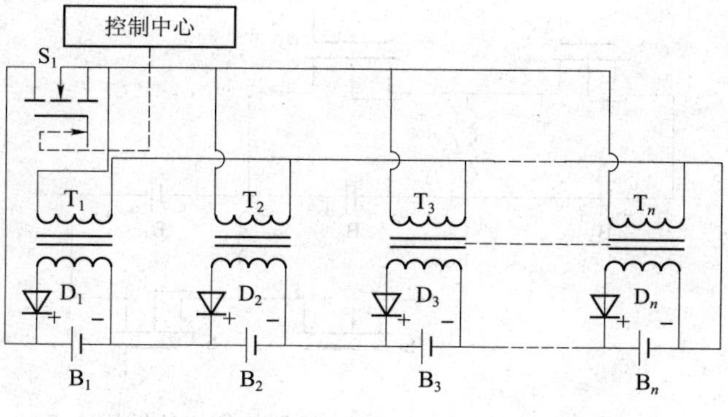

图 4－38　多磁芯多绕组变压器均衡拓扑结构

4）基于 DC/DC 变换器式均衡策略

基于 DC/DC 变换器式均衡策略是指利用 DC/DC 变换电路，常见的如各式直流变换器，实现串联蓄电池组中能量的转移和均衡。其中典型的均衡策略包括基于 Buck 变换器、Buck/Boost 变换器、Cuk 变换器等类型，其电路拓扑如图 4－39、图 4－40 和图4－41 所示。严格来说，以上四种拓扑结构只是 DC/DC 变换器设计中的几种转换技术，与上面所述电路结构相比并未用到新的电气元件，相反，在这几种电路结构中还可能与以上介绍过的电路结构有重复的地方。

（1）基于 Buck 变换器均衡结构。Buck 变换器属于降压型 DC/DC 变换器结构，其输出电压等于或小于输入电压的单管非隔离直流变换器。根据电感电流 I 是否连续，Buck 变换器有 3 种工作模式：连续导电模式、不连续导电模式和临界导电模式。连续导电模式为线性系统，控制比较方便、简单。而不连续导电模式为非线性系统，不好控制。

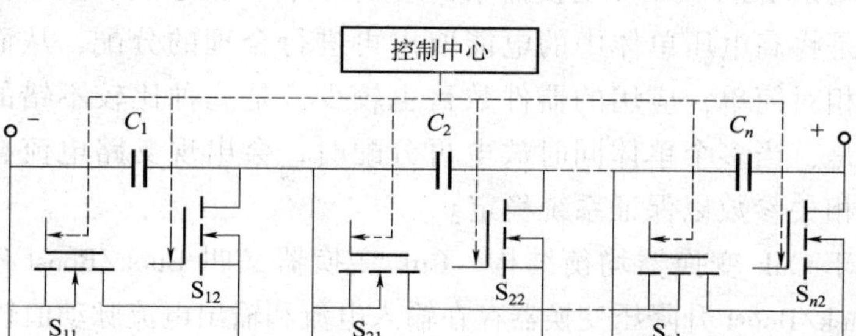

图 4－39　Buck 变换器均衡拓扑结构

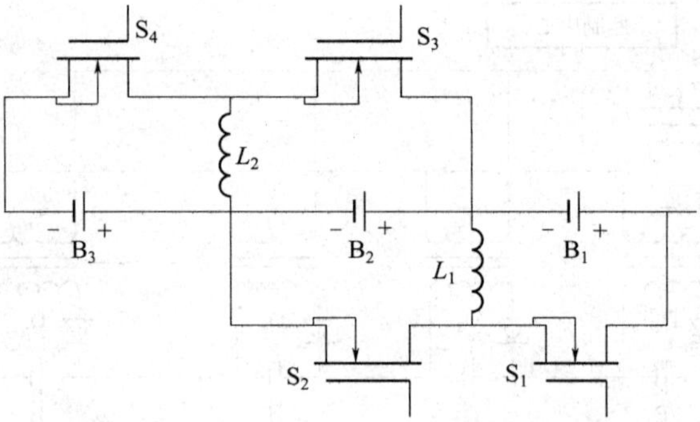

图 4-40 Buck/Boost 变换器均衡拓扑结构

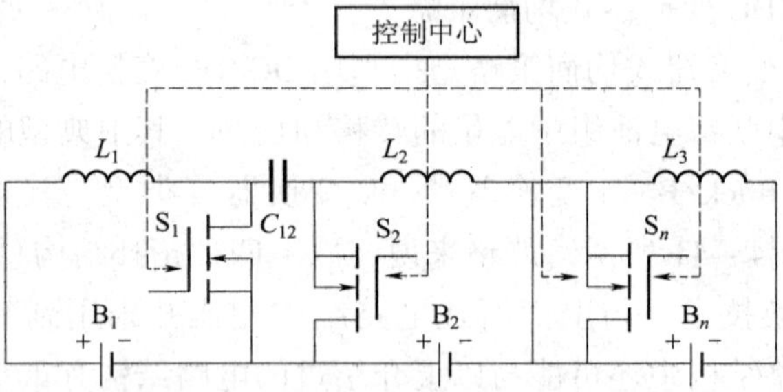

图 4-41 Cuk 变换器均衡拓扑结构

（2）基于 Buck/Boost 变换器均衡结构。Buck/Boost 变换器是升降压型 DC/DC 变换器结构，每两个单体之间形成一个变换器，通过电容或者电感等储能元件转移单体能量，实现能量在相邻单体间单向或者双向流动。事实上，多电感均衡结构就是 Buck/Boost 变换器结构组成的升降压型均衡电路。此方案的基本思路，就是将高电压单体中的电能取出再进行合理的分配，从而实现均衡。其电路结构相对简单，应用的器件数目也较少，是一种比较不错的均衡方案。需要注意的是，当多个单体同时放电再分配时，会出现支路电流叠加的情况，需仔细设计相关参数以保证系统稳定。

（3）基于 Cuk 变换器均衡结构。Cuk 变换器又叫 Buck/Boost 串联变换器，它是针对 Buck/Boost 升降压变换器存在输入电流和输出电流脉动值较大的缺点而提出的一种非隔离式单管 DC/DC 升降压反极性变换器。与 Buck/Boost 变换器一样，Cuk 结构也具有升降压功能，也能工作在电流连续、断续和临界连续三种工作方式。Cuk 型均衡电路与前者的区别在于在整个均衡周期内，无论开关闭合或者断开，能量一直通过电容和电感传递给相邻电池。

变换器型电路存在的主要问题在于能量只能在相邻电池间传递，如果电池节数较多，则均衡效率将大受影响，另外对开关控制精度要求较高，且元器件较多，特别是 Cuk 型电路，成本较高。

5）均衡拓扑结构总结

现有的电池均衡电路有很多，在均衡能力和性能上各有不同，在选择均衡电路的过程中要充分考虑其稳定性和经济性，并针对不同的工作环境进行选择。由分析可知，虽然现有的基本均衡技术在均衡领域具有各自的优势，但也存在一些未能逾越的技术问题，导致均衡能力不能达到要求。

基于多绕组变压器均衡方案 N 个次级绕组只能对应 N 个电池单体，单体数目增加则需要重新设计绕制整个变压器，而且随着单体数目的增加，磁性器件的存在不仅增大成本和均衡器的体积，而且变压器的漏感会导致均衡偏差的出现，尤其变压器的设计目前没有一种精确的设计方法，难以实现多输出绕组的精确匹配，另外同轴铁芯结构导致均衡器可移植性变差。基于多电容和多电阻的均衡方案也存在一定的问题，隔离型均衡器随着单体数量的增加，磁性器件会造成体积过大，由于能量只能在相邻单体之间传递，因此当高电压单体和低电压单体之间距离较远时，能量逐级传递，不仅大大增加了均衡时间，尤其在实际使用中，充电时间要尽可能短，这种方案很难达到均衡效果。基于多电容和多电感均衡结构是一种不需要依赖于电压检测精度的均衡方案，但是开关电容网络的布线复杂，如果利用电容的优势通过开关控制实现均衡，会带来软件编写中复杂的控制策略难以准确实现的难题；最重要的是关断时电流回路中巨大的尖峰电流和浪涌电流给电路中的电容器带来巨大的冲击，缩短电容器寿命甚至损坏电容器；另外，虽然均衡原理决定了电压检测电路可以省略，在一定程度上减小了工作量和误差率，但是由于均衡期间缺乏电池状态中电压指标的监控，在电池发生异常时没有了故障警报和处理机制，安全性下降。均衡拓扑结构对比如表 4－5 所示。

表 4－5　均衡拓扑结构对比

方案	优点	缺点
单电容型	开关较少，均衡速率快	需电压检测模块，从而达到快速均衡
多电容型	无须电压检测，控制策略简单	相邻单体间能力转换、均衡速度慢，能量损失较多
单电感型	结构简单，均衡速度快	开关瞬间有能量损失，开关频率高，需滤波电容

续表

方案	优点	缺点
多电感型	可实现任意两单体的能量传递，实现充电均衡和静态均衡，扩展性好，均衡电流大	开关瞬间有较大能量损失，开关频率高，需滤波电容；当需要均衡的单体电池相隔较远时，需经多次中间传输，降低了均衡速度，增加了能量损失
单绕组变压器型	均衡速度快，低磁损失少	控制复杂，成本高，铁芯和绕组根据电池组电压和单体电压而定，通用性差
多绕组变压器型	均衡速度快，效率高，可用于充电和放电时的均衡	电路设计难度大，结构复杂，铁芯和绕组根据电池组电压和单体电压而定，通用性差
Buck 变换器型	直流电压输出稳定，结构简单	输出电压等于或小于输入电压，仅用于单向均衡
Buck/Boost 变换器型	均衡速度快，便于模块化设计，双向升降压均衡，对于电池数量多的系统易于实施	成本较高，需智能控制，能量损耗较大，结构复杂
Cuk 变换器型	能量可双向流动，均衡速度快，效率较高	控制复杂，电压检测精度要求高

6）均衡策略选择

适当的均衡策略，是对硬件电路设计的补偿。依据均衡电路拓扑结构的原理，目前主要有三种均衡策略。

（1）最大值均衡策略。这种方法以串联电池组中单体电压值最高的单体为均衡对象，通过开关阵列选通电压最高的单体对电压最低的单体放电，直至达到均衡设定指标。设 V_{max} 为串联电池组中电压最高的单体电压值，V_{min} 为串联电池组中电压最低的单体电压值。β 为均衡开启阀值，若 $V_{max}-V_{min}>\beta$（根据相关国家标准，单体电压差值超过 36 mV 视为不均衡），则将电压最高的电池能量释放给串联电池组或者电压最低的单体，直到 $V_{max}-V_{min}\leqslant\beta$，则均衡终止。

此方案在电池组中大多数单体均衡度较高，部分单体电压过高或过低的情况下能够快速均衡，而在电池组内单体间一致性差时，会导致控制逻辑混乱，反而降低系统的均衡效率。

（2）平均值及差值比较均衡策略。这种方法适合以串联电池组中所有单体电压的平均值作为参考对象，通过比较单体的电压值与电池组的平均电压值，进而对电压较高的单体放电；或者比较相邻单体的电压，对电压较高的单体进行放电。

此方案软件控制策略方便实现，但是在相邻单体之间转移的硬件拓扑结构下，若单体之间距离较远，则需要通过多个单体的传递，造成能量的浪费和热失衡的状况。

（3）模糊控制策略。锂离子电池的模型建立是一个非常复杂的非线性过程，其容量随充电循环次数逐渐下降，充放电特性随着充放电倍率和环境温度发生较大的变化，其 SOC 与内阻会随着使用时间的增加发生不规律的变化。而为了保证动力系统中上百个单体的一致性，对其精度提出了越来越高的要求，因此不可能搭建一个精确模型。而智能型控制理论——模糊逻辑控制（Fuzzy Logic Control，FLC）非常适合这样的非线性系统，它主要包括以下三个步骤：

第一，根据隶属函数和模糊规则离线计算查询表（Matlab/fuzzy）。

第二，将模糊控制查询表存入单片机。

第三，检测单体状态，查表确定 PWM 以驱动均衡电路。

模糊逻辑控制具有鲁棒性强、实时性好、控制参数简单的优势，可以动态地调整均衡电流，是目前数字控制的发展方向。但是目前模糊控制规则的设计完全依靠专家经验，针对不同的电池单体需建立不同的规则，因此可移植性较差。

7）动力电池组均衡技术总结

电容均衡电路的核心器件是电容，电感均衡电路的核心器件是电感。由电容和电感的特性可知，电容两端电压不能突变，而流过电感的电流不能突变。在电容均衡电路中，当系统开启均衡时，电容将会不断地在相邻两节电池间切换，这就导致均衡电容的电压值不断波动，因此，电池电压也就受到电容两端电压值波动的影响而发生一定幅度的波动，这种现象对电池管理系统的电压采集产生非常大的影响，导致数据采集精度变低。对于电感均衡电路来说，由于其均衡回路电感的存在，均衡回路电流不会发生突变，因此电池电压不会发生较大的波动现象。其次，电容作为系统的均衡器件，其特性又使均衡回路电流一直处于跳变状态，且幅值非常大，所以每个均衡电容需要串联一个限流电阻（串联的限流电阻为 0.01 Ω），电阻过大会使均衡速度下降，电阻过小又会使均衡电流过大，而在均衡过程中限流电阻必然消耗能量，这就导致了均衡效率的降低。从以上的分析可知，在均衡控制电路组成结构上，电感均衡方案要优于电容均衡方案。

基于电感式的均衡电路复杂度较高，成本较大，但其均衡效率较好，扩展性较好。基于变压器的均衡结构工作时均衡电流较大，复杂度较高，软件设计难度大，扩展性较差。但这种结构的均衡效果较好，能量损耗较少。

基于以上的分析，在动力电池组的均衡设计时选择基于电感或基于变压器结构的均衡硬件电路效果较好。对于均衡变量的选取，目前大部分电池管理系统的均衡模块选取工作电压作为均衡依据，技术较为成熟。理论上说，以电池单体SOC为均衡变量的均衡效果会更好，单体电池的SOC一致性也是均衡系统工作的最终目的。但目前SOC的估计精度不是很高，以此为均衡变量将加大均衡误差，同时软件设计较复杂。

综上所述，选择基于电感或基于变压器结构的均衡硬件电路，结合最大值均衡法的控制策略的均衡系统将达到一个相对较好的均衡效果。在实际设计均衡系统时，还应综合考虑工作环境、项目需求、成本等多方面因素选取合适的均衡拓扑结构，这样才能增加电池模块的工作可靠性和使用寿命。

4.3.4 热管理系统

由于过高或过低的温度都将直接影响动力电池的使用寿命和性能，并有可能导致电池系统的安全问题，并且电池箱内温度场的长久不均匀分布将造成各电池模块、单体间性能的不均衡，因此，电池热管理系统对于新能源汽车动力电池系统而言是必需的。可靠、高效的热管理系统对于新能源汽车的可靠安全应用意义重大。电池组热管理系统有以下5项主要功能：电池温度的准确测量和监控；电池组温度过高时的有效散热和通风；低温条件下的快速加热；有害气体产生时的有效通风；保证电池组温度场的均匀分布。

按照传热介质，可将电池组热管理系统分为空冷、液冷和相变材料（PCM）冷却三种。考虑到材料的研发以及制造成本等问题，目前最有效且最常用的散热系统是采用空气作为散热介质。

1. 空冷系统

不使用任何外部辅助能量，直接利用汽车行驶形成的自然风将电池的热量带走，该方法简单易行，成本低。日本丰田公司的混合动力新能源汽车Prius、本田公司的Insight以及以丰田RAV－4电动汽车的电池包都采用了空冷的方式。目前空冷散热通风方式一般有串行和并行两种。

空冷方式的主要优点是：结构简单，质量相对较小，没有发生液体泄漏的可能，有害气体产生时能有效通风，成本较低；缺点在于空气与电池表面之间换热系数低，冷却和加热速度慢。

2. 液冷系统

液冷系统利用液体相对于空气有较高的换热系数，可将电池产生的热量快速带走，达到有效降低电池温度的目的。

液体冷却主要分为直接接触和非直接接触两种方式。非直接接触式液冷系统必须将套筒等换热设施与电池组进行整合设计才能达到冷却的效果，这在一定程度上降低了换热效率，增加了热管理系统设计和维护的复杂性。

对于直接接触式的液冷系统，通常采用不导电且换热系数较高的换热工质，常用的有矿物油、乙二醇等。对于非直接接触式的液冷系统，可以采用水、防冻液等作为换热工质。

随着纳米技术的发展，新型传热介质纳米流体不仅在科研，而且在应用上得到很大关注，纳米流体即以一定的方式和比例将纳米级金属或非金属氧化物粒子添加到流体中而形成的。研究表明，在液体中添加纳米粒子，可以显著提高液体的导热系数，提高热交换系统的传热性能。因此将纳米流体应用于电池热管理技术将会是一个新的研究发展方向，值得广泛的关注。

3. 相变材料（PCM）冷却

PCM冷却系统，如图4－42所示，是一种将相变储能材料与电池模块进行整合，利用其相变潜热来实现电池热管理的被动式冷却系统。

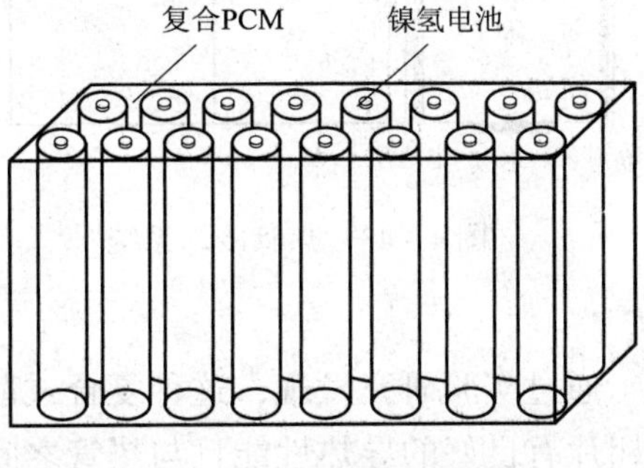

图4－42　PCM冷却系统

石蜡具有相变温度接近电池最佳工作温度，具有较高的相变潜热和成本低廉等特点，但是其不足之处是具有很低的热导率。因此，许多研究者开展了旨在克服其低热导率缺陷的实验研究，通过在石蜡中添加热导率高的物质制成复合PCM，有助于提高材料的综合性能。采用添加金属填料、金属阵列结构、金属翅片管、铝切削片来提高石蜡的热导率多有报道。研究表明，在PCM中添加碳纤维，或将碳纳米管分散在PCM中心可以在很大程度上提高PCM复合材料的热导率。

PCM热管理系统具有降低整个电池系统体积、减小运动部件、不需要耗费电池额外能量的优点，理论分析和实验数据表明该技术会有良好的产业前景，值得引起国内业界高度重视。

4. 热管冷却系统

根据热管的散热原理，蒸发端将电池所产生的热量以相变热的形式储存于工质中，借助工质输运能力把热量传递到冷凝端。工质可以进行连续不断的循环，将电池产生的热量源源不断地传递到环境空气中，从而实现小温差下大热流的传输，使电池温度迅速降低。如图4－43所示，该系统具有换热效率高、冷却效果显著和寿命长等特点，与风冷、液体冷却方案相比，该方案具有技术含量较高，系统的工艺和制造相对复杂，不易进行系统维护等缺点。

5. 多种冷却方式复合系统

由于单一的冷却方式有其固有缺点和局限性，将多种冷却方式进行复合可以更好地利用不同冷却方式的优点，并最大限度地克服其缺点与不足所带来的不利影响。

将 PCM 与空气冷却结合设计了图 4－44 所示的电池模块模型。

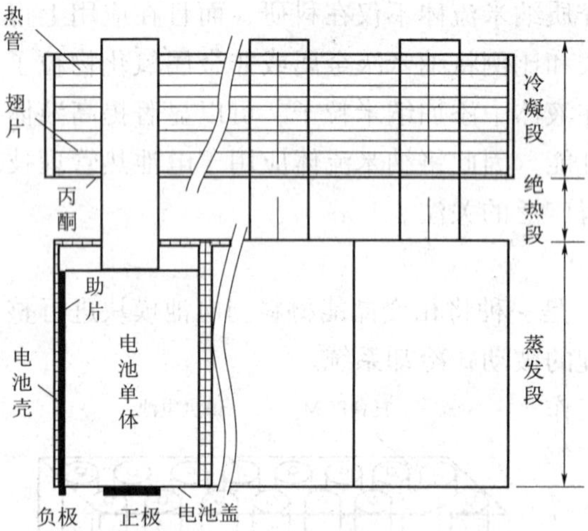

图 4－43　热管冷却系统

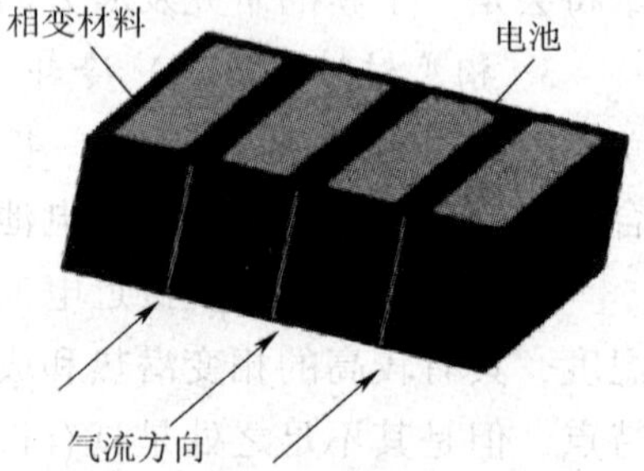

图 4－44　PCM 与空气冷却复合系统的电池模块模型

通过实验研究发现，这种复合式散热系统对电池热管理有着很好的效果。由于翅片有良好的导热性能且与热管之间有很好的热耦合，将热管加铝翅片再插入电池中，热管的冷凝段再加入冷却风扇，构成了一个多种冷却方式的复合散热系统，显著降低了锂离子电池的温度并保障了电池单体间的温度均匀性。

通过对各种常规的热管理系统的分析研究（如风冷、液冷、相变冷却等），结合各自的优点且尽量避免和克服其缺点，设计出不同类型的复合式热管理系统，以达到控制电池温度的最佳效果。随着人们对动力电池温度控制要求越来越高，多种冷却方式复合散热系统将成为动力电池热管理的重要研究内容。

4.3.5　数据通信系统

数据通信是电池管理系统的重要组成部分之一，主要涉及电池管理系统内部主控板与检测板之间的通信，电池管理系统与车载主控制器、非车载充电动机等设备之间的通信等。在有参数设定功能的电池管理系统上，还有电池管理系统主控板与上位机的通信。CAN 通信方式是现阶段电池管理系统通信应用的主流，在国内外大量产业化新能源汽车电池管理系统以及国内外关于电池管理系统数据通信标准中均提倡采用该通信方式。RS232、RS485 总线等方式在电池管理系统内部通信中也有应用。图 4－45 所示为 BJ6123C7C4D 纯电动客车电池管理系统通信方式。电池管理系统可实现单体电池电压检测、电池温度检测、电池组工作电流检测、绝缘电阻检测、冷却风机控制、充放电次数记录、电磁和 SOC 的估测等功能。其中，RS232 主要实现主控板与上位机或手持设备的通信，完成主控板、检测板各种参数的设定；RS485 主要实现主控板与检测板之间的通信，完成主控板电池数据、检测板参数的传输。CAN 通信分为 CAN1 和 CAN2 两路，CAN1 主要与车载主控制器通信，完成整车所需电池相关数据的传输；CAN2 主要与车载仪表、非车载充电动机通信，实现电池数据的共享，并为充电控制提供数据依据。

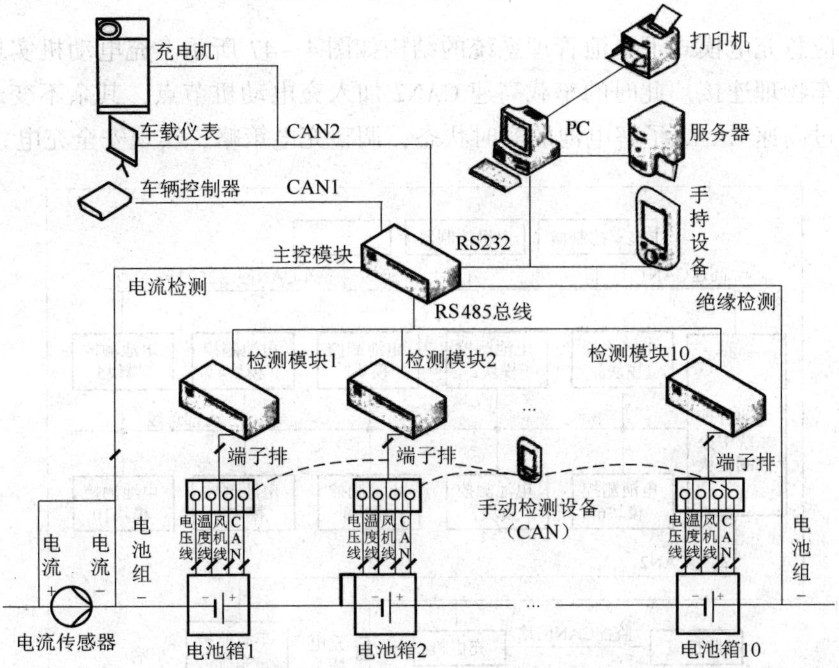

图 4－45　BJ6123C7C4D 纯电动客车电池管理系统通信方式示意图

在车载运行模式下电池管理系统的结构如图 4－46 所示。电池管理系统中央控制模块通过 CAN1 总线将实时的、必要的电池状态告知整车控制器以及电动机控制器等设备，以便采用更加合理的控制策略，既能有效地完成运营任务，又能延长电池使用寿命。同时，电池管理系统（中央控制模块）通过高速 CAN2 将电池组的详细信息告知车载监控系统，完成电池状态数据的显示和故障报警等功能，为电池的维护和更换提供依据。

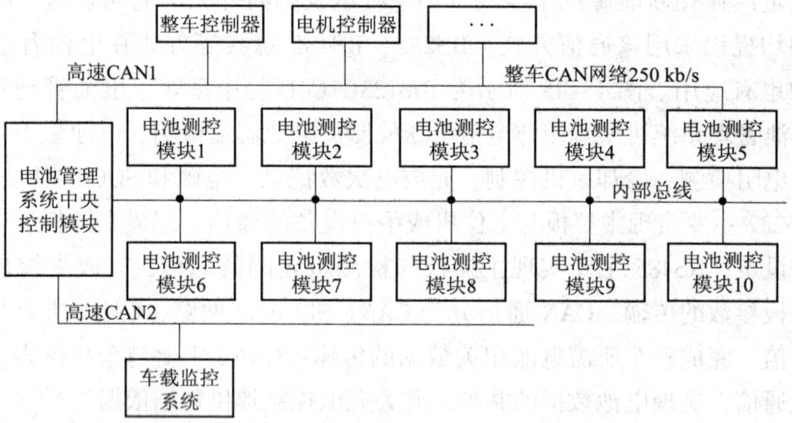

图 4－46　车载运行模式下电池管理系统的结构

在应急充电模式下电池管理系统的结构如图 4－47 所示。充电动机实现与新能源汽车物理连接。此时的车载高速 CAN2 加入充电动机节点，其余不变。充电动机通过高速 CAN2 了解电池的实时状态，调整充电策略，实现安全充电。

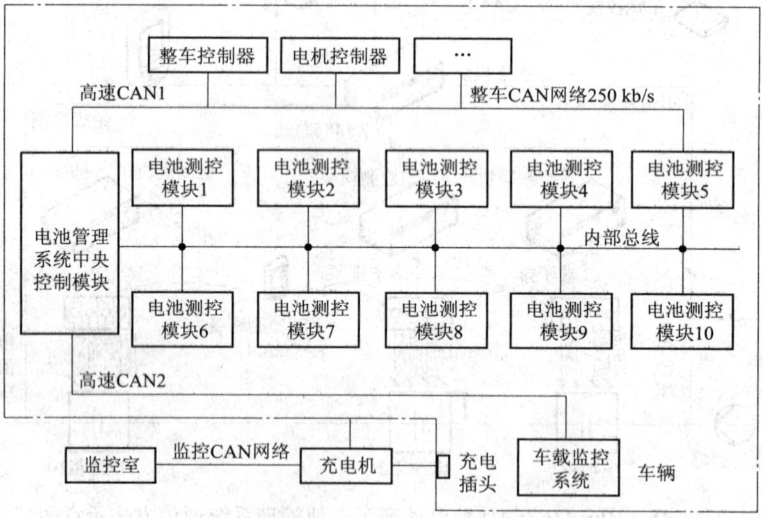

图 4－47　应急充电模式下电池管理系统的结构

4.3.6　电池管理系统的故障诊断与分析

1. 电池管理系统故障分析

新能源汽车的主要部件电池系统属于高压部件，其设计好坏直接影响到整车安全性和可靠性。在电池系统中，从故障发生的部位看，有传感器故障、执行器故障（接触器故障）和元器件故障（电芯故障）等。这些故障在新能源汽车系统中一旦发生，轻者造成系统性能下降，重则引起事故，造成人员和财产的巨大损失，因此电池系统故障诊断及容错控制问题的研究显得十分必要。

新能源汽车中高压电系统的功能是保证整车系统动力电能的传输，并随时检测整个高压系统的绝缘故障、断路故障、接地故障和高压故障等，是保证整车设备和人员安全的首要任务，也是新能源汽车产业化的关键技术之一。1970 年前后，国际标准化组织和美国、欧洲、日本等先后成立了开展新能源汽车标准研究和制定工作的标准化组织和机构，相继发布了若干新能源汽车的技术标准。它们对新能源汽车的高压电安全及控制制定了较为严格的标准和要求，并规定了高压系统必须具备高压电自动切断装置。其中涉及的电气特性有绝缘特性、漏电流、充电器的过流特性和爬电距离及电气间隙等，需要根据这些特性对电池系统的安全问题进行周全的考虑。首先需要进行电池系统的失效模式和后果分析并提出相应的检测及处理方式；然后根据故障分析的结果来设计电池管理系统诊断系统，再根据诊断规范完成故障诊断策略和软件开发。

表 4－6 所示为电池系统预先危险性分析结果，电池系统设计需要根据电池预先危险性分析，对每个可能的危害源都采取针对性的故障检测及处理设计，确保电池系统运行安全、可靠、高效。

表 4－6　电池系统预先危险性分析

电池危害	可能的危害源	可采取的措施
电池爆炸或破裂	电池过充	监控电池电压和电流
	电池过放	
	线束故障	检测线束异常及保护措施
	电池短路	监控电池电流及保险丝设计
	电池内部过热	监控电芯温度及热管理
	接触器控制异常	监控接触器状态及控制
	通过通电分解水产生氢气和氧气，氢气在空气中浓度达到 4% 时会爆炸	电池气体检测及电池包排气设计
高压触电	高压线束连接错误	检测高压线束异常及预充电设计
	高压绝缘低	高压绝缘检测及控制

新能源汽车存在着特有的高压电动力安全性隐患，新能源汽车的动力电压远远超过了人体的安全电压；电池发生短路或电解液泄漏可能引起剧烈的爆炸和燃烧；电池化学反应产生的有害物质也会对司乘人员造成潜在的危害等。这些都将影响新能源汽车的应用前景。由于电池是新能源汽车高压源，因此，电池管理系统需要确保整车高压系统安全可靠，可通过包括高压绝缘检测、高压互锁电路、碰撞安全开关、手动维修开关及电池各部件诊断设计等实现。当检测到高压系统故障时，系统可及时做出响应并采取措施，以确保高压动力安全性及整车碰撞安全性等。

当电池系统出现严重故障时，高压接触器必须快速切断以保护电池和确保整车高压安全，因此接触器的诊断显得尤为重要。

BMS 系统负责整车高压系统的安全，需要定期测量高压母线对地的绝缘电阻，并将绝缘状态和电阻值通过 CAN 总线上报以通知整车其他控制器。当检测到电池组绝缘电阻异常时，可采取分级报警的策略确保高压安全。

由于新能源汽车中安装了大能量高压蓄电池组，因此在遇到紧急情况，尤其是严重的碰撞时，将会使车内的蓄电池单元、高压用电器等与车身固定件发生碰撞挤压等情况，造成潜在的脱落、短路等瞬间绝缘性能的快速下降或高压主回路电路的短接等非常危险的情况。为适应这种被动控制的需求，在新能源汽车上设置了一个加速度传感器的信号输入电路接入 BMS 系统。当诊断出一个被动安全碰撞信号，将及时通过总线与整车控制器通信，并快速切断动力电池的高压回路，防止高压触电。

2. 动力电池故障诊断策略

动力电池故障诊断策略开发主要包括三个方面的内容：故障检测、故障数据管理和诊断服务接口。故障诊断对象是指电池系统各个部件，故障检测需要根据每个部件的失效模式分析，并配合相应的硬件设计，具备该部件的故障检测功能；故障数据管理是动力电池故障诊断系统的核心，它执行主要的故障诊断与处理的算法；诊断服务接口提供根据 ISO 标准所定义的电控单元与外部诊断设备通信的底层驱动以及协议；外部诊断仪是车辆在检修时维修人员使用的，满足 ISO 标准的外部工具，用以读取存储的故障码，便于合理高效的维修。

软件架构应该包含应用层软件、核心层软件和底层驱动软件。应用层软件主要进行电池系统故障检测、电池状态数据的读取及电池系统关键控制变量的控制；核心层软件是整个故障诊断的中枢，包括故障码的管理、诊断服务接口和故障码的存储/擦除管理；底层驱动软件包括一些单片机 A/D、I/O 等的状态读取及控制，以及符合 ISO15765 诊断规范的 CAN 接口驱动程序。

故障数据管理是故障诊断系统的核心，它包括以下几个主要功能：

(1) 实现电池系统故障码的存储和管理。

(2) 存储和管理与故障相关的冻结帧信息，便于故障排查。

(3) 提供与应用程序和诊断仪的诊断服务接口函数。

(4) 电池系统故障灯的管理。

(5) 故障处理机制的管理。

系统会定时执行故障诊断软件顺序巡检每个故障码的状态，并根据每个故障码对应的故障等级和故障状态标志位来设置每一个故障级别的故障计数器，再根据电池系统故障级别采取相应的故障处理措施，以确保电池和整车高压系统安全可靠。由于外界因素的干扰，信号可能偶尔会产生一些正常的跳变抖动。将一个信号识别为异常后，系统并不直接视其为故障，而是通过一定方式进行累积，只有当累积结果达到一定程度时，才最终将异常判断为故障。这样可以提高系统的容错性，避免由于过于敏感而导致无法使用。

4.4　动力电池系统设计

动力电池系统的设计，要求满足车辆动力性、安全性、经济性等性能要求，同时实现与车辆的底盘、驱动系统的机械和电气连接，满足车辆的功能要求。

4.1.1　新能源汽车能耗经济性评价参数

动力电池组是新能源汽车的重要能量来源，是纯电动车辆的唯一能量来源。在车辆与电池系统的匹配中，首先需要关注并了解新能源汽车的能耗评价指标。

能耗经济性是车辆的主要使用性能之一，可以定义为车辆在一定的使用工况下，以最小能量消耗完成单位运输工作的能力。在内燃机汽车上称为燃料经济性，在新能源汽车上以电能消耗为指标。车辆能耗经济性常用的评价参数都是以一定的车速或循环行驶工况为基础，以车辆行驶一定里程的能量消耗量或一定能量可使车辆行驶的里程来衡量的。为了使新能源汽车能耗经济性评价指标具有普遍性，以适用于不同类型的新能源汽车，其评价指标应该满足以下三个条件：

(1) 可比性：可以对不同类型的新能源汽车经济性进行比较。

(2) 独立性：指标参数数值与整车储存能量总量无关。

(3) 直观性：可以直接从参数指标进行能耗经济性判断。

1. 续驶里程

续驶里程是纯电动汽车动力电池组充满电后可连续行驶的里程，可分为等速续驶里程和循环工况续驶里程。等速工况通常采用 40 km/h 或 60 km/h 作为标准。循环工况则根据车辆的使用环境进行选择，常用的包括欧洲 15 工况、日本 10 工况、中国客车 6 工况等。此项指标对于综合评价新能源汽车动力电池组、电动机、传动系统效率及新能源汽车实用性具有积极意义。但由于此项指标与新能源汽车电池组装车容量及电压水平有关，因此在不同车型和装配不同容量电池组的同种车型间不具有可比性。即使装配相同容量同种电池的同一车型，续驶里程也受到电池组状态、天气、环境因素等使用条件影响而有一定幅度的波动。

续驶里程还可以分为理论续驶里程、有效续驶里程和经济续驶里程。理论续驶里程是根据电池组能量存储理论值和车辆单位里程能量消耗理论值计算所得的续驶里程；有效续驶里程是电池组在保证经济性和实用性，使电池组能够可靠稳定工作前提下的续驶里程；经济续驶里程是最大限度保证电池组使用经济性和使用寿命，有利于电池组最佳状态下工作的续驶里程。三种续驶里程的定义可用放电深度来表示。理论续驶里程为充放电深度均为 100% 情况下新能源汽车可行驶的里程；有效续驶里程为放电深度为 70% ~80% 时车辆可行驶里程；经济续驶里程为充电至 SOC 为 90%，放电深度不超过 70% 时的车辆可行驶里程。在此种充放电动机制下，可以最大限度地保证电池组稳定可靠工作，减少电池组不一致性带来的对整个电池组系统工作的影响，提高电池组寿命，并且在此机制下，电池的充放电效率最高，新能源汽车运行的总体能耗经济性最好。

2. 单位里程容量消耗

电池及电池组以容量作为能量存储能力的标准之一。以电池组作为唯一动力源的纯电动汽车，单位里程的容量消耗定义为：车辆行驶单位里程消耗的电池组容量，单位为 A · h/km。电池组单位里程容量消耗计算方法为

$$Q_s = \frac{\int_{t_1}^{t_2} I(t)\,dt}{S} \tag{4-1}$$

式中，Q_s为电池组单位里程容量消耗（A · h/km）；I 为电池组放电电流（A），是电池放电时间 t 的函数；S 为车辆行驶距离（km）；t_1，t_2为车辆行驶起止时间。

在电池组不同的放电深度，总电压有明显的变化，因此在相同放电功率下电池组放电电流有相应的变化。由单位里程容耗的计算式（4-1）可知，在不同的电池组放电深度，相同车辆使用条件下，单位里程消耗的电池组容量不同。单位里程容耗作为经济性评价参数存在一定的误差，因此单位里程容量消耗指标参数值的获得必须以多次不同条件下行驶试验为基础，取试验结果的平均值。基于上述特点，此项指标在不同的使用条件下，不同的车型间不具有可比性，仅适用于

电压等级相同、车型相似情况下能耗经济性能的比较或同一车型能耗水平随电池组寿命变化历程分析。

3. 单位里程能量消耗

单位里程能量消耗又可以分为单位里程电网交流电量消耗和单位里程电池组直流电量消耗。其中，单位里程电网交流电量消耗受到不同类型充电设备效率的影响，有一定的误差，并且充电设备是独立于新能源汽车的服务性设备，不应作为新能源汽车效率的一部分。在不同的充电设备情况下，新能源汽车的经济性在一定程度上不具有可比性。单位里程电池组直流电量消耗，仅以车载电池组的能量状态作为标准，脱离了充电动机的影响，所以可以直接、可靠地反映新能源汽车的实际经济性能。

4. 单位容量消耗行驶里程和单位能量消耗行驶里程

这两种新能源汽车能耗经济性的评价指标分别是单位里程容量消耗和单位里程能量消耗的倒数，单位分别为 km/(A·h) 和 km/(kW·h)。

5. 等速能耗经济性

汽车等速能耗经济性是指汽车在额定载荷下，在最高挡、水平良好路面上以等速行驶单位里程的能耗或单位能量行驶的里程。通常可以测出每隔 5 km/h 或 10 km/h 速度间隔的等速行驶能耗量，然后在速度 - 能耗曲线图上连成曲线，称为等速能耗经济特性。此曲线可以确定汽车的经济车速，但这种评价方法不能反映汽车实际行驶中受工况变化的影响，特别是市区行驶中频繁加减速的行驶工况。

6. 比能耗

新能源汽车不同车型的总质量相差很大，跨度从几百千克到十余吨，因此单位里程能量消耗也有很大差别。为了进行不同车型间能耗水平分析和比较，引入直流比能耗的概念，即单位质量在单位里程上的能量消耗，单位为 kW·h/(km·t)。此参数可以体现不同车型间传动系统匹配优化程度和能量利用效果。以直流比能耗作为新能源汽车能耗经济性的评价标准，可以直观地评价各种不同车型的能耗水平，可比性强。现在主流汽车企业研制的新能源汽车直流比能耗在 40 ~ 80 W·h/(km·t)。

在电压等级相同的情况下，与比能耗指标评价类似，可以引入比容耗的概念，即单位质量在单位里程的容量消耗，单位为 A·h/(km·t)。

纯电动汽车能耗经济性评价的各个参数之间存在相互转换的计算关系，如图 4 - 48 所示。电池组可放出的有效能量、有效容量、单位里程能耗及单位里程容耗是新能源汽车续驶里程的决定性因素。车辆的整备质量把单位里程能耗、容耗与比能耗、比容耗联系起来。单位里程能耗、容耗与单位能量、容量行驶里程之间的倒数关系说明这两个参数只是同一概念的两种不同表达方式。单位里程容耗和能耗的区别在于计算中是否考虑电池组电压变化的影响。

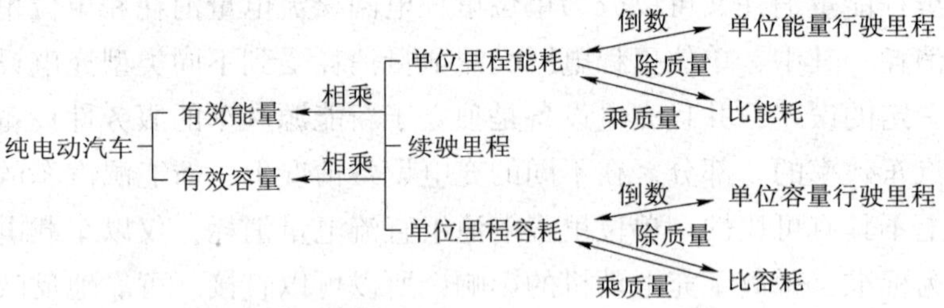

图 4－48 纯电动汽车能耗参数关系示意图

4.4.2 电池系统与整车的匹配方法

电池系统与新能源汽车的匹配主要涉及功率匹配和能量匹配两个方面，分别满足车辆动力性和续驶里程的要求。

1. 车辆行驶动力学功率平衡方程

根据车辆动力学，车辆行驶功率平衡方程为

$$P_t = \left(mg\cos\alpha f + mg\sin\alpha + \frac{C_D A}{21.15}v^2 + \delta m\frac{dv}{3.6dt}\right)\frac{v}{3\ 600}\cdot\frac{1}{\eta_T} \quad (4-2)$$

式中，P_t为车辆行驶功率（kW）；m 为整车质量（kg）；f 为滚动阻力系数；α 为坡道角；C_D为空气阻力系数；A 为迎风面积（m^2）；g 为重力加速度；δ 为旋转质量换算系数；η_T为传动效率（%）。

新能源汽车驱动电动机的理想特性曲线如图 4－49 所示，图中 v_{rm} 为车辆以恒驱动力特性输出和以恒驱动功率特性输出的分界车速，P_P 为动力生成装置功率。

忽略车辆传动效率损失，按照图 4－49，车辆起步加速时间计算方法为

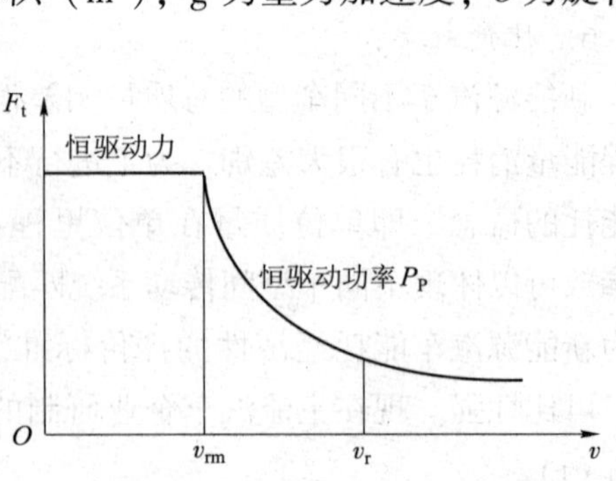

图 4－49 新能源汽车驱动电动机理想特性曲线

$$\begin{cases} t = \dfrac{\delta m}{3.6}\displaystyle\int_0^{v_{rm}} \dfrac{dv}{\dfrac{3\ 600P_P}{v_{rm}} - mgf - \dfrac{C_D A v^2}{21.15}} + \dfrac{\delta m}{3.6}\displaystyle\int_{v_{rm}}^{v_r} \dfrac{dv}{\dfrac{3\ 600P_P}{v_{rm}} - mgf - \dfrac{C_D A v^2}{21.15}} \\ v_v \geqslant v_{rm} \end{cases}$$

(4－3)

$$\begin{cases} t = \dfrac{\delta m}{3.6}\displaystyle\int_0^{v_r} \dfrac{\mathrm{d}v}{\dfrac{3\,600P_P}{v_{rm}} - mgf - \dfrac{C_D A v^2}{21.15}} \\ v_r \geqslant v_{rm} \end{cases} \tag{4-4}$$

$$t \leqslant t_a \tag{4-5}$$

式中，t 为时间（s）；t_a为加速时间的设计目标最大允许值。

把式（4-5）代入式（4-3）或式（4-4）中，得

$$P_P \geqslant f(v_{rm}, t_a) \tag{4-6}$$

另外，要满足车辆爬坡性能要求，有

$$P_P \geqslant \left(mg\cos\alpha_{max} f + mg\sin\alpha_{max} + \frac{C_D A}{21.15} v_{min}^2\right)\frac{v_{min}}{3\,600} \cdot \frac{1}{\eta_T} \tag{4-7}$$

要满足车辆最高车速匀速行驶，有

$$P_P \geqslant \left(mgf + \frac{C_D A}{21.15} v_{max}^2\right)\frac{v_{max}}{3\,600} \cdot \frac{1}{\eta_T} \tag{4-8}$$

满足车辆续驶里程要求，车载电池组的总能量设计为

$$E_B = \frac{S_S m e_0}{1\,000} \tag{4-9}$$

式中，S_S为车辆续驶里程设计值（km）；e_0为新能源汽车比能耗（kW · h/(km · t)）；E_B为新能源汽车车载电池组总能量（kW · h）。

新能源汽车动力生成装置（对于纯电动车辆为动力电池组，对于混合动力车辆为动力电池与发动机等的组合）的功率参数设计应同时满足式（4-6）、式（4-7）和式（4-8），纯电动车辆续驶里程设计应满足式（4-9）。对于纯电动车辆，由于电动机可获得较为理想的工作特性，而且具有过载能力，功率参数的选择可适当减小，即连续功率输出满足式（4-9），而车辆的加速性能和爬坡性能可通过电动机短时间过载工作满足；串联混合动力车辆动力装置的参数设计与纯电动车辆相同，而并联混合动力车辆动力装置的参数设计涉及并联混合比的设计，即按照设计目标要求的不同以及拟订的控制策略，优化动力生成装置的动力输出并达到合理匹配。

2. 纯电动车辆电池组匹配方法

续驶里程是反映纯电动车辆经济性的一个重要指标，设电池的额定电压和容量分别为 U_e、Q_m，则额定总能量可表示为 $W_0 = U_e Q_m$，实际携带的总能量与放电电流有关，表达为$E_b = W_0(I_m/I)^{k-1}$。新能源汽车的续驶里程的计算公式为

$$s = \frac{E_b}{m e_0} = \frac{W_0\ (I_m/I)^{k-1}}{(m_a + m_b)e_0} \tag{4-10}$$

式中，I_m为电池组 0.3 C 放电电流（A）；k 为普朗克常数，锂离子电池取 1.04，铅酸蓄电池取 1.3；m_a为整车质量（不包括电池）（kg）；m_b为电池质量（kg）；e_0为车辆比能耗（W·h/(km·kg)）。

对于纯电动车辆，电池组是车辆唯一的动力生成装置，电池组容量的选择一方面影响车辆的续驶里程，另一方面也影响到车辆的整车质量和行驶动力性。为了更加直观地反映这种影响程度，定义车辆动力性影响因子 ξ_D和续驶里程影响因子 ξ_S，即

$$\xi_D = \frac{v_{max}}{v_{max0}} \quad 或 \quad \xi_D = \frac{t_0}{t_a} \quad 或 \quad \xi_D = \frac{i_{max}}{i_{max0}} \tag{4-11}$$

$$\xi_S = \frac{S}{S_S} \tag{4-12}$$

式中，v_{max0}为设计目标中要求的车辆行驶最高车速；t_a为最大允许的加速时间；i_{max0}为最大爬坡度；S_S为续驶里程。

在电池组容量和能量选择方面应同时满足

$$\xi_S \geqslant 1, \quad \xi_D \geqslant 1 \tag{4-13}$$

例如，某电动大客车动力性指标有最高车速为 90 km/h，0 ~ 60 km/h 的加速时间为 48 s，最大爬坡度为 20%，续驶里程为 240 km，电池比能耗与车速的关系如图 4-50 所示，续驶里程与车速的关系如图 4-51 所示，说明车辆在 40 km/h 附近比能耗最小，续驶里程最长，主要是由驱动电动机在此点工作效率极高所致。

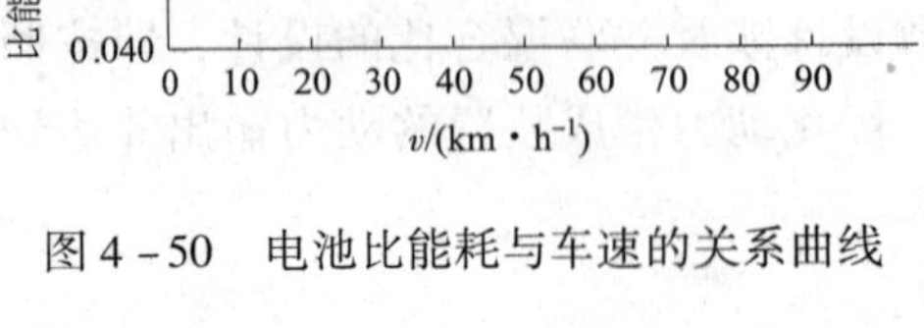

图 4-50　电池比能耗与车速的关系曲线

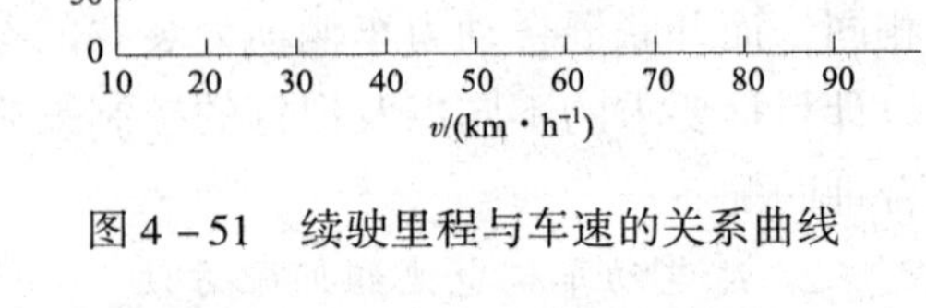

图 4-51　续驶里程与车速的关系曲线

按经济车速来设计车辆续驶里程，结合电动大客车动力性指标对铅酸蓄电池和锂离子电池进行比较，其质量及容量与 ξ_D、ξ_S的关系曲线如图 4-52 所示。可知，对于锂离子电池，ξ_D、ξ_S都要比铅酸蓄电池的大，这是因为选用的锂离子电池的比能量和比功率要比铅酸蓄电池高，并且可以看出铅酸蓄电池不能同时满足 $\xi_D > 1$，$\xi_S > 1$。根据设计目标，锂离子电池质量和容量的设计范围为 1 400 kg <

$m_b < 4\ 000$ kg，420 A·h $< C <$ 1 300 A·h。

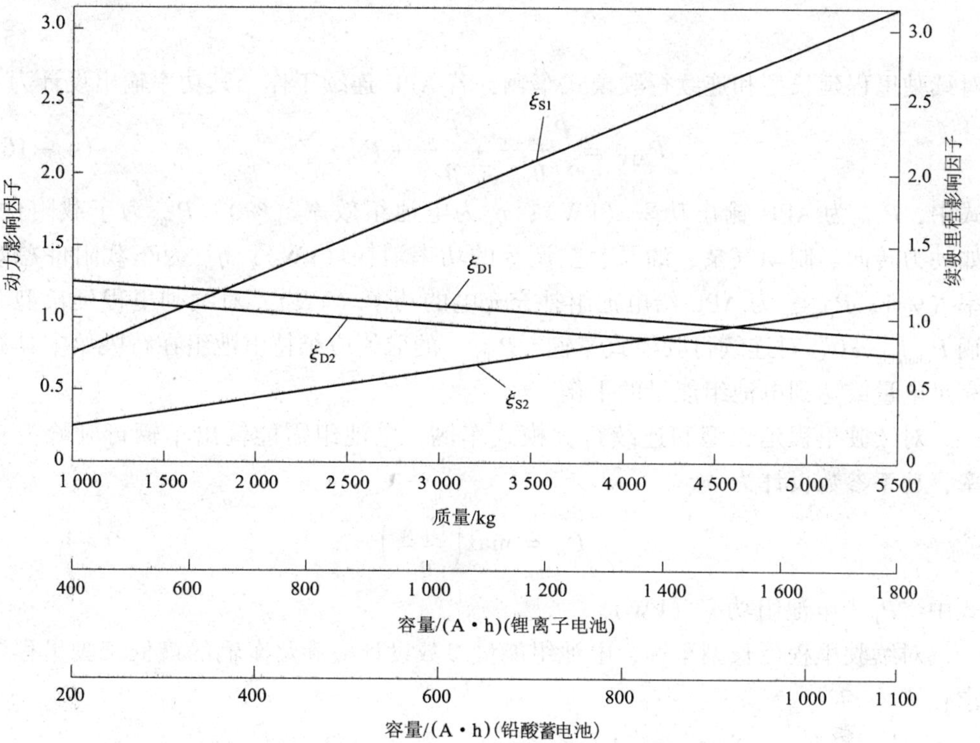

图 4－52　电池质量 m_b 与 ξ_D、ξ_S 的关系曲线

3. 混合动力车辆电池组匹配方法

混合动力车辆具有两套车载能源系统，即发动机/发电动机组（APU）和电池组，混合比设计与车辆实际的控制目标和要求密切相关。控制目标反映了混合动力车辆的用途和使用特征，主要有：续驶里程延长型，装用较小功率的 APU，补充电池组电量的不足，减缓电池组能量的消耗和电量状态的衰减；连续行驶模式，APU 以连续模式工作，电池组作为功率均衡装置，输出峰值功率和接受再生制动能量；间断行驶模式，在闹市区或受限制区域，车辆以纯电动方式行驶，APU 应及时对车载电池组进行补充充电，同时电池组容量应足以满足车辆纯电动行驶里程要求。

由车辆功率平衡方程（4－2），分别得到车辆行驶巡航功率 $P_{cruising}$ 和峰值功率 P_{peak} 为

$$P_{cruising} = \left(mgf + \frac{C_D A v^2}{21.15}\right)\frac{v}{3\ 600\eta_T} \tag{4-14}$$

$$P_{\mathrm{peak}} = \left[mgf(\cos\alpha - 1) + mg\sin\alpha + \delta m\frac{\mathrm{d}v}{\mathrm{d}t}\right]\frac{v}{3\ 600\eta_{\mathrm{T}}} \approx \left(mg\sin\alpha + \delta m\frac{\mathrm{d}v}{\mathrm{d}t}\right)\frac{v}{3\ 600\eta_{\mathrm{T}}} \tag{4-15}$$

对续驶里程延长型和连续行驶模式车辆，若 APU 连续工作，其功率输出设计为

$$P_{\mathrm{APU}} = \frac{P_{\mathrm{cruising}}}{\eta_{\mathrm{p}}} + \frac{P_{\mathrm{aux}}}{\eta_{\mathrm{aux}}} + P_{\mathrm{charging}} \tag{4-16}$$

式中，P_{APU}为 APU 输出功率（kW）；η_{p}为电池组效率（%）；P_{aux}为车载附件，如动力转向、制动气泵、油泵、空调等的功率消耗（kW）；η_{aux}为车载附件总效率（%）；P_{charging}为 APU 给电池组补充充电的功率（kW），对续驶里程延长型车辆 $P_{\mathrm{charging}}=0$，对连续行驶模式车辆，P_{charging}的取值应维持电池组在行驶始末具有充足电量或达到电池组能量的平衡。

对续驶里程延长型和连续行驶模式车辆，电池组需能输出车辆行驶峰值功率，功率参数设计为

$$P_{\mathrm{B}} = \max\left(\frac{P_{\mathrm{peak}}}{\eta_{\mathrm{p}}}\right) \tag{4-17}$$

式中，P_{B}为电池组功率（kW）。

对续驶里程延长型车辆，电池组能量参数设计应满足车辆的最低续驶里程要求：

$$E_{\mathrm{B}} \geqslant \frac{Sme_0}{1\ 000} - \frac{1}{3\ 600}\int_0^T P_{\mathrm{regen}}(t)\eta_{\mathrm{B}}\mathrm{d}t - \frac{1}{3\ 600}\int_0^T P_{\mathrm{APU}}(t)\mathrm{d}t \tag{4-18}$$

式中，P_{regen}为再生制动电池组充电功率（kW）；T 为一次充电总行驶时间（s）。

对间断行驶模式车辆，APU 以开关模式工作，其功率参数的设计应能够在要求的时间内及时维持电池组具有足够多的电量满足下一次纯电动行驶的要求，设计计算同式（4-16）。

电池组容量参数设计为

$$E_{\mathrm{B}} \geqslant \left(\frac{S_0e_0m}{1\ 000} + \frac{1}{3\ 600}\int_0^{T_0}\frac{P_{\mathrm{aux}}}{\eta_{\mathrm{aux}}\eta_{\mathrm{B}}}\mathrm{d}t - \frac{1}{3\ 600}\int_0^{T_0}P_{\mathrm{regen}}(t)\eta_{\mathrm{B}}\mathrm{d}t\right)\times\frac{1}{\Delta\mathrm{DOD}} \tag{4-19}$$

式中，S_0为车辆连续零排放行驶里程（km）；T_0为车辆连续零排放行驶时间（s）；ΔDOD 为允许的电池组放电深度范围。

例如，某电动客车最高车速为 70 km/h，市区行驶平均车速为 20 km/h，车辆峰值功率 P_{peak}取 90 kW，巡航功率 P_{cruising}取 18 kW；车载附件 P_{aux}取 8 kW；发动机/发电动机组（APU）具有富裕功率为电池组补充充电，P_{charging}取 8 kW，按照式（4-16），APU 参数设计为

$$P_{APU} = \frac{18+8}{0.85}\ \text{kW} = 38.59\ \text{kW}$$

即 APU 中发电动机的功率设计值为 38.59 kW，发动机的功率为

$$P_e = \frac{P_{APU}}{\eta_g} = \frac{38.59}{0.85}\ \text{kW} = 45.40\ \text{kW}$$

式中，P_e为发动机功率（kW）；η_g为 APU 中发电动机效率（%）。

考虑车辆以连续零排放模式工作，每次行驶里程 20 km，按照式（4-19），不考虑车辆再生制动，电池组能量

$$E_B = \left(20 \times 0.065 \times \frac{15\,610}{1\,000} + \frac{8}{0.8 \times 0.85} \times 1\right) \times \frac{1}{0.6}(\text{kW}\cdot\text{h}) = 53.44\ \text{kW}\cdot\text{h}$$

选用比能量、比功率较高的锂离子电池，锂离子电池比能量为 108 W·h/kg，满足能量要求的电池组质量参数为

$$m_B \geqslant \frac{E_B}{W_e} = \frac{53.44 \times 1\,000}{108}\ \text{kg} = 494.8\ \text{kg}$$

式中，W_e为电池组比能量（W·h/kg）。

电动机额定工作电压为 384 V，电池组容量参数为

$$C_B \geqslant \frac{E_B}{U_n} = \frac{53.44 \times 1\,000}{384}\ \text{A}\cdot\text{h} = 139.2\ \text{A}\cdot\text{h}$$

式中，U_n为车载电池组额定工作电压（V）；C_B为电池组总容量（A·h）。

另外，在电池系统与车辆的匹配中还包括电压匹配。当前电动机控制的电压已经实现了标准化，144 V、288 V、336 V、384 V、544 V 是新能源汽车电动机系统常用的输入电压，对应电动机系统电压值可确定电池系统的额定电压值。

4.4.3　电池包结构与设计

1. 基本概念

在与电池包相关的几个概念中，有 4 个常用且相互之间有关联的概念，容易出现混淆。

（1）动力蓄电池箱（Power Battery Box）。它是能够承装蓄电池组、蓄电池管理模块以及相应的辅助元器件的机械结构。

（2）动力蓄电池包（Power Battery Pack）。它是蓄电池组、蓄电池管理模块、蓄电池箱以及相应附件有机组合构成的具有从外部获得电能并可对外输出电能的单元，简称蓄电池包。

（3）快换动力蓄电池包（Swapping Power Battery Pack）。它是能够通过专用装置，必要时可人工协助，在短时间（一般不超过 5 min）内完成更换并可以在

非车载情况下进行充电的蓄电池包，简称快换蓄电池包。

（4）动力蓄电池系统（Power Battery System）。它是一个或一个以上蓄电池包及相应附件（蓄电池管理系统、高压电路、低压电路、热管理设备以及机械总成）构成的为新能源汽车整车提供电能的系统。

从概念中可以看出，动力电池系统是以上电池包的有机结合，电池箱是电池包的组成部件之一，是动力电池、电池管理系统等的安装和承载单元。

2. 电池包的功能要求

电池包是电池系统的有机构成，是电池系统在新能源汽车上安装的基本单元。对于整车而言，电池包的结构直接关系到整车的布置和安装；对于电池而言，电池包的内部尺寸确定了电池的布置和结构形式；对于新能源汽车的能源供应商而言，电池包的安装固定形式直接决定了电池能量补给的方式（充电、更换还是充换兼容）。因此，电池包的结构和功能受到新能源汽车整车及部件设计者、能源供应商、使用者的普遍关注。

总体而言，对电池包的要求应该包括满足车辆应用需要的电气性能要求以及防水、防尘、防火、防振、对车体绝缘等防护功能，具体如下。

1）电气性能

电压：电池系统的电压由构成系统的电池包构成，要求各电池包电压的总和应为新能源汽车驱动系统要求的电压。

比能量：电池包的比能量有别于电池单体，在计算电池包的比能量时需要包含电池箱、电池管理系统、电池间的连接件等辅助部件。因此，电池包的比能量（质量比能量和体积比能量）应低于单体电池的比能量，并且比能量与单体电池比能量越接近，说明电池包的总体设计越合理，轻量化越好。

温控能力：电池包内应具有电池冷却、加热、保温等部件构成的电池热管理系统，具备控制电池包内温度在电池适宜工作温度范围的能力。

2）机械强度

动力电池包在新能源汽车上安装应用，因此必须满足车辆部件的耐振动、耐冲击、耐跌落、耐烟雾等强度要求，保证可靠应用。

3）安全要求

IP 防护等级：为满足防水、防尘要求，电池包应满足一定的 IP 防护等级，根据车辆的总体要求，对于电池包，一般的 IP 防护等级要求不低于 IP55。

电气绝缘性能：现阶段电池包外壳多采用金属材料制成，要求在符合表 4-7 要求的电压条件下，电池包正极和负极与金属外壳之间的绝缘电阻应大于 10 MΩ。

表 4－7　绝缘电阻试验的电压等级

电池包额定工作电压（单箱）U_i/V	绝缘电阻测试仪器的电压等级/V
$U_i \leqslant 60$	250
$60 < U_i \leqslant 300$	500
$300 < U_i \leqslant 750$	1 000

电气保护功能：主要用于极端工况下，通过电池管理系统实现电池包的高压断电保护、过流断开保护、过放电保护、过充电保护等功能。

4）接口与通信协议

电池包具有对外的电能输出能力，需要与新能源汽车的用电设备进行连接和通信。相应的电气接口和机械接口在满足安全、可靠的前提下，需要满足国家和行业相关标准要求。

3. 电池包的结构设计

根据内部电池的种类可以分为锂离子电池包和镍氢电池包等；根据是否可以快速装卸，可以分为快换式电池包和不可快换式电池包；根据电池包的外形是否为规则几何形状，可以分为矩形电池包和异形电池包。

根据整车要求的不同，电池包的结构形式多种多样。下面以一款电动客车可更换式电池包的设计进行电池包的结构介绍。

电池包总体分为内、外箱体两部分，外箱体固定在车架上，内箱体通过外箱体内部滚轮支撑，电磁锁锁止固定在外箱体上。采用双层结构面板设计，中间层布置电池管理系统、快熔丝、手动检测机构、通风风扇、快换系统吸盘等部件，实现了电池模块化封装，电池箱及其组件的集成，便于布线、安装和维护，并且支持快速更换。

外箱体：整体结构采用钢板冲压成形，外部作喷塑处理，内部喷涂防火绝缘漆，为电池安装提供一个防水、防火、通风的空间。

内箱体：供电池单体安装、固定，并作为电池管理系统、高压防护系统、通风系统及快速更换接口等的安装空间。内箱体作为电池的直接载体，可实现电池在车体上和存储平台之间的快速更换和插接。动力线和通信线的插头和插孔分别安装在电池外箱和内箱上。

为适应于自动快速更换的需要，电池内外箱采用了多级渐进定位方式和结构。在电池箱进入外箱时，通过内箱底部凸缘与外箱滚轮凹槽滑道配合，实现一次电池箱定位导向，并通过单侧滑道防止电池箱错位或倒置，定位精度 2 mm。内箱推入外箱纵深 9/10 深度后，外箱定位销与内箱定位孔进入配合状态，实现二次定位，定位精度0.5 mm。动力线连接件及通信线连接件采用浮动定位方式，浮动范围2 mm，可以消除装配过程累计误差，并在车辆运行过程中，消除振动造成的内、外箱相对误差。

由于现阶段电池比能量的问题，为了达到满足车辆用户需求的续驶里程，电池系统占整车的质量比例较高，在10% ~20%。因此电池包在整车上的布置位置对新能源汽车的性能和布置结构有很大的影响。

按照轴荷分配质量的布置位置，可分为前轴前、后轴后和两轴之间三个位置。一般情况下，纯电动汽车电池包采用多个位置布置以满足轴荷平衡需要的较多。图4-53所示为电动客车骨架，电池分别置于两轴间以及后轴后的位置。混合动力新能源汽车由于电池比较少，采用单一位置进行电池布置，如图4-54所示的Prius混合动力新能源汽车电池包位置示意图。

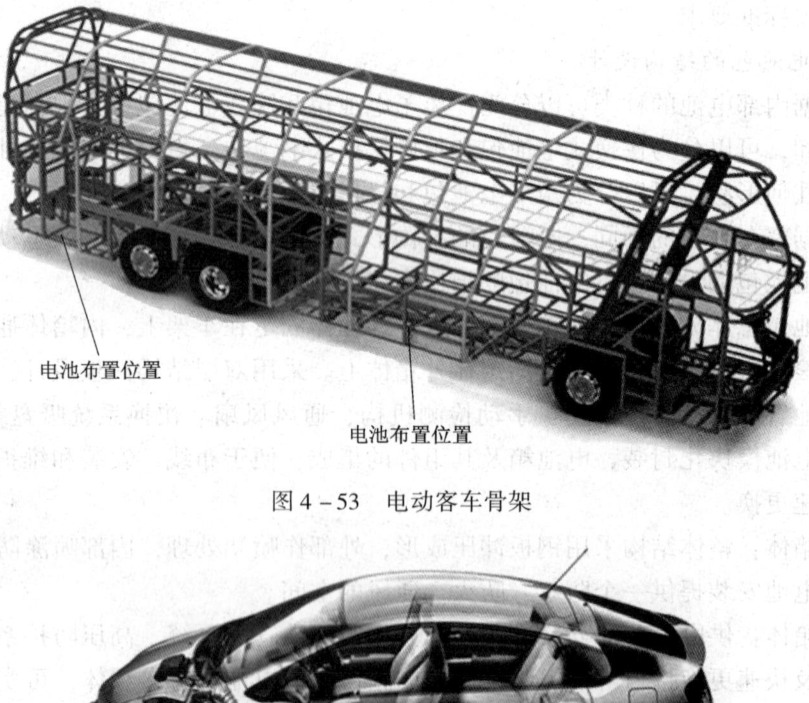

图4-53 电动客车骨架

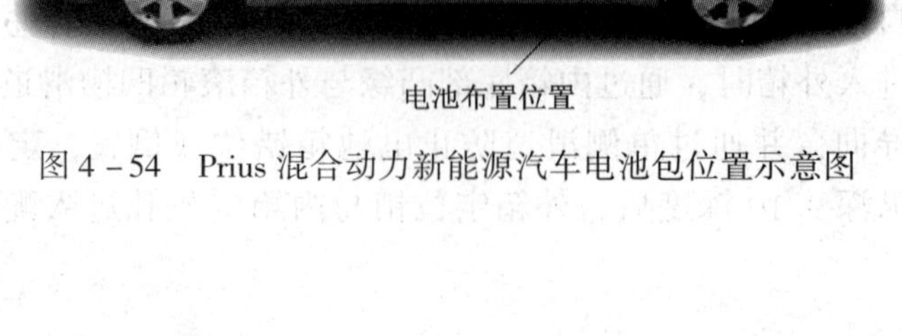

图4-54 Prius混合动力新能源汽车电池包位置示意图

也有部分新能源汽车的电池布置于车轴上方，如图 4－55 所示的电动游览车，部分电池置于前、后轴上及座位下方。

图 4－55　轴上布置电池示意图

4.4.4　动力电池的梯次利用与回收

1. 动力电池梯次利用

动力电池梯次利用是指当动力电池不能满足现有新能源汽车的功率和能量需求时，继续将其转移应用到对动力电池能量密度、功率密度要求低一个等级的其他领域，达到充分发挥其剩余价值的目的。动力电池的梯次应用，简单地讲，即通过电池在不同性能要求的领域的传递使用，达到充分利用电池性能，实现动力电池在动态应用中报废，以降低电池使用成本的目标。

例如，考虑城市电动公交客车、市政电动特种用途车以及遍布全国各地的风景旅游区用电动观光车对于整车续驶性能、加速性能、最高车速等性能要求的差异导致的在动力电池组配备上对储能容量、功率需求呈现递减梯度。在前一种应用形态下，动力电池经过一定的充放电循环后，电池容量衰退到本梯次应用的最小容忍值，可转移应用为下一梯次新能源汽车作为动力源。以 100 A · h 锂离子动力电池单体为例，可将应用梯次依据容量划分为四个梯次，如表 4－8 所示。

表 4－8　新能源汽车梯次划分（按电池容量）

项目梯次	1	2	3	4
电池容量/(A · h)	80 ~ 100	60 ~ 80	40 ~ 60	<40
适用车型	大型公交客车、高速新能源汽车	城市特殊用途车、市政用车等	低速电动微型车、旅游观光车	电站 UPS 储能

在此规划中，城市道路用车对电池的比能量和比功率要求最高，在第一梯队；城市中应用的特殊用途车、市政用车由于不需要高速行驶划分在第二梯队；在城乡接合部应用的低速电动微型车、旅游观光车现阶段应用以铅酸蓄电池为主，应用容量衰退到原有容量50%左右的锂离子电池，能量密度仍大于铅酸蓄电池，可以获得比原有铅酸蓄电池更好的性能，因此可以应用；在该阶段应用后，可将电池应用于电力储能，在这个阶段与常用的储能用铅酸蓄电池能量密度相当。

电池梯次利用理论研究处于起步阶段，其关键技术包括电池梯次分类的判定技术、应用于多级转运的电池组的模块化、标准化设计技术以及在管理上梯次利用供应链的形成机制等。

2. *动力电池回收*

动力电池回收是指动力电池在功率和能量方面均完全失去使用价值之后，通过一定的途径由相关机构或企业收集，并采用化学或物理方法分离出各种有利用价值的元素，减少或消除对环境带来的负面影响的行为。

由于新能源汽车尚未普及，世界上仅有一些大的汽车公司针对特定市场开展了动力电池的回收处理工作。日本丰田（Toyota）汽车公司生产的Prius混合动力新能源汽车，采用的是镍氢电池，其电池回收处理模式已经基本形成。丰田在欧洲已经建立了电池回收处理网络，电池回收工作相当规范。部分发达国家也开展了一些有关动力电池回收处理的研究工作，如美国能源部从1990年开始立法要求回收新能源汽车电池，美国三大汽车公司已经开始联合研发镍氢电池和锂离子电池回收处理技术，美国的阿岗实验室也一直在开展新能源汽车电池回收的研究工作。

我国对于动力电池的回收技术和回收体系尚在研究和建设过程中，随新能源汽车的大量应用，废旧电池的回收利用问题必将在不久的将来成为新能源汽车产业发展带来的负面效应之一，应尽快建立起有效的电池回收体系，实现工程化，以市场为主导，建立专业的动力电池回收处理机制。

第5章　新能源汽车电力驱动系统

2012年7月9日，历经两年的《节能与新能源汽车产业发展规划（2012—2020)》（以下简称《规划》）终于正式出台，《规划》提出“以纯电驱动为新能源汽车发展和汽车工业转型的主要战略取向”，未来几年，中国汽车工业将聚焦纯电驱动。

电力驱动主模块主要由整车控制器、电动机控制器、电动机和机械传动装置等组成。由于加速踏板、制动踏板等对于汽车驾驶员来说，是十分熟悉和习惯使用的操纵装置，故为适应驾驶员的传统操纵习惯，新能源汽车仍保留了加速踏板、制动踏板及有关操纵手柄或按钮等。不过在新能源汽车上是将加速踏板、制动踏板的机械位移量转换为相应的电信号，输入到整车控制器来对汽车的行驶进行控制的。而对于挡位变速杆，为遵循驾驶员的传统习惯，一般仍需保留并且以开关信号传输，同样除了传统的驱动模式以外，只保留了前进挡、空挡和倒退三个挡位，并且以开关信号的形式传输到中央控制单元来对汽车进行前进、停车和倒车控制。

5.1　整车控制器

新能源汽车作为一种绿色的运输工具，在环保、节能以及驾驶性能等方面具有诸多内燃机汽车无法比拟的优点，其是由多个子系统构成的一个复杂系统，主要包括电池、电动机、制动等动力系统以及其他附件。各子系统几乎都通过各自的控制单元（ECU）来完成其各自的功能和目标。为了满足整车动力性、经济性、安全性和舒适性的目标，一方面必须具有智能化的人车交互接口；另一方面，各系统还必须彼此协作，优化匹配，这项任务需要由控制系统中的整车控制器来完成。基于总线的分布式控制网络是使众多子系统实现协同控制的理想途径。由于CAN总线具有造价低廉、传输速率高、安全和可靠性高、纠错能力强和实时性好等优点，已广泛应用于中、低价位汽车的实时分布式控制网络。随着越来越多的汽车制造厂家采用CAN协议，CAN已逐渐成为通用标准。采用总线网络可大大减少各设备间的连接信号线束，并可提高系统监控水平。另外，在不减少其可靠性的前提下，可以很方便地增加新的控制单元，拓展网络系统功能。

5.1.1 整车控制器控制系统结构

新能源汽车整车控制器包括微控制器、模拟量调理、开关量调理、继电器驱动、高速 CAN 总线接口和电源等模块。整车控制器对新能源汽车动力链的各个环节进行管理、协调和监控，以提高整车能量利用效率，确保安全性和可靠性。该整车控制器采集司机驾驶信号，通过 CAN 总线获得电动机和电池系统的相关信息，进行分析和运算，通过 CAN 总线给出电动机控制和电池管理指令，实现整车驱动控制、能量优化控制和制动回馈控制。该整车控制器还具有综合仪表接口功能，可显示整车状态信息；具备完善的故障诊断和处理功能；具有整车网关及网络管理功能。其结构原理如图 5－1 所示。

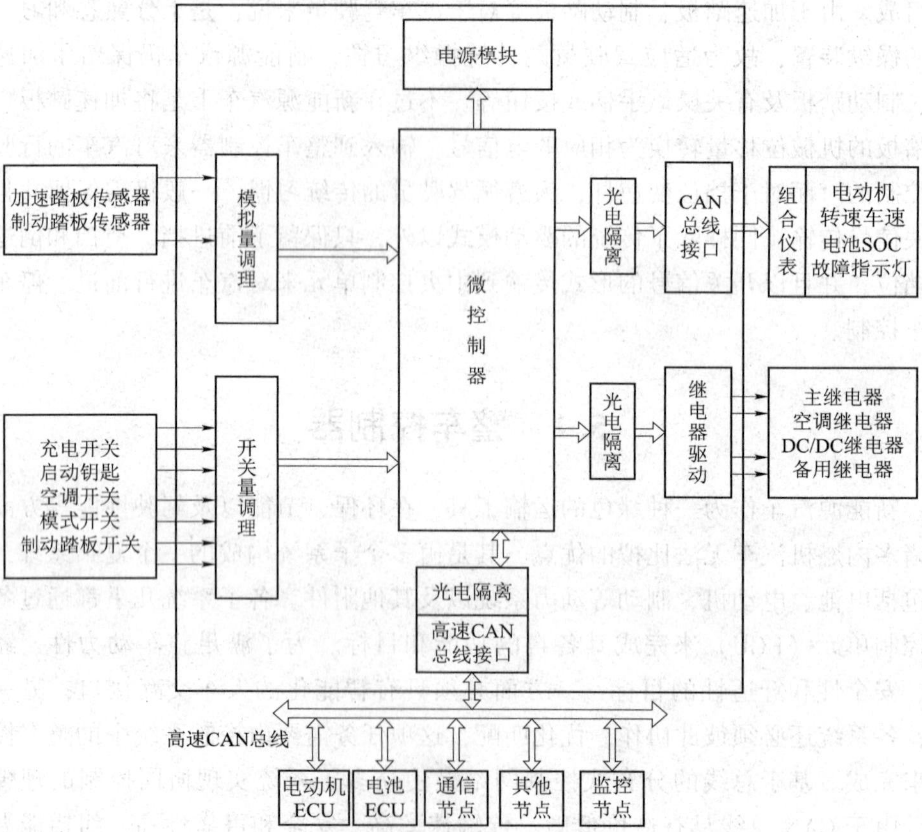

图 5－1 整车控制器结构原理图

下面对每个模块功能进行简要的说明。

1. 开关量调理模块

开关量调理模块，用于开关输入量的电平转换，其一端与多个开关量传感器相连，另一端与微控制器相接。

2. 继电器驱动模块

继电器驱动模块，用于驱动多个继电器，其一端通过光电隔离器与微控制器相连，另一端与多个继电器相接。

3. 高速 CAN 总线接口模块

高速 CAN 总线接口模块，用于提供高速 CAN 总线接口，其一端通过光电隔离器与微控制器相连，另一端与系统高速 CAN 总线相接。

4. 电源模块

电源模块，可为微处理器与各输入和输出模块提供隔离电源，并对蓄电池电压进行监控，与微控制器相连。

5. 模拟量调理模块

1）模拟量输入和输出模块。模拟量输入和输出模块，可采集 0 ~ 5 V 模拟信号，并可输出 0 ~ 4. 095 V 的模拟电压信号。

2）脉冲信号输入和输出模块。可采集脉冲信号并进行调理，范围为 1 Hz ~ 20 kHz，幅度为 6 ~ 50 V；输出 PWM 信号范围为 1 Hz ~ 10 kHz，幅度为 0 ~ 14 V。

6. 故障和数据存储模块

铁电存储器可以存储标定的数据和故障码及车辆特征参数等，容量为 32K。

5.1.2 整车控制器功能说明

整车控制器基本上有以下几项功能。

1. 对汽车行驶控制的功能

新能源汽车的动力电动机必须按照驾驶员意图输出驱动或制动扭矩。当驾驶员踩下加速踏板或制动踏板时，动力电动机要输出一定的驱动功率或再生制动功率。踏板开度越大，动力电动机的输出功率越大。因此，整车控制器要合理解释驾驶员操作；接收整车各子系统的反馈信息，为驾驶员提供决策信息；对整车各子系统发送控制指令，以实现车辆的正常行驶。

2. 整车的网络化管理

在现代汽车中，有众多电子控制单元和测量仪器，它们之间存在着数据交换，如何让这种数据交换快捷、有效、无故障的传输成为一个问题，为了解决这个问题，德国 BOSCH 公司于 20 世纪 80 年代研制出了控制器局域网（CAN）。在新能源汽车中，电子控制单元比传统燃油车更多、更复杂。因此，CAN 总线的应用势在必行。整车控制器是新能源汽车众多控制器中的一个，是CAN总线中的一个节点。在整车网络管理中，整车控制器是信息控制的中心，负责信息的组织与传输、网络状态的监控、网络节点的管理以及网络故障的诊断与处理。

3. 制动能量回馈控制

新能源汽车以电动机作为驱动转矩的输出机构。电动机具有回馈制动的性能，此时电动机作为发电动机，利用新能源汽车的制动能量发电，同时将此能量存储在储能装置中，当满足充电条件时，将能量反充给动力电池组。在这一过程中，整车控制器根据加速踏板和制动踏板的开度以及动力电池的SOC值来判断某一时刻能否进行制动能量回馈，如果可以进行，则整车控制器向电动机控制器发出制动指令，回收部分能量。

4. 整车能量管理和优化

在纯新能源汽车中，电池除了给动力电动机供电以外，还要给电动附件供电，因此，为了获得最大的续驶里程，整车控制器将负责整车的能量管理，以提高能量的利用率。当电池SOC值比较低时，整车控制器将对某些电动附件发出指令，通过限制电动附件的输出功率来增加续驶里程。

5. 车辆状态的监测和显示

整车控制器应该对车辆的状态进行实时监测，并且将各个子系统的信息发送给车载信息显示系统，其过程是通过传感器和CAN总线，检测车辆状态及各子系统状态信息，驱动显示仪表，将状态信息和故障诊断信息经过显示仪表显示出来。显示内容包括：电动机的转速、车速、电池的电量和故障信息等。

6. 故障诊断与处理

连续监视整车电控系统，进行故障诊断。故障指示灯指示出故障类别和部分故障码。根据故障内容，及时进行相应的安全保护处理。对于不太严重的故障，可低速行驶到附近维修站进行检修。

7. 外接充电管理

实现充电的连接，监控充电过程，报告充电状态。

8. 诊断设备的在线诊断和下线检测

负责与外部诊断设备的连接和诊断通信，实现UDS诊断服务，包括数据流读取、故障码的读取和清除及控制端口的调试。

5.1.3 CAN通信网络

1. CAN总线作用

以往在汽车上，控制信号和通信信号是依靠各自的信号线路，将各种各样的信号线路组成“线束”，然后通过各自的接插件与相关的开关、控制器件或信号器件连接来进行传输的，这种通信的传输方式需要增加 A/D 转换器、接插件和开关，各种器件的数量可达几百件，线束的长度可达数十千米，给设计、安装、检查和修理带来了很大的工作量和不便。复杂的接线还可能出现系统通信的不可靠性、电磁干扰和噪声等，降低信号的精度，影响电子控制子元件的正常运行，引起数据参数的衰减而产生控制失误。

随着现代汽车越来越多地装备各种电子器件，控制系统越来越复杂，线束也越来越多、越来越长，传统的控制信号和通信信号系统已远远不能满足现代新能源汽车电子技术发展的要求。如果要设计为抗干扰通信线束系统，还将更大地增加系统的成本。新能源汽车采用了网络控制系统，代替了传统的线束控制信号和通信信号传递系统。网络控制系统中大量的控制数据能够在共同的电子单元中共享，控制信息能够实时进行交换，传输速度和响应速度快，可靠性高。在某些控制信号和通信信号系统中，还要求网络功能能够实现冗余，在某些系统出现故障时，仍然能够保持该系统的基本功能。

20 世纪 80 年代，德国 BOSCH 公司为了解决汽车上众多的控制系统与检测系统之间的数据通信和资源共享问题，推出了串行数据通信总线 CAN（Controller Area Network），CAN 控制系统采用集成模块化工作方式，各个模块能够独立工作，避免了各个模块之间的相互干扰。CAN 网络系统能够有效地控制局域的网络系统，支撑分布式控制和实时控制串行通信网络，解决汽车众多控制系统与测试仪器之间数据交换的串行数据通信协议。CAN 控制系统配置灵活，可靠性高，实时性好，抗干扰能力强，系统错误检测和隔离能力强等，广泛应用于线控（X-by-Wire）系统，已经形成国际标准。CAN 总线系统在汽车行中得到了迅速地推广。

新能源汽车网络的发展目标是将新能源汽车的动力系统、传动系统、悬架系统、转向系统、制动系统、控制系统、数字化仪表、安全保护设备、通信设备、娱乐设备等的信息集成化，使各种信息相互结合、相互作用，共享驾驶员发出的指令和传感器反馈的数据，更好地发挥各个系统的协调作用，以获得最佳的整车性能，综合提高新能源汽车的操纵安全性和稳定性，以及节能、减排性能，实现新能源汽车驾驶的智能化，最终实现无人驾驶。在新能源汽车上，各种电子、电气元件的用量大大地超过了普通发动机汽车，CAN 总线系统的应用更加广泛。

CAN 总线主要功能：各个电子控制单元 ECU 之间的信息通信和交换；新能源汽车整车安全控制；新能源汽车驱动系统动力、功率、转矩的控制；新能源汽车行驶姿态的控制；新能源汽车的行车用各种电子设备的控制等。

2. CAN 总线数据传输过程

CAN 总线数据传输按照通信协议，首先要将传输的数据进行编码，并提供给 CAN 总线的发送端，再由收发器将数据发送到 CAN 总线上。然后数据进入 CAN 总线的接收端，由于链接在 CAN 总线上的多个节点同时接收到同一传输数据，总线接收器对数据进行复查，确定是否属于某个节点所需要的数据，如果不是该节点所需要的数据，则该节点会自动删除该数据；如果是该节点所需要的数据，则该节点将经过复查并按照通信协议对数据进行解释，继续传输到执行器并被执行器所接受。如图 5－2 所示。

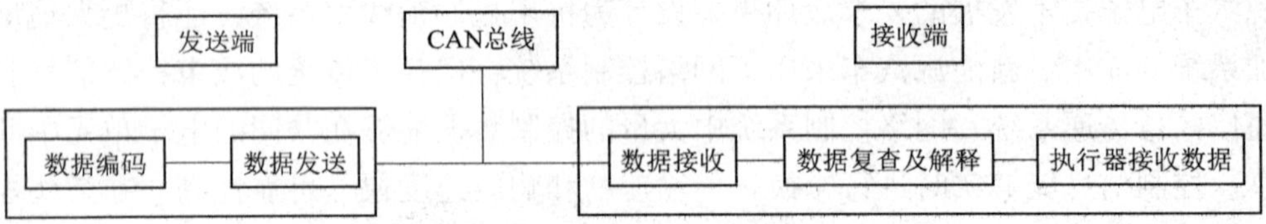

图 5－2　CAN 总线数据传输过程示意图

3. CAN 总线通信系统在新能源汽车上的使用

CAN 总线要求采用每米 33 个螺旋的屏蔽双绞线或同轴光缆、光纤等作为通信介质，要求具有良好的电磁兼容性（EMC）和防电磁干扰性。中央控制器的接地线应与机体保持紧密接触，总线的布置应尽可能远离电动机、电能变换器等骚扰源。要求环境温度控制在允许范围内，避免引起信号传输的畸变。传感器线路应与高压、高频电源导线分开，重要的传感器线路应采用单独的电源和回路。如图 5－3 所示。

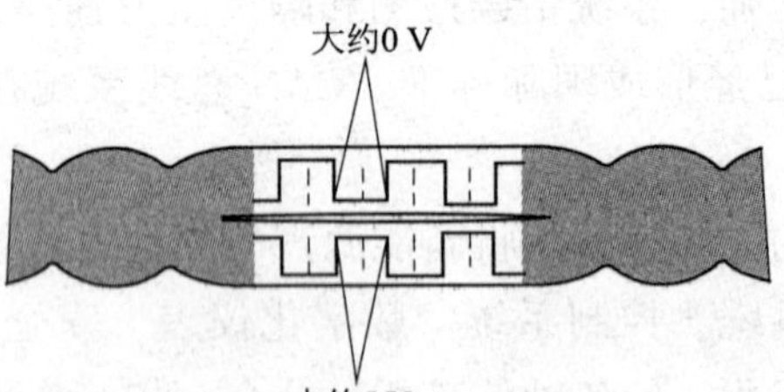

图 5－3　CAN 双绞线传输信息示意图

在中型或大型新能源汽车上采用 CAN 总线技术，就可以平均减短线束的总长度 1 000～1 500 m、减少各种接插件 200～300 个、减轻重量约 30 kg，并且可以在电磁干扰的环境下，远距离进行实时数据的可靠传递，不会出现因数据参数的不统一而产生的失误。

在新能源汽车上，CAN 通信网络系统是一种串行式数据通信协议，采用集成模块化工作方式，各个模块能够比较独立的工作，避免了各个模块之间的相互干扰。具有配置灵活、实时性好及隔离能力和抗干扰能力强等优点。

(1) 高速 CAN 通信网络系统。控制新能源汽车的动力电池组、燃料电池堆、电能转换器、电动机驱动系统、线控系统等，以及对混合动力汽车的发动机、动力耦合器等的通信管理和控制。

(2) 低速 CAN 通信网络系统。对车载电子、电器、仪表、照明、信号、安全气囊、通信、防盗等系统的通信管理和控制。

5.2　电动机控制器

电动机控制器是驱动电动机系统的控制中心，又称智能功率模块，以 IGBT (绝缘栅双极型晶体管) 模块为核心，辅以驱动集成电路和主控集成电路。通过把微电子器件和功率器件集成到同一芯片上，形成了智能功率模块。对所有的输入信号进行处理，并将驱动电动机控制系统运行状态的信息通过 CAN2. 0 网络发送给整车控制器。驱动电动机控制器内含故障诊断电路，当诊断出异常时，它将会激活一个错误代码，发送给整车控制器，同时也会存储该故障码和数据。

电动机控制器使用以下传感器来提供驱动电动机系统的工作信息：

(1) 电流传感器：用以检测电动机工作的实际电流（包括母线电流、三相交流电流）；

(2) 电压感器：用以检测供给电动机控制器工作的实际电压（包括动力电池电压、12 V 蓄电池电压）；

(3) 温度传感器：用以检测电动机控制系统的工作温度（包括 IGBT 模块温度、电动机控制器板载温度）。

5.3　电动机及其控制

传统汽车的动力来源于发动机，新能源汽车的驱动系统用电动机驱动系统代替了发动机作为动力来源，所以新能源汽车的动力性能取决于它的电动机驱动系统的性能。理想的新能源汽车电动机驱动系统需要满足以下条件。

(1) 要有高功率密度和高效率。新能源汽车由于电池的使用增加了整车的重量，而新能源汽车电池容量又十分有限，而为了增加续驶里程，高功率密度和高效率的驱动电动机在新能源汽车里显得尤其重要。

(2) 具有较长的寿命和高可靠性，维修方便。

(3) 体积小，以适合汽车有限的空间要求。

（4）电动机应具有较宽的调速范围，在低速运行时能提供大转矩，以满足起动和爬坡的要求；低转矩运行时能达到较高的速度，以满足汽车在平坦的路面高速行驶的要求。

（5）瞬时功率大，过载能力强，过载系数应为3~5。

（6）控制系统控制准确、快速。

（7）新能源汽车用电动机驱动系统应能够在汽车减速时实现再生制动，将能量回收并反馈给蓄电池，使得新能源汽车具有最佳能量的利用率；并且再生制动时应满足高效、可靠。

（8）噪声小，以满足乘坐的舒适性。

（9）电磁辐射小，具有较好的电磁兼容性。

（10）价格低廉，适于大规模生产制造。

电动机驱动系统是新能源汽车的关键技术之一，电动机的特性与发动机有着很大的不同。而不同种类的电动机之间，同种电动机采用不同的控制方法，其输出特性也有着较大的差异。新能源汽车上使用的驱动电动机种类主要为直流电动机、交流感应电动机（异步电动机）、永磁同步电动机、开关磁阻电动机等。本章将介绍这些电动机的原理、特性及驱动控制方法。

5.3.1 直流电动机及其驱动控制系统

直流电动机（DC Motor）在电动机体系中占有重要的地位，而直流电动机控制理论也是电动机控制理论的基础。直流电动机驱动系统是发展最早、技术最成熟的一种电动机驱动系统，在早期的新能源汽车中得到了广泛的应用。

1. 直流电动机的工作原理与分类

直流电动机的基本工作原理如图5-4所示。上下是两个固定的磁铁，上面为N极，下面是S极。在两极之间安装一个可以转动的圆柱体称为电枢。电枢表面的槽里安装着两段导体ab和cd，两段导体的一端（b端与c端）相互连接成一个线圈，称之为电枢绕组。电枢绕组的两端（a端与b端）分别与一个可以旋转的半圆形导体相互连接，两个半圆形导体称为换向片，两个换向片相互绝缘，与电枢绕组同轴旋转。换向器上面压紧两个固定不动的电刷A、B，它们分别连接一个直流电源的正极和负极。图中电刷A连接到电源的正极，电刷B连接到电源的负极。当在如图5-4（a）所示位置时，ab段导体在N极之下，电流方向为由a到b，根据左手定则，其受力为逆时针方向。cd段导体在S极之下，电流方向为由c到d，其受力也为逆时针方向，电枢连同换向器将逆时针旋转；当导体与换向器旋转至图5-4（b）所示位置时，cd段导体转到N极之下，但其电流方向改变为由 d 到 c，故其受力仍为逆时针方向。ab 段导体转到 S 极之下，其电流方向改变为由 b 到 a，受力仍为逆时针方向。因此，电动机可以进行连续的旋转，这就是直流电动机的工作原理。

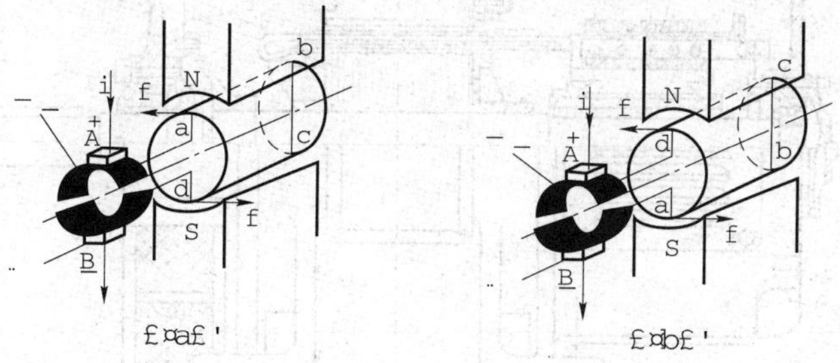

图 5-4　直流电动机的基本工作原理

按照电动机磁场的产生方式，使用永久磁体产生磁场的电动机称为永磁式电动机，如果磁场是由直流电通过绕在磁极铁芯的绕组产生的，这样的直流电动机称为绕组励磁式电动机。小功率的电动机通常使用永磁式电动机，而大功率的电动机通常使用绕组励磁式电动机，其结构如图 5-3 所示，它主要由固定不动的定子部分和可以旋转的转子部分组成。定子部分由机座、主磁极、换向极和电刷组成。机座起到支撑电动机和作为一部分主磁路的作用。主磁极由铁芯和套装在铁芯上面的励磁绕组组成，它的作用是产生电动机的磁场。一般制成多极，但总是偶数，且 N、S 极相间出现，一个 N 极与一个 S 极称为一个极对。换向极结构和主磁极相似，作用是减小电刷与换向器之间的火花。电刷是电枢电路的引入装置，把转动的电枢电路与不转的外电路进行连接，所以直流电动机通常也叫作直流有刷电动机。转子部分由电枢铁芯、电枢绕组和换向器组成。电枢铁芯为主磁路的一部分，通常由冲有齿和槽的硅钢片叠压而成，它的槽中嵌入电枢绕组。电枢绕组由一定数目的电枢线圈按一定规律连接组成，线圈由绝缘的导线绕成，当线圈中流过电流时，在磁场中受力产生电磁转矩。换向器由许多换向片组成，在直流电动机里，换向器实际起到的是逆变的作用。

直流电动机励磁绕组的供电方式称为励磁方式，按照直流电动机励磁方式不同，直流电动机又可划分为他励式和自励式两种。他励式直流电动机励磁绕组的励磁电流由其他的独立直流电源供给，励磁绕组与电枢绕组在电路上互相独立，如图 5-6（a）所示。他励直流电动机为最简单的电动机形式。自励式直流电动机的励磁绕组和电枢绕组由同一个电源供电，又分为并励、串励和复励三种。并励式直流电动机的励磁绕组和电枢绕组相并联，如图 5-6（b）所示。其励磁绕组端电压与电枢绕组的端电压相同。串励式直流电动机的励磁绕组和电枢绕组相

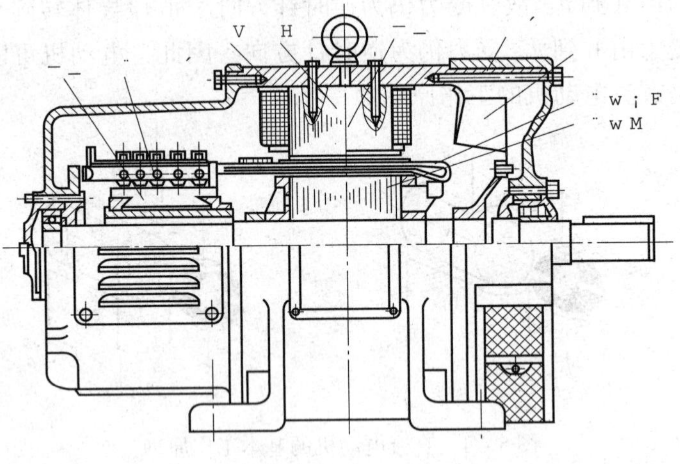

图 5－5　直流电动机的基本结构

串联，如图 5－6（c）所示。其励磁绕组的电流与电枢绕组的电流相同。复励直流电动机的主磁极铁芯上面有两个励磁绕组，一个是和电枢相并联的并励绕组，一个是和电枢相串联的串励绕组，如图 5－6（d）所示。直流电动机励磁消耗的功率不大，一般占电动机额定功率的 1%～3%。

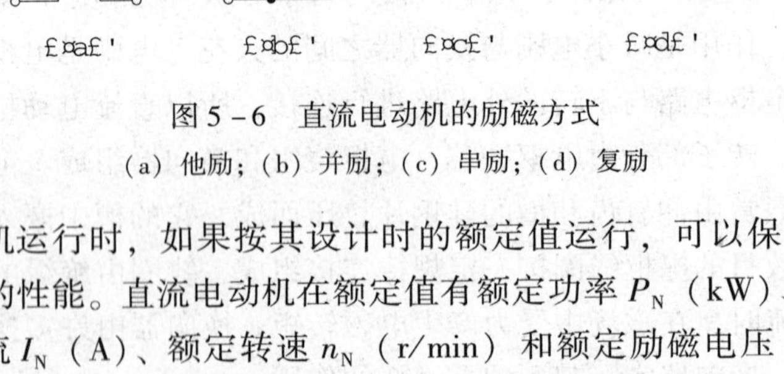

图 5－6　直流电动机的励磁方式

（a）他励；（b）并励；（c）串励；（d）复励

直流电动机运行时，如果按其设计时的额定值运行，可以保证其可靠地工作，并有良好的性能。直流电动机在额定值有额定功率 P_N（kW）、额定电压 U_N（V）、额定电流 I_N（A）、额定转速 n_N（r/min）和额定励磁电压（V）等参数。电动机的额定功率是指电动机在额定运行时的输出功率。对于电动机，额定输出功率为机械功率，$P_N = U_N I_N \eta_N$，η_N 为额定效率；对于发电动机，额定输出功率为电功率，$P_N = U_N I_N$。额定电压为额定运行时电枢绕组的输入电压。

2. 直流电动机的动态方程与特性分析

为了对电动机运行时的状态进行分析，可以通过建模的方法把电动机运行时的电气关系进行电路等效。直流电动机在稳态运行时（稳态运行指电动机的电压、电流、转速不再发生变化），其电枢电路可以等效为图 5－7。

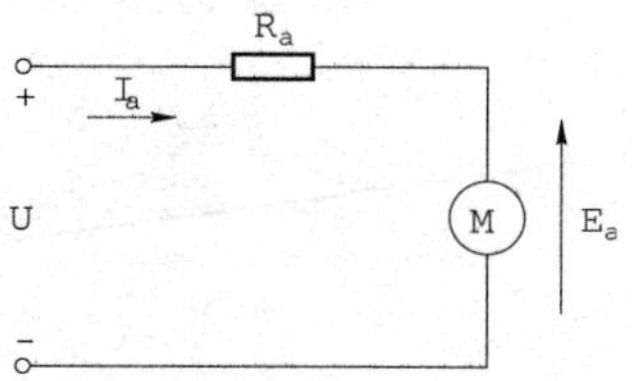

图5-7　直流电动机稳态运行等效电路

则：

$$U = E_a + I_a R_a \tag{5-1}$$

式中，U为加在电枢回路两端的端电压（V）；E_a为电枢绕组在磁场中旋转产生的感应电动势，称为电动机的反电动势（V）；I_a为电枢绕组的电流（A）；R_a为电枢绕组的电阻（Ω）。式（5-1）称为直流电动机的电枢电压方程。

由电动机理论可知：

$$E_a = K_e \Phi n \tag{5-2}$$

式中，K_e为电动机的电动势常数，是一个取决于电动机结构的常数；Φ为电动机每极的磁通（Wb）；n为电动机的转速（r/min）。

由式（5-2）可知，电动机的感应电动势与每极磁通成正比，与电动机的转速成正比。式（5-2）称为直流电动机的电枢电动势方程。

直流电动机的电磁转矩可由式（5-3）得出：

$$T = K_T \Phi I_a \tag{5-3}$$

式中，T为电动机产生的电磁转矩（N·m）；K_T为电动机的转矩常数，也是一个取决于电动机结构的常数，并且$K_T = 9.55K_e$。

由式（5-3）可知，电动机的电磁转矩与每极磁通成正比，与电动机的电枢电流成正比。式（5-3）称为直流电动机的电磁转矩方程。

由式（5-1）~式（5-3）可得：

$$n = \frac{U}{K_e \Phi} - \frac{R_a}{K_T \Phi K_e \Phi} T \tag{5-4}$$

式（5-4）反映了电动机输出的电磁转矩与电动机转速之间的关系。他励直流电动机的励磁电流I_f一定时，电动机的磁通Φ为常数。当电动机的电枢端电压U一定时，电磁转矩T与转速n之间为一函数关系$n = f(T)$，所对应的函数曲线如图5-8所示。方程（5-4）称为他励直流电动机的机械特性方程，也叫作外特性方程。图5-8称为他励直流电动机的机械特性曲线，也叫作外特性曲线。图中，$n_0 = U/(K_e \Phi)$为电动机的空载转速。电动机稳态运行时，电磁转矩T的大小将取决于负载转矩的大小。

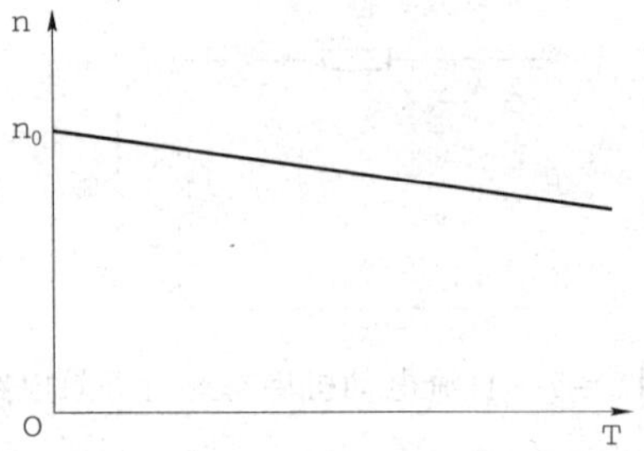

图5－8 他励直流电动机的机械特性

电动机运行的动态过渡过程如下：如果电动机在稳态运行中，负载转矩突然增加，会导致电动机减速运行，转速 n 将减小，由式（5－2）可知转速 n 减小会导致电动机的反电动势 E_a 减小，由式（5－1）可得，电动机的电枢电流 I_a 将增大，又由式（5－3）知，I_a 的增大会导致电动机电磁转矩 T 的增大，电动机又将加速运行。但由于电枢电流的增加，导致消耗在电动机电枢电阻上的功率会加大，故电动机到达稳态时，电动机的转速不能恢复到原来的数值，会有所下降，但由于电枢电阻 R_a 比较小，故电动机到达稳态，其下降的速度并不大，表现为其机械特性为一稍向下倾斜的直线。直线斜率越小，则机械特性越硬。

当电枢电压 U、励磁电流 I_f 都为额定值时的机械特性称为电动机的固有机械特性，也称为自然机械特性。如果改变了电枢电压、励磁电流或电枢串接外电阻，这时的机械特性称为电动机的人为机械特性。

他励直流电动机的励磁电流与负载无关，而串励直流电动机的励磁电流与电枢电流相同，它将随负载的变化而变化。电压方程的电阻除电枢电阻 R_a 外，还有串励绕组的电阻 R_f。串励直流电动机的机械特性方程表达式仍为：

$$n = \frac{U}{K_e \Phi} - \frac{R_a + R_f}{K_T \Phi K_e \Phi} T \tag{5-5}$$

当电流较小，磁路不饱和时，磁通与电流成正比，$\Phi = K_\Phi I_a$（K_Φ 为励磁系数）。与式（5－3）合并，可得：

$$n = \frac{\sqrt{K_T} U}{K_e \sqrt{K_\Phi T}} - \frac{R_a + R_f}{K_e K_\Phi} \tag{5-6}$$

此时机械特性如图5－9左半部分所示，转速随电磁转矩下降较快，机械特性较软。当电流较大，磁路饱和，磁通不再随电流变化而变化，这时其机械特性与他励直流电动机机械特性十分接近，为一略微向下倾斜的直线。但因串励直流电动机的电阻比他励直流电动机的电阻大一个串励绕组电阻，所以串励直流电动机的转速降比他励直流电动机稍大，如图5－9右半部分所示。

串励直流电动机由于机械特性较软，随着转矩的增大导致转速下降较快，所以不会引起由于负载过大导致的电动机过载。但是由图 5 - 9 可知，负载转矩趋近零时，电动机转速将趋近无穷大，故串励直流电动机不允许空载运行，也不允许皮带传动，以免皮带脱落造成“飞车”现象。

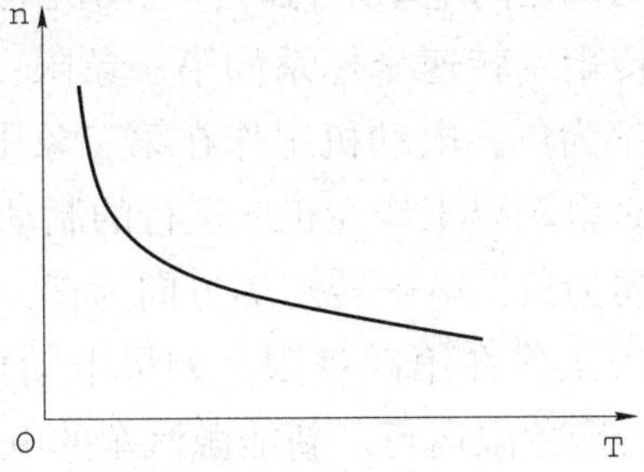

图 5 - 9 串励直流电动机的机械特性

串励直流电动机起动时磁路没有达到完全饱和，串励直流电动机的起动转矩虽然不能与 I_a^2 成正比，但是也比他励直流电动机的起动转矩（与 I_a 成正比）大，故串励直流电动机适用于起动困难且不空载运行的机械。新能源汽车需求的起动转矩大，且不会空载，故串励直流电动机在低速新能源汽车上有着很多的应用。

当电动机的电磁转矩 T 方向改变时，电动机就可以反向拖动运行。由直流电动机的电磁转矩公式 $T = K_e \Phi I_a$ 可知，改变磁通 Φ 的方向或者改变电枢电流 I_a 的方向，都可以改变电磁转矩的方向，实现电动机的反转。他励直流电动机的励磁磁通 Φ 的方向由励磁电流 I_f 的方向决定，改变励磁电压 U_f 的方向就可以改变励磁电流 I_f 的方向。但是，他励直流电动机的励磁绕组匝数比较多，具有较大的电感，反向磁通建立过程较慢，通常采用改变电枢电流 I_a 方向的方法实现电动机的反转。

新能源汽车的制动分为机械制动和电气制动两种制动方法。机械制动方法与传统汽车方法相同，通过刹车片与制动盘之间的摩擦对汽车进行制动。对于电动机来说，还可以使用电气制动的方法。电动机在运行过程中，如果电磁转矩 T 与电动机转速 n 方向一致，那么 T 为拖动转矩，电动机运行在电动状态；如果电磁转矩 T 与电动机转速 n 方向相反，那么 T 为制动转矩，电动机就运行在制动状态。电动机的电气制动分为能耗制动、回馈制动和反接制动三种方式。能耗制动时，切断供电电源，将电枢绕组两端接通（通常串入一个限流电阻）。因为电动机转速不能突变，电枢电动势 E_a 也不变，在电枢电动势 E_a 的作用下，电枢电流 I_a 反向，产生制动转矩；反接制动时，通过对供电电压的反接，产生反向的电枢电流进行制动；回馈制动时，设法使电枢电动势 E_a 大于电枢电压 U，迫使 I_a 反向，产生制动转矩，同时电动机向电源馈电。汽车在行驶过程中，将会有大量的能量浪费在制动的损耗上，通过回馈制动，可以对一部分汽车动能进行回收利用，对增加新能源汽车的续驶里程具有一定的意义，回馈制动是目前新能源汽车电动机技术研究的焦点之一。

如图 5－10 所示，电动机正向电动运行时，电动机电磁转矩 T 与转速 n 都为正方向，这时电动机工作在转矩－转速坐标系的第一象限；电动机反向电动运行时，电磁转矩 T 与转速 n 方向都为负，电动机工作在第三象限；如果转速 n 方向为正，电磁转矩 T 方向为负，那么电动机工作在正向运行的制动状态，这时电动机工作在第二象限；如果转速 n 方向为负，电磁转矩 T 方向为正，那么电动机工作在反向运行的制动状态，这时电动机工作在第四象限。如果电动机在四个象限内都可以工作，我们说电动机可以进行四象限运行。新能源汽车的电动机要求能够在四象限内运行。

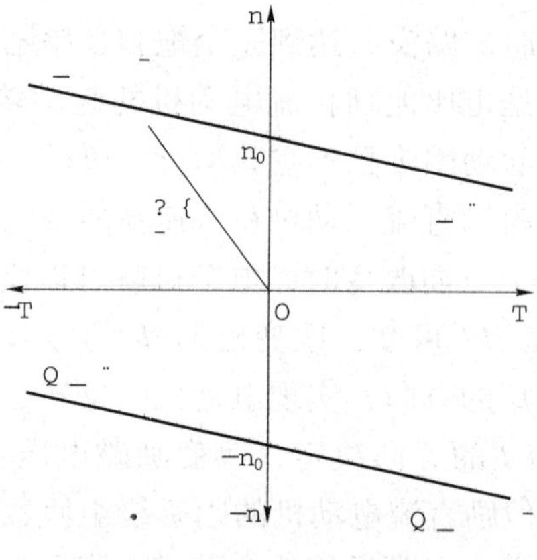

图 5－10　电动机的四象限运行

3. 直流电动机的调速方法

由直流电动机的自然机械特性曲线可知，电动机的转速与电磁转矩存在着单值关系，而电动机在稳态时的电磁转矩是由负载转矩所决定的，故直流电动机工作在自然机械特性时的转速是无法控制的。由式（5－4）可知，如果改变电动机的电枢电压 U、磁通 Φ 或电枢回路电阻 R_a，就可以改变电动机的机械特性曲线。所以直流电动机的调速方法分为电枢降电压调速、电枢回路串电阻调速与改变磁通调速。新能源汽车上通常采用电枢降电压调速和改变磁通调速。

由式（5－4）可知，如果改变了电动机的电枢电压，就改变了电动机的空载转速 n_0，而电动机机械特性曲线的斜率不受影响。故电动机工作在不同的电枢电压时，其机械特性曲线为一簇平行的直线，由于电动机不能工作在额定电压之上，故只能降低电源电压进行额定转速 n_N 向下调速。其机械特性曲线如图 5－11 所示。

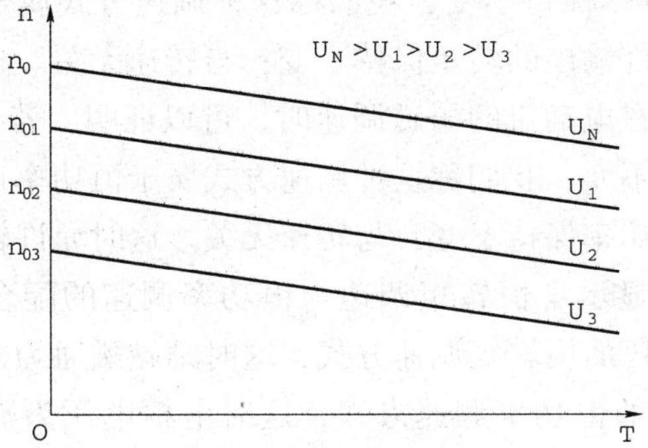

图 5－11　降低电枢电压时的机械特性

如果直流电动机电枢电压不变，改变电动机的磁通，也可以改变电动机的机械特性。由于电动机的磁通不能超过其磁路饱和状态时的磁通，故只能减小磁通进行调速，由式（5－4）可知，如果降低了磁通 Φ，其空载转速 n_0 将会增大，但机械特性曲线斜率也会发生改变。他励直流电动机的弱磁调速曲线如图 5－12 所示，属于额定转速以上的向上调速。

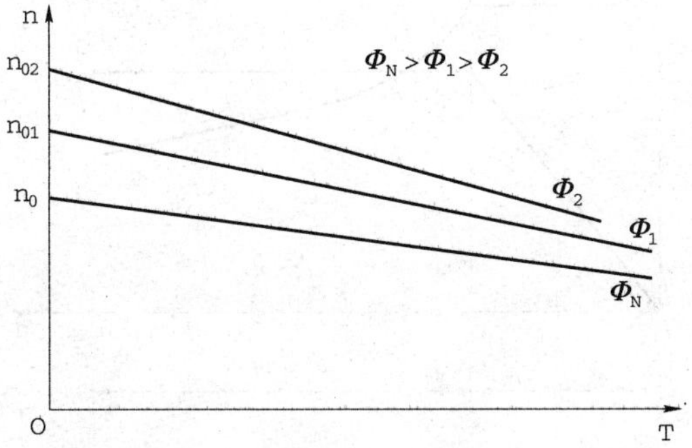

图 5－12　他励直流电动机弱磁调速机械特性

随着电力电子技术及微控制器技术的发展，直流电动机的降电压调速与弱磁调速都可以实现无级调速。把两者配合起来，可以实现双向调速，基速以下采用降压调速，基速以上采用弱磁调速。

电动机调速时所带负载的能力，可以用电动机允许输出的转矩和允许输出的功率来表示。确定允许输出转矩和功率的大小所考虑的前提条件是合理地使用电动机，电动机在不同转速下运行时，电枢电流都等于额定值不变时，电动机为最合理地使用。故用电动机电枢电流 $I_a = I_N$ 不变时，电动机允许输出的转矩和功率来表示电动机带负载的能力。降低电源电压调速时，若保持$I_a = I_N$不变，电磁转矩 $T = K_T \Phi I_N = T_N$也基本保持不变，我们称这种调速方式属于恒转矩调速。在恒转矩调速时电动机允许输出的转矩保持不变，与转速无关。这时允许输出的功率与转速成正比变化。在电动机的弱磁调速时，可以证明，若保持 $I_a = I_N$不变，电动机功率也基本保持不变，我们称这种调速方式属于恒功率调速。在恒功率调速时电动机允许输出的功率保持不变，与转速无关。这时允许输出的转矩与转速成反比变化。图 5－13 显示了恒转矩调速与恒功率调速的配合方式。在基速以下时，采用降低电源电压的恒转矩调速方式，这时励磁磁通为额定状态；基速以上时采用降低磁场磁通的恒功率调速方式，这时电枢电压为额定值。需要指出的是，恒转矩调速方式与恒功率调速方式，都是用来表征电动机采取某种调速方式时带负载的能力，并不是指电动机的实际输出。在电动机实际运行时，电磁转矩的大小取决于负载转矩的大小。恒转矩与恒功率的含义是若保持 $I_a = I_N$不变，可以恒转矩输出和恒功率输出。

如果电动机电流可以超过额定值运行，可以用 $I_a = I_{max}$时的转矩及功率来确定恒转矩曲线及恒功率曲线。

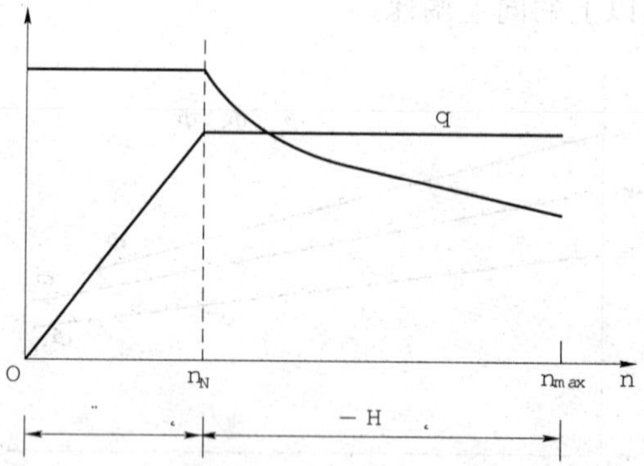

图 5－13　恒转矩调速与恒功率调速

4. 直流电动机的脉宽调制（*PWM*）控制

当需要对电动机的电枢电压大小进行控制时，脉宽调制（Pulse Width Modulation，PWM）控制方法已经成为主流控制方法。其控制原理如图 5－14 所示：

图 5－14（a）中，当开关 S_1 接通时，电源电压加到电动机电枢两端，电动机旋转，同时电枢电感储存能量；当开关 S_1 断开时，电源停止向电动机提供能量，但电枢电感存储的能量通过与电动机电枢反向并联的二极管续流，电流降为零之前，电动机仍然能继续旋转，开关以极高的频率不停地关闭和断开（通常为 1 kHz 到十几 kHz），电枢电压和电流如图 5－14（b）所示。电枢电压的平均值 U_{av} 为

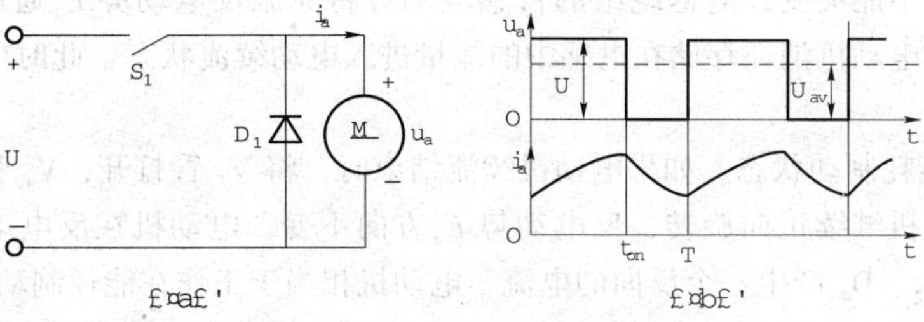

图 5－14　PWM 控制原理图

$$U_{av}=\frac{1}{T}\int_0^T u_a \mathrm{d}t=\frac{1}{T}\int_0^{t_{on}} U\mathrm{d}t=\delta U \qquad (5-7)$$

式中，δ 为占空比，为开关导通时间与导通周期的时间比。δ 的变化范围为 $0<\delta<1$。电枢电压的平均值 U_{av} 由电源电压和占空比所决定，这样，就可以通过控制占空比 δ 的大小来控制电动机的电枢电压，实现对电动机的调压控制。

目前，在 PWM 控制中，通常使用定频调宽法来改变占空比的值，即保持周期 T（或频率）不变，改变开关导通时间 t_{on} 来改变占空比的大小。实际应用中，开关 S_1 为一个可控的开关管（通常使用 MOSFET 管或 IGBT 管），通过高频的 PWM 信号来控制其导通与关断，实现 PWM 控制。

新能源汽车的驱动电动机通常需要进行四象限运行，通过采取如图 5－15 所示的 H 桥电路即可实现对直流电动机的四象限运行控制及制动方式的控制。其中 $V_1 \sim V_4$ 为开关管，$D_1 \sim D_4$ 为续流二极管。

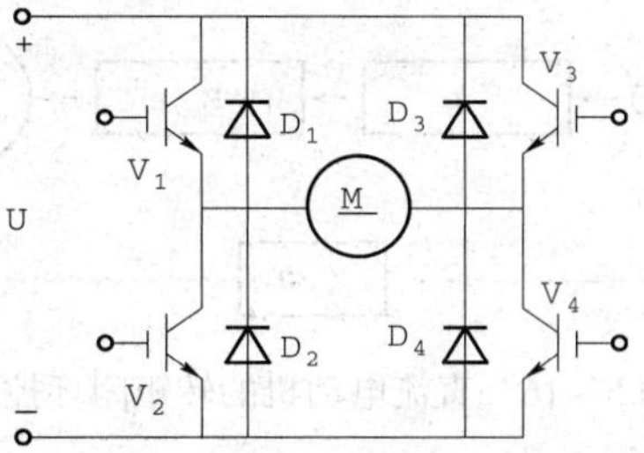

图 5－15　直流 PWM 控制的 H 桥电路

对于图 5－15 所示的桥式电路，以电动机正向旋转为例，可以控制电动机工作在以下四种状态，并且不存在电流断续的状态。

（1）电动状态。当 V_1、V_4 导通，V_2、V_3 关断时，电动机电枢绕组通过正向电流，电动机工作在正向电动运行状态。

（2）电动续流状态。当处于电动状态时，若 V_1 的 PWM 信号变为低电平时，V_1 管将关断，V_4 继续导通。此时电动机电枢的电压为零，由于电枢绕组存在感性，其电流不能突变，电枢绕组的自感电动势将克服反电动势 E_a 通过 V_4 与 D_2 进行续流，电动机消耗存储在电感中的能量进入电动续流状态，此时电流将持续衰减。

（3）能耗制动状态。如果电动机续流结束时，将 V_2 管打开，V_4 管关断，此时因为电动机继续正向旋转，反电动势 E_a 方向不变，电动机在反电动势的作用下将通过 V_2、D_4 产生一个反向的电流，电动机相当于工作在能耗制动的状态。

（4）再生制动状态。在能耗制动时，如果使 V_2 关断，电流失去续流通路将会迅速减小，电流的减小会感生出与电源电动势方向相反的感生电动势，通过二极管 D_1、D_4 对电源馈电，实现再生制动。

同样，电动机反向运行时也可以通过控制实现以上四种状态。

5. 直流电动机的转矩与转速控制

如果想对电动机的运行进行精确的控制，那么必须能够对电动机的电磁转矩进行控制。因为作用在电动机上的合转矩为电动机电磁转矩与负载转矩之差，而转速为转矩的积分，位置为速度的积分，只要控制了电动机的电磁转矩，就可以控制电动机的速度或是位置，实现对电动机动态特性的控制。直流电动机的转矩在主磁极励磁磁通保持恒定的情况下与电枢电流呈线性关系，通过对电枢电流闭环控制就可以实现快速而准确的转矩控制。控制系统框图如图 5－16 所示。由检测到的电枢电流 I_a 求得电动机的实际转矩 T，给定转矩 T^* 与实际转矩 T 做差后通过转矩控制器（通常是 PI 调节器）进行调节，得出电动机电枢的给定电压 U，通过 PWM 控制后给电动机供电。

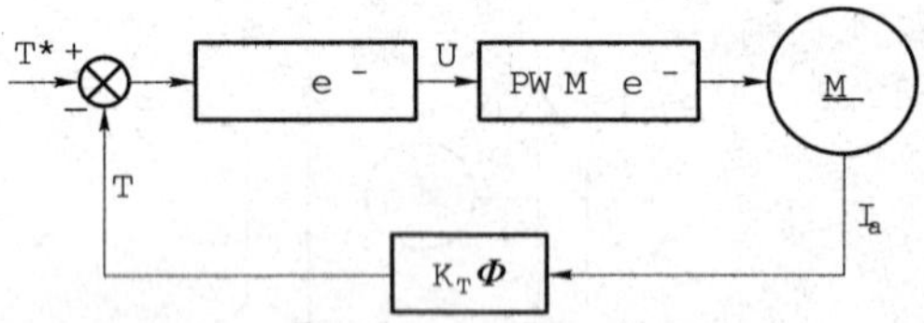

图 5－16　直流电动机的转矩闭环控制

如果希望精确控制电动机的转速，可以将转速反馈，在转矩环外面再加上一个转速闭环控制，给定转速 n^* 与实际转矩 n 做差后通过转速控制器（通常也是 PI 调节器）进行调节得出电动机电枢的给定转矩 T^*，如图 5－17 所示。转矩环在内，可以充分利用电动机的过载能力以获得快速响应。转速环在外，实现转速的无静差调节，这种控制方法也叫作直流电动机的双闭环控制。

6. 直流电动机的特点

由于直流电动机的转矩与电枢电流成正比，故直流电动机可以通过简单的控

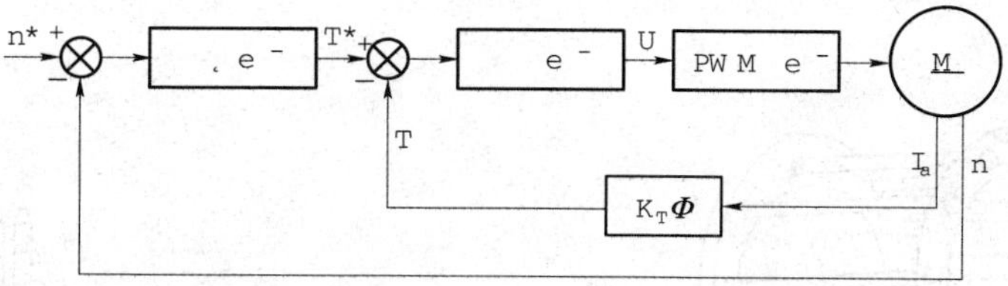

图5－17　直流电动机的转速、转矩闭环控制

制方法获得良好的动态控制性能。通过对直流电动机的电枢电压控制，实现基速以下调速，通过对励磁绕组电流的控制，实现电动机的弱磁升速。直流电动机可以快速地进行起动、制动、正反转，并且在低速时可以平滑地运转。他励、并励、串励、复励的直流电动机在实际中都得到了应用，串励直流电动机还具有低速时自动获得大转矩的优点，符合汽车所要求的转矩特性。

但是，由于直流电动机需要通过电刷和换向器进行换向，容易造成电刷和换向器的磨损，换向不良时还会产生火花。因此，直流电动机的可靠性较差，必须定期进行维护。并且直流电动机不适合进行高速运转。同等功率下，直流电动机体积、重量较大。现阶段，在大功率的新能源汽车中，直流电动机已经日益被更加坚固、耐用的交流电动机所取代，但是在小功率的新能源汽车中，由于直流电动机价格低廉、控制简单、技术成熟，在一段时间内还将继续存在。

5.3.2　交流感应电动机及其驱动系统

交流感应电动机（AC Induction Motor）又称为异步电动机（Asynchronous Motor），它有着结构简单、价格低廉、坚固耐用、运行可靠等特点，在大功率新能源汽车驱动电动机上有着广泛的应用。

1．交流感应电动机的工作原理

交流感应电动机也是由定子和转子两大部分组成，定子主要由定子铁芯、定子绕组和机座3部分组成。定子铁芯为主磁路的一部分，由硅钢片叠压而成，在其内圆周上冲满槽，槽内安放三相对称绕组，三相绕组常按星形方式连接。转子是由转子铁芯、转子绕组和轴承组成。转子铁芯也是主磁路的一部分，也由硅钢片叠压而成。转子绕组分为笼型（见图5－18）和绕线型（见图5－19）两种。笼型绕组为自动闭合的对称多相绕组，它由插入每个转子槽中的导条和两端的端环构成，一根导条为一相绕组。由于笼型转子结构简单，制作方便，经久耐用，新能源汽车上的交流感应电动机一般为笼型转子结构。

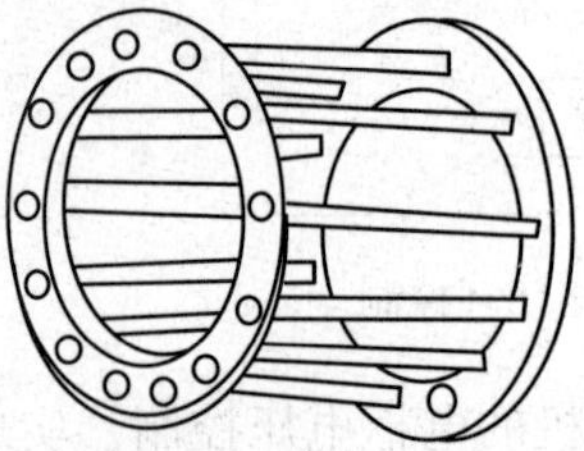

图 5-18　笼型转子绕组

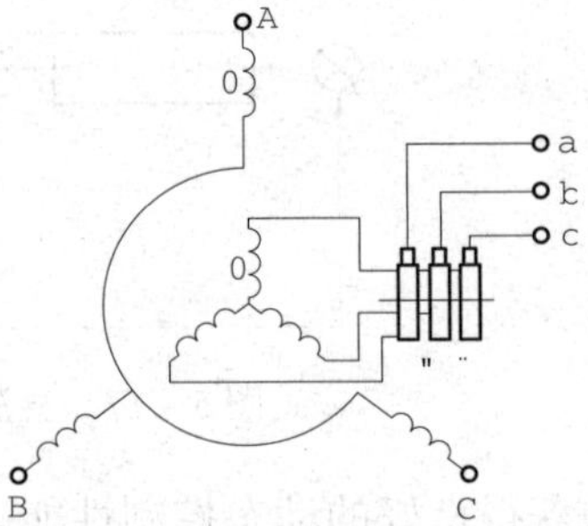

图 5-19　绕线型转子绕组

交流感应电动机的工作原理如图 5-20 所示，三相对称的定子绕组通上三相交流电之后，将在气隙上产生一个旋转磁场（详细分析可参考相关书籍），旋转磁场的转速 n_1 取决于电动机的磁极对数 p 和三相交流电的频率 f，$n_1 = 60f/p$。这个旋转磁场切割转子的绕组，在转子绕组中感应出感生电动势，产生感生电流，该电流与旋转磁场相互作用，产生电磁转矩，使转子跟随旋转磁场同方向旋转。如果转子的转速 n 与旋转磁场转速相同，那么旋转磁场与转子绕组没有相互运动，旋转磁场不再切割转子绕组，就不能在转子中产生感生电动势，也就不能产生转子电流和电磁转矩。因此转子的转速 n 永远也赶不上旋转磁场的转速 n_1，不可能达到同步，这就是交流感应电动机也被称为"异步电动机"的原因。我们把 $\Delta n = n_1 - n$ 称为转速差，$s = \Delta n/n_1$ 称为转差率。一般交流感应电动机的转差率在 0.02 ~0.05。

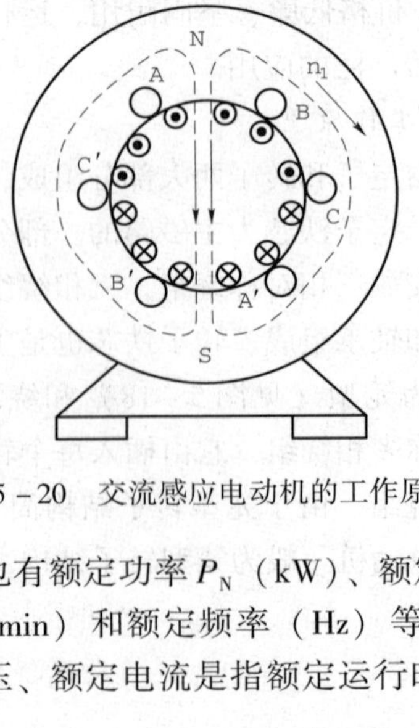

图 5-20　交流感应电动机的工作原理

感应电动机的额定值也有额定功率 P_N（kW）、额定电压 U_N（V）、额定电流 I_N（A）、额定转速 n_N（r/min）和额定频率（Hz）等参数。其中额定功率指电动机的输出功率，额定电压、额定电流是指额定运行时定子的线电压和线电流，额定转速指额定运行时的转子的转速，额定频率指通入定子三相交流电的频率。

2. 交流感应电动机的特性分析

由电动机理论可知，当通到交流感应电动机三相交流电的电压、频率都为固定值时，其机械特性如图5-21所示。

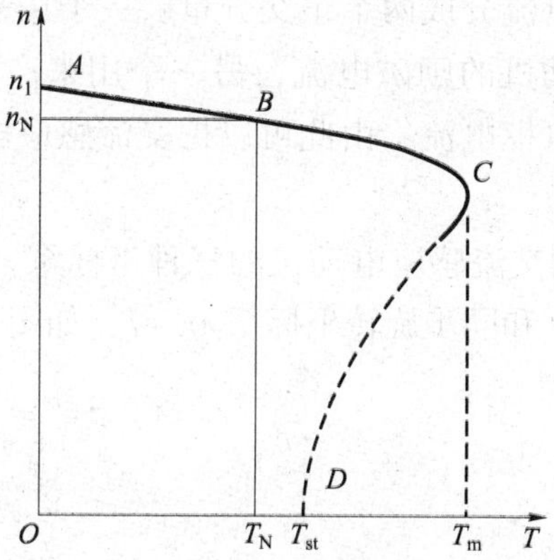

图5-21 交流感应电动机的机械特性

A点为同步运行点，该点$T=0$，$n=n_1$，此时电动机不能进行能量转换。

B点为额定运行点，此时电动机为额定运行状态。

C点为最大转矩点，该点时转矩达到最大值。此时所对应的转差率s_m为额定转差率。在$0<s<s_m$时，转矩随着转速的增加而减小；$s>s_m$时，转矩随着转速的减小而减小，如果电动机在此区域内工作，那么负载稍有扰动，就会造成电动机运行状态的不稳定，故电动机只能工作在区域$0<s<s_m$区域内。

D点为起动点，所对应的转矩为起动转矩。可知该点的转矩小于电动机的最大转矩，这不符合汽车低速大转矩的要求。

综上所述，交流感应电动机在固定电压和频率时的运行状态不适于汽车牵引的要求，必须加以控制来改变其特性。

3. 交流感应电动机的矢量控制

直流电动机在主磁极励磁磁通保持恒定的条件下，它的电磁转矩与电枢电流呈线性关系，通过电枢电流的控制就可以实现准确的转矩控制。交流感应电动机的定子电流与电磁转矩之间具有复杂的非线性关系，因此它不可能像直流电动机一样通过简单的调节电枢电流来控制电磁转矩。并且直流电动机的励磁电流和电枢电流是各自分开独立控制的，而交流感应电动机只能对定子进行控制，使控制难度加大。交流感应电动机的常用控制方法分为变压变频控制、转差频率控制、矢量控制和直接转矩控制等几种，其中矢量控制技术能使交流感应电动机得到和直流电动机一样的调速特性，目前已经成为较理想的高性能交流感应电动机的控制方法。

1971 年，德国学者 Blaschke 提出了交流电动机的矢量控制理论，它的主要控制思想就是把异步电动机的转矩控制模拟成直流电动机的转矩控制，通过对定子电流的解耦，把定子电流分成两个正交分量：一个用来产生转子磁通的励磁分量，相当于他励直流电动机的励磁电流；另一个用来产生电磁转矩的转矩分量，它相当于直流电动机的电枢电流，由此可以把交流感应电动机的转矩控制模拟成直流电动机的转矩控制。

矢量控制首先要用到交流感应电动机的三种坐标系：三相静止坐标系 $A-B-C$、两相静止坐标系 $\alpha-\beta$ 和同步旋转坐标系 $M-T$，如图 5－22 所示。

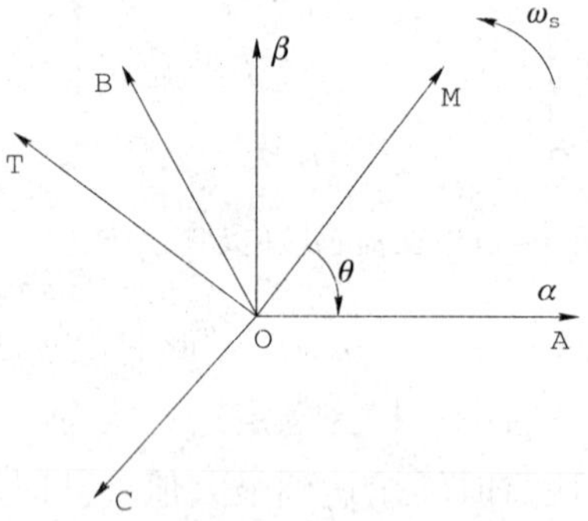

图5－22　交流感应电动机的坐标系

交流感应电动机定子有三相对称绕组，其轴线分别为 A、B、C，彼此相差 120°电角度，这样便构成一个三相坐标系 $A-B-C$。两相坐标系 $\alpha-\beta$ 定义为 α 轴与 A 轴重合，β 轴超前 α 轴 90°。这两个坐标系空间位置固定不变，为静止坐标系。同步旋转坐标系 $M-T$ 定义为 M（Magnetization）轴固定在转子磁链矢量上，T（Torque）轴超前 M 轴 90°，因此，$M-T$ 坐标系和转子磁链矢量位置保持不变，一起在空间以同步角速度 ω_s 旋转。

通过分析可知，三相坐标系 $A-B-C$ 下的定子电流 i_A、i_B、i_C 通过满足功率不变要求的三相/二相变换（Clarke 变换），可以变换为 $\alpha-\beta$ 坐标系下的等效电流 i_α、i_β。在已知转子磁链矢量与 A 轴夹角（即 M 轴与 α 轴夹角）的情况下，可以通过 $M-T$ 坐标系和 $\alpha-\beta$ 坐标系之间的旋转二相/二相变换（Park 变换），得到 $M-T$ 坐标系下的等效电流 i_M、i_T。Clarke 变换与 Park 变换都可以作相应的反变换。这两种变换及反变换公式如下：

（1）Clarke 变换（定子三相绕组为星形连接，并且无中线，满足 $i_A+i_B+i_C=0$）：

$$\begin{bmatrix} i_\alpha \\ i_\beta \end{bmatrix} = \begin{bmatrix} \sqrt{\dfrac{3}{2}} & 0 \\ \dfrac{1}{\sqrt{2}} & \sqrt{2} \end{bmatrix} \begin{bmatrix} i_A \\ i_B \end{bmatrix} \tag{5-8}$$

（2）Clarke 反变换：

$$\begin{bmatrix} i_A \\ i_B \end{bmatrix} = \begin{bmatrix} \sqrt{\dfrac{2}{3}} & 0 \\ -\dfrac{1}{\sqrt{6}} & \dfrac{1}{\sqrt{2}} \end{bmatrix} \begin{bmatrix} i_\alpha \\ i_\beta \end{bmatrix} \tag{5-9}$$

由于定子三相绕组为星形连接并且无中线，满足 $i_A + i_B + i_C = 0$，故只需要检测 i_A 与 i_B 两项电流。

（3）Park 变换：

$$\begin{bmatrix} i_M \\ i_T \end{bmatrix} = \begin{bmatrix} \cos\theta & \sin\theta \\ -\sin\theta & \cos\theta \end{bmatrix} \begin{bmatrix} i_\alpha \\ i_\beta \end{bmatrix} \tag{5-10}$$

（4）Park 反变换：

$$\begin{bmatrix} i_\alpha \\ i_\beta \end{bmatrix} = \begin{bmatrix} \cos\theta & -\sin\theta \\ \sin\theta & \cos\theta \end{bmatrix} \begin{bmatrix} i_M \\ i_T \end{bmatrix} \tag{5-11}$$

式中，θ 为 M 轴和 α 轴之间的夹角。

上述各种坐标变化还可以实现定子电压的坐标变换。

交流感应电动机的磁链方程为：

$$\begin{bmatrix} \psi_M \\ \psi_T \\ \psi_m \\ \psi_t \end{bmatrix} = \begin{bmatrix} L_s & & L_m & \\ & L_s & & L_m \\ L_m & & L_r & \\ & L_m & & L_r \end{bmatrix} \begin{bmatrix} i_M \\ i_T \\ i_m \\ i_t \end{bmatrix} \tag{5-12}$$

式中，ψ_M、ψ_T 分别为定子的 M 轴和 T 轴磁链；ψ_m、ψ_t 分别为转子的 M 轴和 T 轴磁链；i_M、i_T 分别为定子的 M 轴和 T 轴电流；i_m、i_t 分别为转子的 M 轴和 T 轴电流；L_s、L_r、L_m 分别为定子自感、转子自感和互感。

对于笼型电动机，转子电压为零，可得交流感应电动机的电压方程：

$$\begin{bmatrix} u_M \\ u_T \\ 0 \\ 0 \end{bmatrix} = \begin{bmatrix} R_s + L_s p & -\omega_s L_s & L_m p & -\omega_s L_m \\ \omega_s L_s & R_s + L_s p & \omega_s L_m & L_m p \\ L_m p & 0 & R_r + L_r p & 0 \\ \omega_f L_m & 0 & \omega_f L_r & R_r \end{bmatrix} \begin{bmatrix} i_M \\ i_T \\ i_m \\ i_t \end{bmatrix} \tag{5-13}$$

式中，u_M、u_T分别为定子的 M 轴和 T 轴电压；R_s、R_r分别为定子、转子绕组的电阻；ω_s、ω_f分别为同步角速度和转差角速度；p 为微分算子。

电磁转矩方程为：

$$T_e = p_n L_m (i_T i_m - i_M i_t) \tag{5-14}$$

式中，p_n为电动机的极对数。

电动机运动方程为：

$$\begin{cases} T_e = T_L + \dfrac{J}{p_n}\dfrac{d\omega_r}{dt} \\ \omega_f = \omega_s - \omega_r \\ \omega = \omega_r / p_n \end{cases} \tag{5-15}$$

式中：T_L为负载转矩；J 为电动机的转动惯量；ω_r为转子电角速度；ω 为转子角速度。

设 ψ_r为转子总磁链，由于它与 M 轴方向一致，并与 T 轴垂直，故 $\psi_r = \psi_m$，$\psi_t = 0$。可得：

$$\psi_r = \frac{L_m}{1 + T_r p} i_M = L_m i_{Mm} \tag{5-16}$$

式中，$T_r = L_r / R_r$，为转子时间常数；i_{Mm}为转子磁通励磁电流。

由方程（5－16）可得：

$$p\psi_r = \frac{L_M R_r}{L_r} i_M - \frac{R_r}{L_r}\psi_r \tag{5-17}$$

由方程（5－12）～（5－17）可得：

$$\begin{cases} u_M = (R_s + \dfrac{L_m^2 R_r}{L_r^2}) i_M + \sigma L_s p i_M - \omega_s \sigma L_s i_T - \dfrac{L_m R_r}{L_r^2}\psi_r \\ u_T = R_s i_T + \sigma L_s p i_T + \omega_s L_m \dfrac{\Psi_r}{L_r} + \omega_s \sigma L_s i_M \\ T_e = \dfrac{p_n L_m \Psi_r i_T}{L_r} \\ \omega_f = \dfrac{L_m i_T}{T_r \psi_r} \end{cases} \tag{5-18}$$

式中，$\sigma = L_s - L_m^2 / L_r$。

由方程（5－16）与方程组（5－18）可得矢量控制的基本方程为：

$$\begin{cases} T_e = p_n \dfrac{L_m}{L_r}\psi_r i_T \\ \psi_r = \dfrac{L_m}{1 + T_r p} i_M = L_m i_{Mm} \end{cases} \tag{5-19}$$

从方程（5－19）可以看出，i_M相当于直流电动机的励磁电流，用来产生磁场，为异步电动机的励磁分量；i_T相当于直流电动机的电枢电流，用来产生电磁转矩。当磁场恒定的时候，调节 i_T的大小就可以线性地控制电磁转矩的大小。方程（5－19）实现了定子励磁电流和定子转矩电流的完全解耦。

由于同步旋转坐标系 $M-T$ 的 M 轴方向取为转子磁链方向，所以只有准确地检测或运算出转子磁通矢量的位置和幅值，才能将定子电流矢量变换到 $M-T$ 坐标系上。磁通检测的方法有直接法和间接法两种。直接法就是利用磁敏元件或探测线圈直接检测磁场。由于电动机齿槽的影响，直接法检测的磁通信号脉动较大，特别是在电动机低速运行时难以实际应用；间接法就是利用电动机的电压、电流以及转速等通过运算间接获得转子磁通的位置信息。式（5－20）采用电流模型法进行磁场定向。

$$\begin{cases} T_r \dfrac{d|i_{Mm}|}{dt} + |i_{Mm}| = i_M \\ \omega_s = \omega_r + \dfrac{1}{T_r}\dfrac{i_T}{|i_{Mm}|} \end{cases} \tag{5-20}$$

根据矢量控制思想可得出交流感应电动机的矢量控制系统结构图如图 5－23 所示。

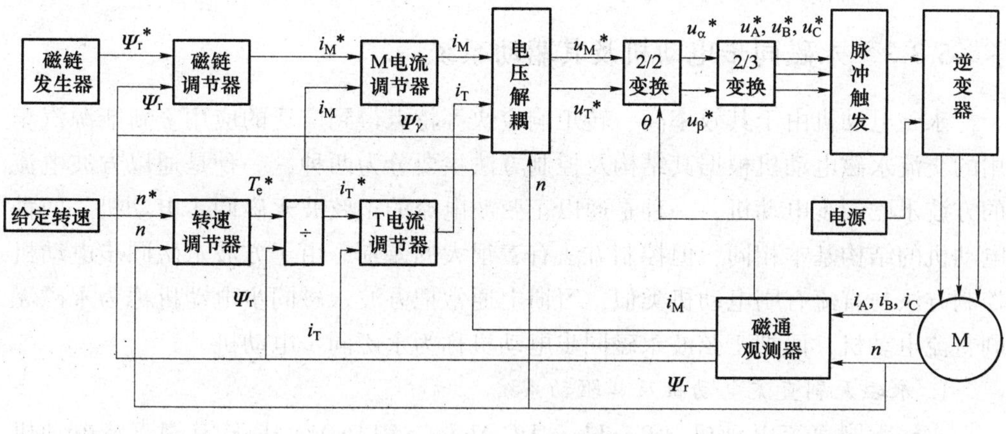

图 5－23　矢量控制结构图

在本控制系统中，首先由测得的交流感应电动机定子三相电流和转子转速，通过磁通观测器（内含坐标变换）得出定子电流，再得 $M-T$ 坐标系下的分量 i_M、i_T，转子磁通 ψ_r和 ψ_r与 α 轴的夹角 θ。由给定转速和反馈的电动机转速通过转速调节器后得出给定转矩 T_e^*，由 T_e^* 和 ψ_r计算出给定的定子 T 轴电流 i_T^*，它和反馈的 i_T进行闭环控制。磁链发生器给出转子磁链的额定值，和反馈的 ψ_r闭环

后得出给定的定子 M 轴电流 i_M^*，i_M^* 和反馈的 i_M 进行闭环控制。由电流调节器输出的 $M-T$ 轴定子给定电流 i_M、i_T，通过式（5-18）进行定子电压解耦得出给定的 $M-T$ 轴定子给定电压 u_M^*、u_T^*。在通过旋转变换和2/3（二相/三相）变换得出三相静止坐标系 $A-B-C$ 下定子电压的期望值 u_A^*、u_B^*、u_C^*。根据定子电压的期望值，控制逆变器向交流感应电动机进行输电。图中的四种调节器多为PI控制器。

4. 交流感应电动机的特点及应用

与直流电动机相比，交流感应电动机本身的结构简单、体积小、重量轻、寿命长，笼型交流感应电动机更加可靠耐用，甚至可以免维护。交流感应电动机可以获得很高的转速，并有较高的调速范围。低速时可以获得大转矩、高速时效率高。从电动机的控制性来看，交流感应电动机的控制比较复杂，其控制性能一度比较差，但近年来随着电力电子技术和数字信号处理器技术的不断进步，以及各国学者对交流感应电动机控制技术研究的不断深入，交流感应电动机的控制性能得到大幅度的提高，已经接近直流电动机的控制性能，可以满足新能源汽车的动力性要求。从成本方面来看，交流感应电动机本体的成本要比直流电动机低，但其控制器的成本较高，随着电力电子技术的进步，其控制器的成本也在逐渐地降低。在新能源汽车上，交流感应电动机已经得到很多的应用，尤其是在高速大功率的新能源汽车上，交流感应电动机有着很高的应用前景。

5.3.3 永磁同步电动机及其驱动系统

永磁电动机由于其效率高、转矩响应快等特点得到广泛的应用。新能源汽车用的交流永磁电动机根据其结构及控制方法主要分为两种，一种是通以方波电流的方波永磁同步电动机，一种是通以正弦波电流的正弦波永磁同步电动机。两种电动机的结构基本相同，但控制方法有着很大的差别。由于方波永磁同步电动机控制方法与直流有刷电动机类似，习惯上通常把方波永磁同步电动机称为永磁无刷直流电动机，而把正弦波永磁同步电动机称为永磁同步电动机。

1. 永磁无刷直流电动机及其驱动系统

永磁无刷直流电动机（Brushless DC Motor，BLDCM）是从有刷直流电动机的基础上发展而来的。对于有刷直流电动机而言，由于存在电刷和换向器的机械接触结构，使其有着造价高、噪声大、换向时会产生火花、电磁干扰大、寿命短和可靠性差等问题，大大限制了其使用范围。基于上述弊端，20世纪60年代研制出以电子换向代替机械换向的永磁无刷直流电动机。

1）永磁无刷直流电动机的结构和工作原理

永磁无刷直流电动机的结构与永磁有刷直流电动机类似，只不过永磁有刷直流电动机的永久磁体是在定子上，电枢绕组在转子上；而永磁无刷直流电动机的电枢绕组被设在定子上，永久磁体被设置在转子上。永磁无刷直流电动机主要由电动机本体、位置传感器和电子开关电路三部分组成。电动机的定子绕组和交流电动机的定子绕组很相似，一般制成多相，通常为三相或四相，多为星形连接且无中线引出。转子由一定极对数的永磁体镶嵌在铁芯表面或者嵌入铁芯内部构成。图 5 – 24 为一四极永磁无刷直流电动机的结构，其截面图如图 5 – 25 所示。

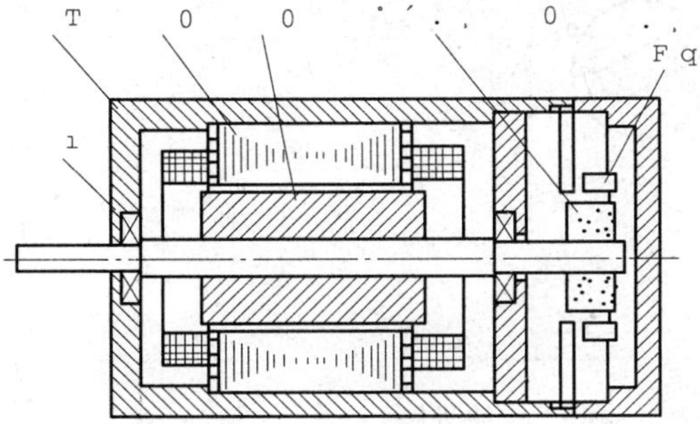

图 5 – 24　永磁无刷直流电动机结构

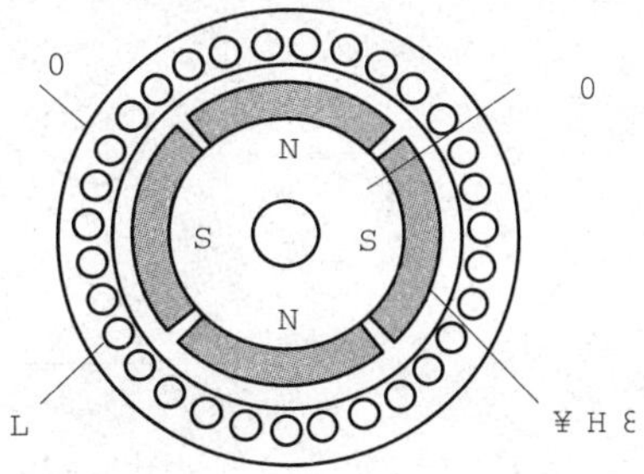

图 5 – 25　永磁无刷直流电动机截面图

在有刷直流电动机中，电动机的电枢在转子上，定子的作用是产生固定不变的磁场。为了使电动机能够旋转，需要通过换向器和电刷不断改变电枢绕组中的电流方向，使励磁磁场和电枢电流产生的磁场始终保持相互垂直，从而产生恒定的转矩驱动电动机不断地旋转。如果永磁无刷直流电动机的定子的电枢通上不变的直流电，只会产生不变的磁场，而转子为极性固定的永久磁体，电动机无法进行旋转。为了能够让电动机旋转起来，必须使定子绕组的电流随着永磁体的旋转而不断地换向。永磁无刷直流电动机的换向是通过位置传感器和电子换向电路来实现的。实际中，利用位置传感器实时地检测出转子磁极的位置，然后利用电子换向电路按照一定的逻辑驱动与电枢绕组相连的功率开关管，对定子绕组进行电流换向。电动机在旋转过程中，从定子看来，在任一绕组下面的永磁体极性虽然 N、S 极不断地交替更换，但绕组中的电流也随着永磁体极性的更换而更换；从转子看来，在任一转子磁极下的定子绕组虽然不断地改变，但它们中通过的电流方向始终不变。这样就一直产生同方向的电磁转矩，电动机就可以不停地进行旋转。这就是永磁无刷直流电动机的电子换向原理。

永磁无刷直流电动机的位置传感器起着检测转子磁极位置的作用，并为逻辑控制电路提供正确的换向信号。永磁无刷直流电动机应用的位置传感器有电磁式、光电式和霍尔式几种，它们都将转子的磁极位置信号转换成电信号，反馈给控制器来控制定子绕组进行电流换向。目前永磁无刷直流电动机中多使用体积小、使用方便且价格低廉的霍尔传感器。

下面以三相永磁无刷直流电动机为例，来说明其工作过程，图 5－26 为三相永磁无刷直流电动机的工作原理图，为了简化，只有一对磁极。电动机的定子绕组分别为 A 相、B 相、C 相，每相在空间上间隔 120°的电角度，每相上放置一个位置传感器，每相电流的通断由一个电子开关管控制。

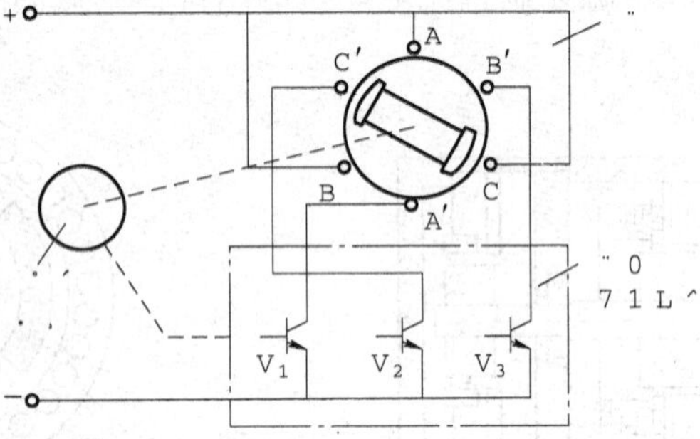

图 5－26　永磁无刷直流电动机工作原理图

电动机的转子位置与通电绕组关系如图 5－27 所示。当转子处于 5－27（a）所示位置时，B 相的位置传感器发出感应信号送给电动机控制器，控制系统输出控制信号将开关管 V_1导通，A 相绕组通电，元件边 A 电流方向为垂直纸面向里，元件边 A′电流方向为垂直纸面向外，A 相绕组产生的磁场与转子永磁体相互作用，产生电磁转矩推动转子逆时针旋转；当转子转过 120°电角度到达 5－27（b）所示位置时，C 相的位置传感器发出感应信号送给电动机控制器，控制系统输出控制信号将开关管 V_2导通，B 相绕组通电，继续产生逆时针方向的电磁转矩；当转子再转过 120°电角度到达 5－27（c）所示位置时，A 相的位置传感器发出感应信号，开关管 V_3导通，C 相绕组通电，依旧产生逆时针方向的电磁转矩，推动转子旋转至5－27（d）所示位置，这样就又回到原来的状态，如此循环，电动机就可以不停地旋转。

2）永磁无刷直流电动机的驱动电路

永磁无刷直流电动机的驱动电路可分为半桥式和全桥式两种（图 5－26 所示驱动方式为半桥式驱动），每种方式又分为星形连接和三角形连接两种。在现代工业中，星形连接的全桥式驱动电路得到广泛的应用，其电路如图 5－28 所示。V_1～V_6为六个可控开关管，分为 V_1V_4、V_3V_6、V_5V_2三组，V_1、V_3、V_5称为上桥臂管，V_4、V_6、V_2称为下桥臂管，每个开关管反向并联一个续流二极管。它有多种逻辑导通方式，下面以最常用的二二导通方式为例，来说明换向过程。二二导通方式就是每次使两个开关管同时导通，由图 5－28，在每个 360°电角度周期

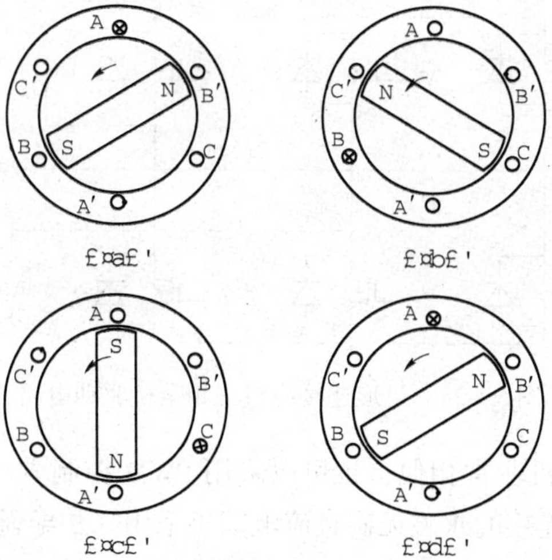

图 5－27　永磁无刷直流电动机转子位置与通电绕组关系原理图
（a）起始位置；（b）转过 120°；（c）转过 240°；（d）转过 360°

内，开关管导通顺序为 V_1V_2、V_2V_3、V_3V_4、V_4V_5、V_5V_6、V_6V_1，一共有六种导通状态，每种导通状态持续 60°电角度，每个开关管持续导通 120°电角度，每更换一种状态更换一个导通的开关管。以 A 相绕组元件边 A 位置为 0°角度，逆时针为正，当转子 N 极处于图 5－27 转子磁极 0°～60°位置时（A－C′间），令 V_1V_2导通，电流流向为电源正极→V_1→A 相绕组→C 相绕组→V_2→电源负极，A 相绕组流过正方向电流，C 相绕组流过反方向电流。参照图 5－27，绕组 A、C′电流为垂直纸面向里，绕组 A′、C 电流为垂直纸面向外，合成磁场方向为 B′－B，可判断合成转矩为逆时针方向，转子将逆时针方向旋转。当转子转到60°～120°位置时（转子 N 极正对 C′），这时将开关管 V_2V_3导通，电流流向为电源正极→V_3→B 相绕组→C 相绕组→V_2→电源负极，B 相绕组流过正方向电流，C 相绕组流过反方向电流，合成磁场方向为 A－A′，合成转矩仍为逆时针方向。其他状态依此类推，电动机将一直进行旋转。

永磁无刷直流电动机实现反转的原理与有刷直流电动机原理一样，只要改变电枢电流的方向就可以改变电磁转矩的方向。借助逻辑判断来改变开关管的导通顺序，就可以实现电动机的反转。如图 5－24 所示的电动机绕组与图 5－25 所示的驱动电路，在每个 360°电角度周期内（顺时针为正），反转时开关管导通顺序为 V_3V_4、V_2V_3、V_1V_2、V_1V_6、V_5V_6、V_4V_5。

3）永磁无刷直流电动机的 PWM 控制

虽然永磁无刷直流电动机的工作原理与有刷直流电动机不同，但其机械特性

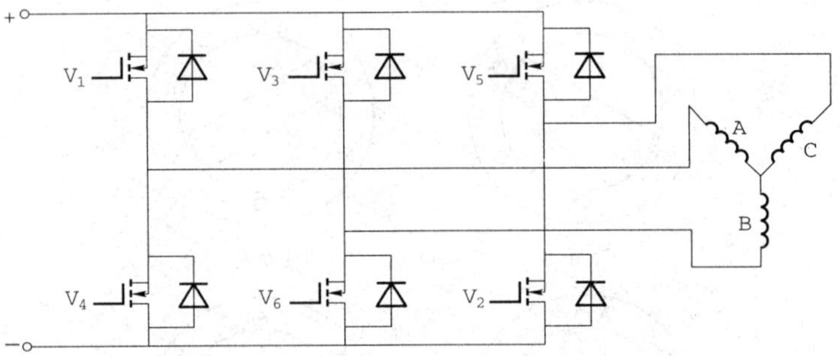

图 5-28　星形连接绕组三相全桥驱动电路

曲线和有刷直流电动机非常相似，也可以采用 PWM 控制方法对其进行调压控制。当三相全桥驱动星形连接的永磁无刷直流电动机采用二二导通方式时，每个时刻有两只开关管导通，并且一只在上桥臂，一只在下桥臂，其控制方式分为以下 5 种：

（1）PWM_ON 方式：每只开关管导通的 120°电角度区间内，前 60°进行 PWM 控制，后 60°保持常开。

（2）ON_PWM 方式：每只开关管导通的 120°电角度区间内，前 60°保持常开，后 60°进行 PWM 控制。

（3）H_PWM-L_ON 方式：任一导通区间内，上桥开关管始终进行 PWM 控制，下桥开关管保持常开。

（4）L_PWM-H_ON 方式：任一导通区间内，下桥开关管始终进行 PWM 控制，上桥开关管保持常开。

（5）H_PWM-L_PWM 方式：任一导通区间内，上桥开关管和下桥开关管始终进行 PWM 控制。

对永磁无刷直流电动机的 PWM 控制方式，总体来看比较一致的观点认为，从换向的开关损耗、散热方面和换向过程中的转矩脉动方面来看，PWM_ON 方式要优于其他的方式。

永磁无刷直流电动机也可以使用电流闭环的方式对其实现转矩控制，还可以进一步对转速闭环实现转速控制，其控制的原理与有刷直流电动机相同。

4）永磁无刷直流电动机的特点及应用

永磁无刷直流电动机不仅继承了直流电动机调速性能好的优点，还具有交流电动机结构简单、运行可靠、维护方便的优点。此外，永磁无刷直流电动机由于采取了永磁体的励磁方式，没有励磁的功率损耗，因此具有很高的效率。永磁无刷直流电动机的永磁体具有非常高的磁通密度，在相同的条件下，永磁无刷直流电动机体积小并且重量轻。

由于永磁直流无刷电动机在运行过程中，定子通电产生的磁场为在空间上跳跃式旋转的磁场，因此，永磁无刷直流电动机在运行中存在着较大的转矩脉动，影响电动机的控制性能。很长时间以来，国内外的研究人员对永磁无刷直流电动机的转矩脉动问题做了大量的研究，提出了一些削弱和补偿的方法，但是还不能从根本上消除转矩的脉动问题及由转矩脉动带来的噪声问题。

取决于转子磁轭与永磁体之间安装的机械强度，表面贴装式的永磁无刷直流电动机的转速受到影响，不能进行高速运行。

永磁直流无刷电动机受其结构及控制方式的影响，很难进行弱磁升速控制。

现在，在微型、小型的新能源汽车中永磁无刷直流电动机已经得到了广泛的应用，有着很大的应用前景。

2. 永磁同步电动机及其驱动系统

永磁同步电动机（Permanent Magnet Synchronous Motor，PMSM）由于其效率高、控制精度高、转矩密度大等特点被广泛地应用为新能源汽车的驱动电动机。

1）永磁同步电动机的结构和工作原理

永磁同步电动机也是由定子和转子两大部分组成。定子由铁芯、电枢绕组、机座、端盖等几部分组成，铁芯由硅钢片叠制而成，电枢绕组也为三相对称绕组，其结构与交流感应电动机定子结构基本相同。转子为永久磁体，多采用稀土材料制作而成。其工作原理如图 5－29 所示，电动机的定子三相对称绕组通上三相对称的交流电之后，会流过三相对称的电流，它将会产生一个圆形的旋转磁场（用一旋转的永磁体代替），这个旋转磁场与转子永磁体的磁场相互作用，将会拖动转子进行旋转。与交流感应电动机不同，旋转磁场的转速与电动机转子的转速一定是相同的，不可能有转速差。因为如果存在着转速差，旋转磁场和转子磁极的位置就会不断地发生改变，一段时间内，旋转磁场和转子磁场 N、S 极相对，旋转磁场拖动电动机旋转，过一段时间，旋转磁场和转子磁场 N、N 极相对，旋转磁场阻碍电动机旋转，这样交替运行，电动机所受平均力矩为零，电动机不能运转。因此，永磁同步电动机工作时转子转速必须与旋转磁场转速相同，二者在空间相对位置保持不变，这样转子磁场才能有稳定的磁拉力，形成固定的电磁转矩。这也就是称之为“同步电动机”的原因。

为了充分利用和发挥永磁材料的特性，通常采用具有矩形截面的条形永磁体，将其粘贴在转子铁芯表面或镶嵌在转子铁芯中。图 5－30（a）为面装式（也称为凸装式）永磁体转子结构的剖面图，图 5－30（b）为插入式永磁体转子结构的剖面图，图 5－30（c）为径向充磁的内装式永磁体转子结构的剖面图，图 5－30（d）为横向充磁的内装式永磁体转子结构的剖面图。不同结构的转子，具有不同的特

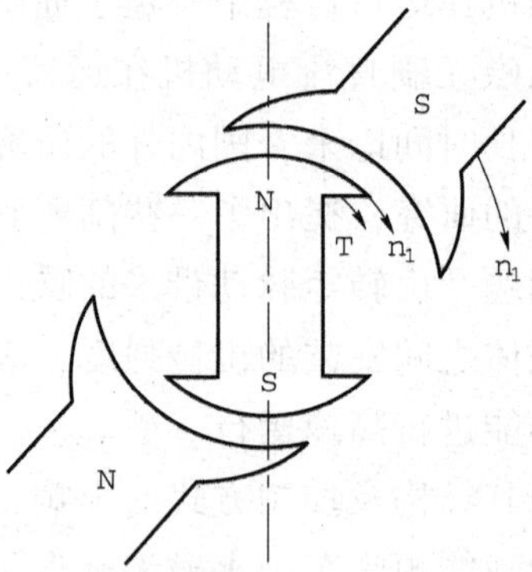

图 5－29　永磁同步电动机的工作原理

性，插入式和内装式永磁体转子具有凸极效应，它的漏磁系数比较大，气隙磁通相对小一些，转子结构比较坚固，允许在比较高的速度下运行；面装式永磁体转子基本没有凸极效应，漏磁系数比较小，气隙磁通相对大一些，为了提高其结构强度，可以采用非磁性材料绑扎在转子外表面，以便适应高速运行的情况。

图 5－30　永磁同步电动机转子结构

2）永磁同步电动机的矢量控制

永磁同步电动机三相对称定子绕组通上三相对称交流电之后，在定子中感应出的电动势为正弦波，因此永磁同步电动机也可以采用矢量控制算法进行控制。

取永久磁体磁极轴线为 d 轴（直轴），d 轴超前 90°电角度为 q 轴（交轴），d、q 轴随转子一起旋转，如图 5－31 所示。i_s为定子电流合成矢量，与 d 轴夹角为β，i_s在 dq 坐标系上的投影为i_d、i_q，i_d、i_q可以由定子三相电流i_A、i_B、i_C通过交流感应电动机一节介绍的 Clarke 变换和 Park 变换求得。

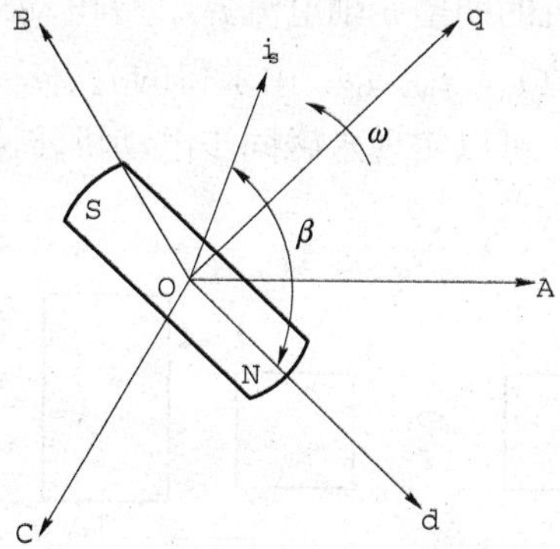

图5－31　永磁同步电动机坐标系

在 dq 坐标系下，永磁同步电动机的转矩方程为：

$$T_m = p_n(\psi_d i_q - \psi_q i_d) = p_n[\psi_f i_q - (L_d - L_q) i_d i_q] \quad (5-21)$$

式中，Ψ_d，Ψ_q——定子磁链在 d、q 轴的分量；

Ψ_f——转子磁体在定子上的耦合磁链；

P_n——转子的磁极对数；

L_d，L_q——d、q 轴的主电感。

式（5－21）中括号内第一项是由定子电流与永磁体励磁磁场相互作用产生的电磁转矩，称为励磁转矩；第二项是由转子凸极效应引起的，称为磁阻转矩。对于插入式和内装式转子结构，由于直轴磁路上有永磁体，$L_d < L_q$，磁阻转矩与两电感差值成正比。对于面装式转子结构，$L_d = L_q$，因此不存在磁阻转矩。转矩方程变为式（5－22）。

$$T_m = p_n \psi_f i_q = p_n \psi_f i_s \sin\beta \quad (5-22)$$

由式（5－22）可知，当 i_s与 d 轴夹角β为 90°时可以获得最大转矩，这时式（5－22）转变为：

$$T_m = p_n \psi_f i_s \quad (5-23)$$

对于永磁同步电动机，Ψ_f为恒定的值，所以，只要控制 i_s与 d 轴垂直，就可以通过调整 i_s来控制电磁转矩，实现控制参数的解耦。这时 $i_q = i_s$，$i_d = 0$。

具体实现永磁同步电动机的矢量控制有很多种方案，图 5－32 为面装式永磁同步电动机矢量控制的一个原理图。通过光电编码器或分解器检测出电动机转子位置 θ_r，由电流传感器检测出定子三相电流（由于电动机没有零序电流，实际检测两项就够了）。通过 Clarke 变换和 Park 变换求出 i_d、i_q，由式（5-22）可求得电动机的当前实际转矩 T。电动机期望转速 ω_r^* 与反馈回来的电动机实际转速 ω_r 比较做差后，通过转速控制器输出电动机现在的期望转矩 T^*。T^* 与 T 比较做差后，通过转矩控制器输出电动机的期望 q 轴电流 i_q^*。令电动机 $i_d^*=0$，通过坐标逆变换得到定子的三相电流期望值 i_A、i_B、i_C。由求得的 i_A、i_B、i_C 控制电流型逆变器向电动机三相绕组通电。由此，可以实现永磁同步电动机转速、转矩的控制。

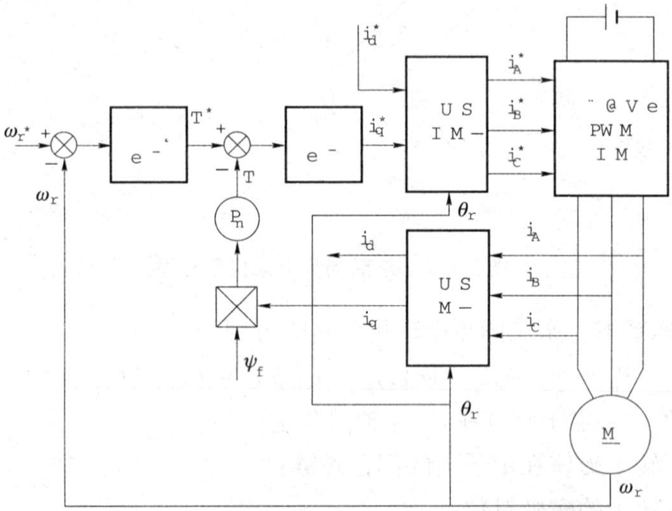

图 5-32　面装式永磁同步电动机矢量控制原理图

3）永磁同步电动机的特点及应用

在新能源汽车驱动电动机里，永磁同步电动机具有很多的优点。永磁同步电动机的功率密度大，使得其具有体积小、重量轻的优点；与交流感应电动机相比，永磁同步电动机不需要励磁电流，可以显著地提高功率因数，减少定子铜耗，而且，永磁同步电动机在 25%～120% 额定负载范围内均可保持较高的效率和功率因数，使轻载运行时节能效果更为显著；永磁同步电动机磁通密度高、动态响应快。高永磁磁通密度、轻转子质量，带来高转矩惯量比，有效提高了永磁同步电动机的动态响应能力；与直流电动机和电励磁同步电动机相比，永磁同步电动机的可靠性高；通过矢量控制，永磁同步电动机具有精确的可控制性。

永磁同步电动机也有着一些缺点，由于采取永久磁体的励磁方式，失去了励磁调节的灵活性，可能会出现退磁效应；大容量永磁体制作困难，永磁同步电动机现在还只能在中小功率的汽车中使用；另外，永磁体的价格偏高，制约了它的使用范围。

从永磁同步电动机的综合性能与实际应用来看，在中小功率的新能源汽车里，永磁同步电动机具有广阔的应用前景。

5.3.4　开关磁阻电动机及其驱动系统

开关磁阻电动机（Switched Reluctance Motor，SRM）诞生之初，一直被认为是一种性能不高的电动机，然而通过近 20 年的研究及改进，其性能已经得到了很大的提高。由于其结构简单、价格便宜，起动及低速时转矩大、电流小；高速恒功率区范围宽、性能好，在宽转速范围内都具有高输出和高效率以及控制简单，这使其在家用电器、伺服与调速系统、牵引电动机、高转速电动机、新能源汽车、航空航天等领域得到了应用。

1. 开关磁阻电动机的结构和工作原理

开关磁阻电动机驱动系统由开关磁阻电动机本体、位置传感器和功率变换器以及控制器组成。定子、转子都为硅钢片叠压而成，均为凸极结构，在定子上缠绕着集中绕组，转子上没有绕组，装有位置传感器。径向相对的两个绕组串联形成一对磁极，称为“一相”。开关磁阻电动机可以设计成多种不同的相数结构，且定转子的极数有多种不同的搭配。其相数越多，步距角越小，利于减小转矩脉动，但结构复杂，且主开关器件多，成本高。由于三相以下的开关磁阻电动机无自起动能力，目前应用较多的是三相（6/4）结构及四相（8/6）结构，如图 5－33 所示。

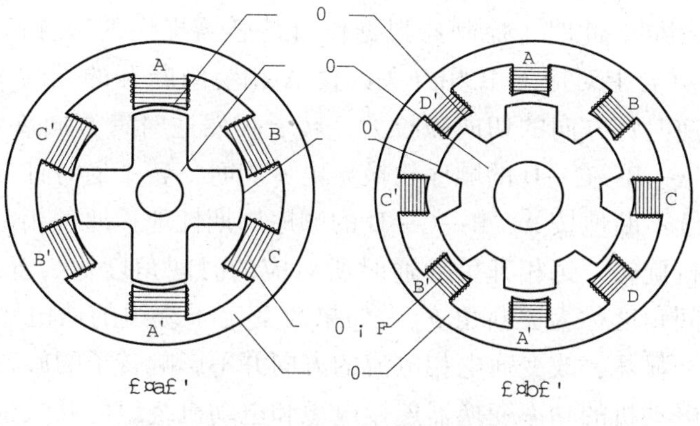

图 5－33　开关磁阻电动机的结构

（a）6/4 结构；（b）8/6 结构

开关磁阻电动机的结构和工作原理与传统的交、直流电动机存在着根本的区别，它不像传统电动机那样依靠定、转子绕组电流产生磁场间的相互作用形成转矩，而是遵循“磁阻最小原理”——磁通总要沿着磁阻最小的路径闭合的原理工作的。图 5－34 为一四相（8/6）开关磁阻电动机的工作原理图，其供电电路只画出了一相。

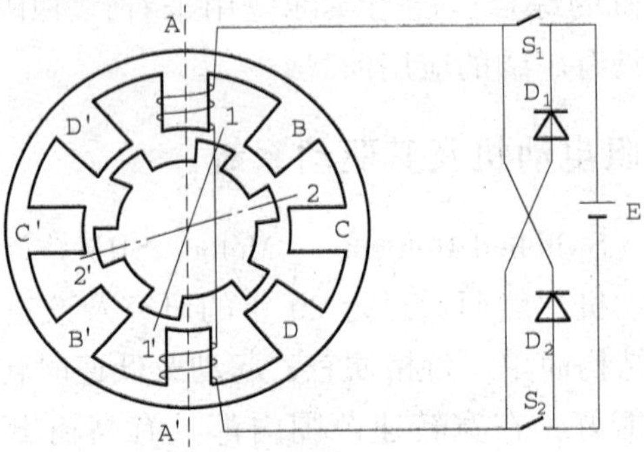

图 5－34　开关磁阻电动机的工作原理

当转子在图 5－34 所示位置时，定子 A 相齿极轴线 A—A′与转子齿极 1 的轴线 1—1′不重合的情况下，应使功率变换器中控制 A 相绕组的开关元件 S_1 和 S_2 导通，A 相绕组通电，而 B、C 和 D 三相绕组都不通电。这时电动机内建立起以 A—A′为轴线的磁场，磁通通过气隙的磁感应线是弯曲的。此时，磁路的磁阻大于定、转子齿极轴线 A—A′与 1—1′重合时的磁阻，转子受到气隙中弯曲磁感应线的切向磁拉力所产生转矩的作用，使转子逆时针方向转动，转子齿极 1 的轴线 1—1′向定子齿极 A—A′趋近。当轴线 1—1′和轴线 A—A′重合，即 A 相定、转子齿对齐时，切线方向的磁拉力消失，转子停止转动，此时称转子达到稳定平衡位置。这时，B 相定子齿极轴线 B—B′与转子齿极轴线 2—2′的相对位置与图 5－34 中 A 相的情况相同。此时，控制器根据位置传感器提供的位置信息，断开 A 相开关 S_1 和 S_2，并合上对应的 B 相开关，使 A 相绕组断开的同时 B 相绕组通电。这时依然产生逆时针方向的切向磁拉力，转子仍然逆时针方向旋转。如此类推，当定子绕组按 A—B—C—D 的顺序轮换导电一周时，转子逆时针方向转过一个转子极距。若连续不断地按 A—B—C—D 的顺序周期性地接通各相定子绕组，则转子将不断地进行旋转。每相开关导通时所对应的时间角度称为开通角 θ_{on}，关断时所对应的时间角度称为关断角 θ_{off}。如果改变定子绕组的通电顺序，即可改变电动机的转向。显然，改变通电相电流的方向并不影响转子的旋转方向。

开关磁阻电动机的功率变换器连接电源和电动机绕组的开关部件。开关磁阻电动机的功率变换器主电路的结构形式与供电电压、电动机相数及主开关器件的种类有关。在整个控制系统成本中，功率变换器占有很大的比重，合理选择和设计功率变换器是提高开关磁阻电动机控制系统的性能价格比的关键之一，图 5－35 为三相开关磁阻电动机的一种常用的功率变换器主电路。图中 A、B、C 为电动机相绕组，$V_1 \sim V_6$ 为各相的可控开关管，$D_1 \sim D_6$ 为续流二极管。

控制器通过位置传感器检测的转子位置信息，速度、电流等反馈信息和转速等给定信息，通过分析处理，向功率变换器发出命令，实现对电动机运行状态的控制。

2. 开关磁阻电动机的控制

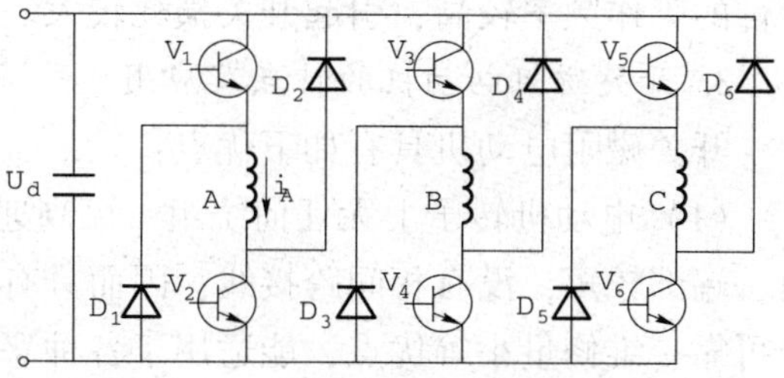

图 5－35　开关磁阻电动机的功率变换器

开关磁阻电动机的控制参数较多，如开通角 θ_{on}、关断角 θ_{off}、相平均电压、斩波占空比等，但实质都是通过调节励磁电流实现对电动机的控制。开关磁阻电动机主要有三种基本的控制方式，即角度位置控制方式、电流斩波控制方式和脉宽调制控制（PWM）方式。

角度位置控制方式就是改变开通角 θ_{on} 和关断角 θ_{off}，通过改变主开关的触发导通时间，从而调节相电流波形，达到调控电动机的电磁转矩目的。开关磁阻电动机在高速运行的时候比较适合角度位置控制方式，此时转速较高，电动机反电势较大，电流不易上升，调节 θ_{on} 和 θ_{off} 即可调节电流，从而实现调节开关磁阻电动机的转矩。角度位置控制方式有较大的灵活性，是目前应用最多的一种控制方式。但其主要问题在于低速区不能工作，必须配合其他的方法。

电动机在低速工作特别是起动时，反电动势小，相电流上升快，多采用电流斩波控制，以期限制电流峰值，取得恒转矩机械特性。通过反馈的电动机电流，采取对电流的 bang－bang 控制：低于电流设定下限时，将开关管导通，高于电流设定上限时，将开关管关闭，则可以实现电流的波形平整控制，但缺点是开关管的开关频率不受控制器的直接控制。为增强主开关管的可控性，可以采用给定电流上限 I_{max} 与恒定关断时间间隔 ΔT 来进行控制。即在导通区间［θ_{on} θ_{off}］内，当相电流上升至 I_{max} 时，检测电路发出信号，控制器接到过流信号就立刻关断功率主开关管，电流迅速下降，ΔT 时间间隔后开通功率主开关管，实现相绕组的限流控制。因为恒定关断时间 ΔT 是设定的，所以功率主开关管的开关频率受到控制器的直接控制，有利于功率器件的安全、可靠工作。当转速较高时，相电流周期很短，运动电势比较大，阻止了相电流的快速上升，导致其峰值不会很大，每相电流形成单脉冲状态。此时，电流斩波控制起不到调节作用。

脉宽调制控制方式（PWM），是对变换器主开关采用固定的 θ_{on} 和 θ_{off} 通断角触发，并用 PWM 信号复合调制功率主开关相控信号，通过调整占空比调节加在相绕组上的相电压。绕组电流也随电压的调节做相应变化，从而实现转速和转矩的调节，PWM 方式既能用于低速运行，也可用于高速运行，适合于转速调节系统，并且抗负载扰动的动态响应快。缺点是低速运行时转矩脉动较大。功率开关元件的工作频率较高，引起开关损耗较大。

3. 开关磁阻电动机的特点及应用

开关磁阻电动机具有如下优点：

(1) 电动机转子上无任何绕组，可高速旋转而不致变形；定子上只有集中绕组，端部较短，没有相间跨接线；因而具有结构简单、制造工序少、成本低、工作可靠、维修量小等优点，能适用于各种恶劣、高温甚至强振动环境。

(2) 转子损耗主要产生在定子上，电动机易于冷却，转子无永磁体，可允许有较高的温升。

(3) 转矩方向与电流方向无关，从而可最大限度简化功率变换器，降低系统成本。

(4) 功率变换器不会出现直通故障，可靠性高。

(5) 起动转矩大，无感应电动机在起动时所出现的冲击电流现象。

(6) 调速范围宽，控制灵活，易于实现各种特殊要求的转矩 - 速度特性。

(7) 在宽广的转速和功率范围内都具有高效率。

(8) 可以进行四象限运行，具有较强的再生制动能力。

但是，开关磁阻电动机也具有如下不足：

(1) 转矩波动大。

(2) 噪声与振动大。

开关磁阻电动机的主要问题在于噪声与振动大，如果解决了噪声和振动的问题，在新能源汽车的车用电动机里会得到较广泛的应用。

本章主要介绍了直流电动机、交流感应电动机、永磁无刷直流电动机、永磁同步电动机、开关磁阻电动机，它们在新能源汽车的驱动系统里，都得到了实际的应用。直流电动机在早期的新能源汽车中应用较多，现在，交流感应电动机和永磁同步电动机成为主流。总体来说，新能源汽车用电动机要比一般工业生产所使用的电动机要求严格，上述任何一种电动机都没有满足理想新能源汽车驱动电动机的要求。

表 5 - 1 列出了现在使用的各种新能源汽车用驱动电动机性能的比较。

表 5 - 1　新能源汽车用电动机性能比较

性能	直流电动机	交流感应电动机	永磁无刷直流电动机	永磁同步电动机	开关磁阻电动机
效率	一般	较高	高	高	较高
功率密度	一般	较高	高	高	较高
最高转速	一般	高	较高	较高	高
可控制性	好	较好	好	好	一般
可靠性	一般	好	较好	较好	好

续表

性能	直流电动机	交流感应电动机	永磁无刷直流电动机	永磁同步电动机	开关磁阻电动机
耐用性	一般	好	好	好	好
体积/重量	一般	较好	好	好	好
低速时平滑性	好	较好	一般	较好	一般
技术成熟性	好	好	一般	较好	一般

与工业电动机一样，新能源汽车用电动机也已经从直流逐渐过渡到交流，直流电动机的使用越来越少。在日本、欧洲，永磁同步电动机被广泛地应用在新能源汽车中。而在美国，更多地使用交流感应电动机。大功率的永磁无刷直流电动机技术还不是很成熟。开关磁阻电动机也由于振动、噪声、转矩波动大等问题还未大规模地使用。

5.4 电能变换器

图5-36所示为新能源汽车（包括混合动力汽车和燃料电池汽车）上使用的各种电能变换器的示例（示例中驱动电动机假设为交流电动机）。

5.4.1 DC/DC电能变换器

1. 分类

（1）按电能变换器功率开关管数分有单管式和双管式。单管式有单管降压式、升压式、升降压式、单管正激式和单管反激式等多种电能变换器；双管式有双管正激式、双管推挽正激式、双管半桥正激式、双管反激式等多种电能变换器。

（2）按开关控制方式分有脉宽调制式PWM（Pulse Width Modulation）、频率调制式PFM（Pulse Frequency Munition）、模拟/数字ADC（Analog to Digital Converter），以及脉宽和频率混合调制式“硬开关”（Hard switching）PWM电路，各种谐振式、准谐振式、零电压或零电流的各种谐振式、准谐振式的“软开关”（Soft bridge C）PWM电路。

（3）按输出电路方式分有单路电压输出、双路电压输出和三路电压输出三种。

（4）按与车身绝缘方式分有与车身绝缘型和与车身非绝缘型。

以上不同型式、不同控制方法、不同输出方式和不同绝缘方式的DC/DC电能变换器，一般采取交叉组合的方式，形成各种多功能的DC/DC电能变换器，在新能源汽车上主要采用升压式、降压式、升降压式等型式的变换器。

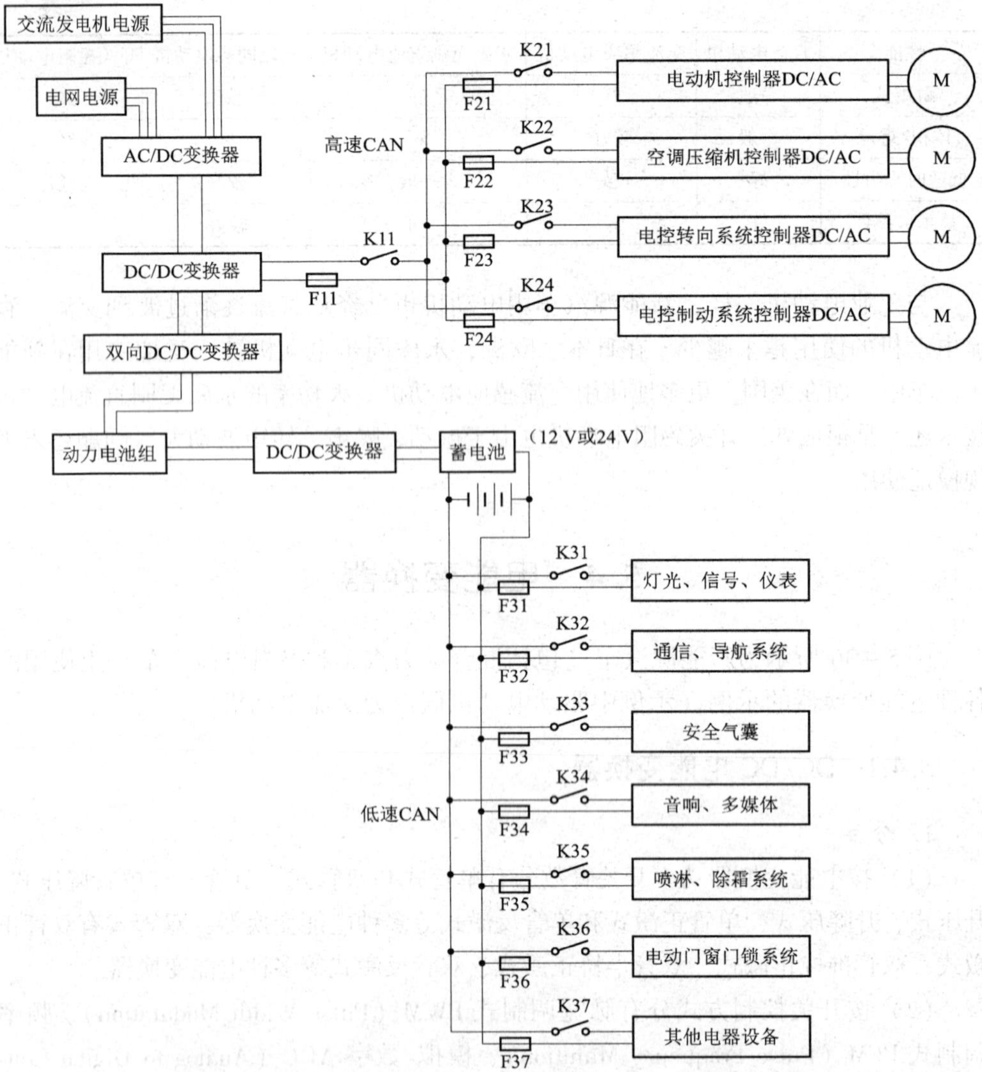

图5－36 新能源汽车电—电（电力）混合供电系统以及各种电能变换器应用示意图

F11、K11—电源总熔断器和总开关；F21～F24—各个动力电源熔断器；K21～K24—各个动力电源开关；
F31～F37—各个行车电源熔断器；K31～K37—各个行车管理电源开关

2. 用途

直流/直流（DC/DC）电能变换器主要用途如下：

(1) 在直流电动机的功率小于5 kW的纯电动车辆上（游览车、高尔夫球车、清扫车等），动力电池组直接通过DC/DC电能变换器，为小型纯电动车辆的直流电动机提供直流电流。

(2) 在纯电动汽车、“电—电”耦合电力汽车（自行发电新能源汽车、Plug

-in 新能源汽车和燃料电池汽车）及能量混合型电力系统中，采用升压型 DC/DC 电能变换器；在功率混合型电力系统中，采用双向升降压型 DC/DC 电能变换器或全桥型 DC/DC 电能变换器。新能源汽车在滑行或下坡制动，车轮的惯性能量经过转换后产生电能向储能电源充电时，也采用双向升降压型 DC/DC 电能变换器。

（3）用新能源汽车上的高压直流电源，向新能源汽车的行车管理系统的蓄电池（低压系统）充电时，采用隔离式降压型 DC/DC 电能变换器。

5.4.2 DC/AC 电能变换器

1. 概述

直流/交流（DC/AC）电能变换器，又称为“逆变器”，广泛地应用于装有直流电源、交流电动机的新能源汽车上。DC/AC 电能变换器的基本功能是将直流电源（车载储能式电源或燃料电池电源）变换为新能源汽车所采用的交流电动机的驱动电源。直流/交流（DC/AC）电能变换器有有源逆变器和无源逆变器，以及多种不同组合的高性能 DC/AC 电能变换器。

DC/AC 变换器的“软开关”技术，是在直流电源与硬开关电压型逆变器电路之间，加入一个电感 L_r 和电容 C_r 共同构成的谐振电路，使 DC 环节产生谐振，利用逆变器直流母线的电压周期性回零，为逆变器的开关创造零电压的开关条件，在逆变器直流母线电压为零时使桥臂上的开关换流，实现逆变器开关的零电压开启和零电压关断。

2. 新能源汽车的 DC/AC 电能变换器

1）使用范围

在各种新能源汽车上装置了多种采用交流电动机驱动的辅助设备，包括空调系统的压缩机和转向助力器等，它们的电源来自动力电池组或燃料电池组。需要用小型的 DC/AC 逆变器将直流电源的电能转换为交流电，来带动辅助设备的电动机运转。

2）技术特点

DC/AC 电能变换器将动力电池组或燃料电池组的电能转化为三相交流电，并检测辅助装备运转参数的变化，以控制小型三相感应电动机的起动、运行和停止。参考 3.2 中详细介绍。

5.4.3 AC/DC 电能变换器

交流/直流（AC/DC）电能变换器，又称为“整流器”，它的基本功能是将交流电源（或车载发动机—交流发动机发电电源或电网电源）变换为储能式电源。AC/DC 电能变换器应用于各种充电设备，以及有发动机、发电动机组的自行发电（串联式）的新能源汽车和充电式（Plug - in）新能源汽车上。交流/直流（AC/DC）电能变换器基本形式有三种，即三相桥式 AC/DC 整流器、三相电压源 PWM AC/DC 整流器和三相电流源 PWM AC/DC 整流器。

5.4.4 电能变换器的发展方向

（1）进一步提高电能的转换率，进行高效、节能、低污染的产品开发。研发具有高效率、高功率密度、低压大电流、良好动态特性的 DC/DC 变换器和 IGCT 大容量高压变流器件。我国已研发功率密度达到 3.6 kW/L、效率超过 95% 的 DC/DC 变换器。

（2）降低待机损耗、功耗、噪声，提高冷却效果，降低工作温度，减少能量损耗。

（3）进行电磁干扰传播特性的研究，提高系统的电磁兼容性（EMC）。

（4）研究和开发高频化、多电平软件和有独立电源的多电平拓扑电路。

（5）元件小型化，研发超小型、薄、轻的电子器件模块及电子、电路积木式集成技术，提高其适应不同气流下的温度、湿度、振动等的耐受能力和稳定的工作能力，延长元器件的使用寿命。

（6）工艺先进化，研发积木式结构组成的分布式电子、电路系统，推广和实现外国电子器件的标准化、通用化和封装化。

5.5 机械传动装置

由于纯电动汽车电驱动特性的多样性，故纯电动汽车有多种传动系统架构，图 3 - 12 所示为常见的几种 EV 结构形式。

1. 传统的驱动模式

如图 5 - 37（a）所示模式与传统汽车驱动系统的布置方式一致，带有变速器和离合器，只是将发动机换成了电动机，属于改造型新能源汽车。这种布置可以提高新能源汽车的起动转矩，增加低速时新能源汽车的后备功率。

2. 电动机—驱动桥组合式驱动模式

如图 5 - 37（b）和图 5 - 37（c）所示模式取消了离合器和变速器，但具有减速差速机构，由 1 台电动机驱动两车轮旋转。优点是可以继续沿用当前发动机汽车中的动力传动装置，只需要一组电动机和逆变器。但这种方式对电动机的要求较高，不仅要求电动机具有较高的起动转矩，而且要求其具有较大的后备功率，以保证新能源汽车的起动、爬坡、加速超车等动力性能。

3．电动机—驱动桥整体式驱动模式

如图5－37（d）所示模式中将电动机装到了驱动轴上，直接由电动机实现变速和差速转换。这种传动方式同样对电动机有较高的要求，大起动转矩和后备功率不仅要求控制系统有较高的控制精度，而且要具备良好的可靠性，从而保证新能源汽车行驶的安全性和平稳性。

4．轮毂电动机驱动模式

图5－37（e）和图5－37（f）同图5－37（d）布置方式比较接近，即将电动机直接装到了驱动轮上，由电动机直接驱动车轮行驶。

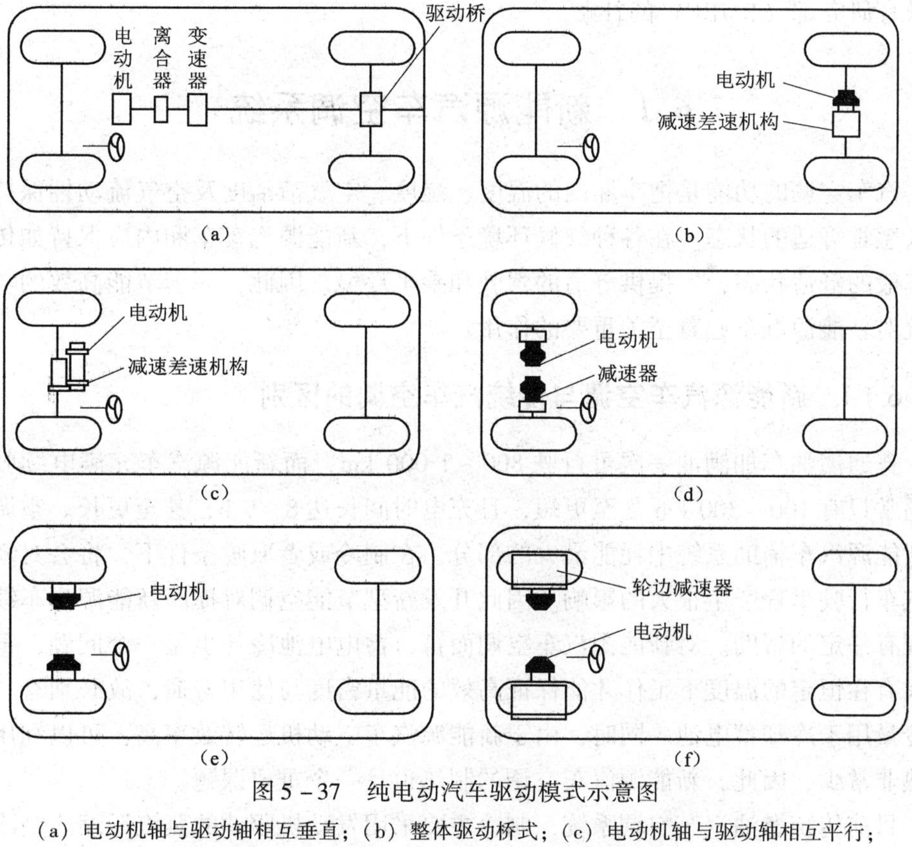

图5－37　纯电动汽车驱动模式示意图

（a）电动机轴与驱动轴相互垂直；（b）整体驱动桥式；（c）电动机轴与驱动轴相互平行；

（d）双电动机整体驱动桥式；（e）直流驱动式；（f）带轮边减速器驱动式

第6章　新能源汽车辅助系统

德国卡尔斯鲁厄技术研究所（KIT）和舍弗勒公司合作了一个名叫 e^2 – Lenk 的项目，全称为“可优化能源效率的电动车智能辅助转向系统”。从字面就可以看出，两家研究的是一款辅助转向概念产品，专门为电动车量身定制，目的是省电。这个项目于2015年1月启动，历时3年，预算60万欧元，还获得了联邦政府教育研究部（BMBF）的补贴。

6.1　新能源汽车空调系统

汽车空调的功能是把车厢内的温度、湿度、空气清洁度及空气流动性保持在使人感觉舒适的状态。在各种气候环境条件下，新能源汽车车厢内应保持如传统汽车般的舒适状态，以提供舒适的驾驶和乘坐环境。因此，一套节能高效的空调系统对新能源汽车起着至关重要的作用。

6.1.1　新能源汽车空调与传统汽车空调的区别

普通燃油车加满油一次可行驶800～1 000 km，而新能源汽车充满电续驶里程通常只有100～300 km甚至更短，且充电时间长达8～9 h，甚至更长。空调作为新能源汽车辅助系统中耗能最大的部分，在制冷或者取暖条件下，将会对新能源汽车行驶里程产生很大的影响。因此开发新型节能空调对提高新能源汽车续驶里程有一定的帮助。对新能源汽车空调而言，蓄电电池冷却也是一个问题，蓄电池只有在恒定的温度下工作才能保证高效的能量密度与使用寿命，故必须有一部分冷量用于冷却蓄电池。同时，由于新能源汽车电动机运转效率高，可以利用的余热非常少，因此，新能源汽车空调的制热也是一个重要课题。

目前传统燃油汽车空调系统，制冷主要采用发动机驱动的蒸汽压缩式制冷系统进行降温，而制热主要采用燃油发动机产生的余热。而对于新能源汽车中的纯新能源汽车以及燃料蓄电池来说，没有发动机作为空调压缩机的动力源，也不能提供作为汽车空调冬天制热用的热源，因此无法直接采用传统汽车空调系统的方案。但新能源汽车上拥有高压直流电源，因此，采用电动热泵型空调系统，压缩机采用电动机直接驱动，成为新能源汽车可行的解决方案。

图 6－1 所示为电动压缩机构造。

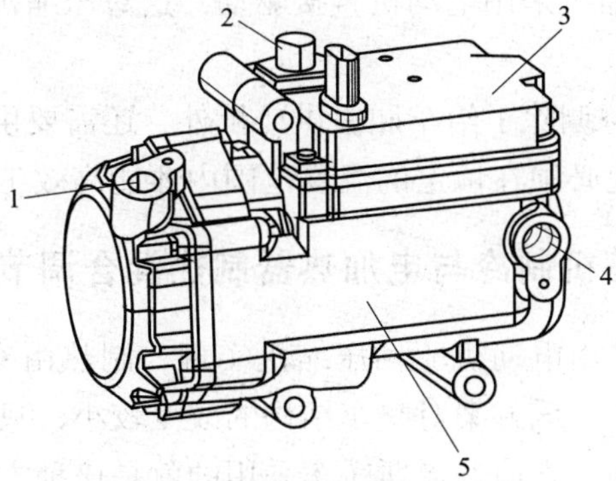

图 6－1　电动压缩机构造

1—压缩机排气口；2—高低压接插件；3—驱动控制器；4—压缩机吸气口；5—压缩机本体

传统汽车空调制冷系统一般为蒸气压缩式系统，利用制冷剂的相态变化达到吸热或者放热的目的，从而实现制冷，其组成主要为空调压缩机、风冷式冷凝器、风冷式蒸发器、热力膨胀阀、储液器及连接软管等。压缩机通过带轮和离合器与发动机主轴相连获得压缩动力，压缩后的高温高压制冷剂蒸气通过冷凝器与车室外空气换热冷却冷凝，经节流阀节流降压后进入蒸发器，在蒸发器内吸热蒸发，从而获得冷量，如图 6－2 所示。

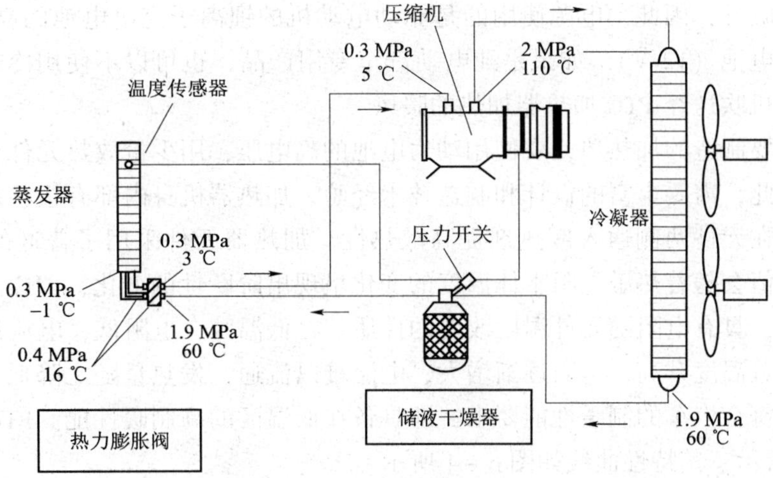

图 6－2　制冷原理图

采用压缩式的新能源汽车空调系统与传统汽车空调系统并无本质区别，其主要不同点如下：

（1）新能源汽车没有发动机的余热可以利用，需采用热泵型空调系统或辅助加热器。

（2）电动空调压缩机采用电动机直接驱动，这对压缩机的高转速性和密封性要求较高。

（3）新能源汽车空调除了给车厢提供冷量外，还需要供给一部分冷量用于冷却蓄电池，因为蓄电池必须在恒定的温度范围内才能高效工作。

6.1.2 电动压缩机制冷与电加热器制热混合调节空调系统

在该方案中，制冷由电动机驱动压缩机实现，制热由专门加热装置来实现。与热泵式空调系统相比，该方案对整车结构的改变较小，只需用电动压缩机替代机械式压缩机即可实现。丰田普锐斯轿车采用的就是该种方案，其制冷工况通过采用电动空调实现，暖风为PTC暖风，制冷、制热迅速。动力电池组的直流电经逆变器后为空调压缩机驱动电动机供电，空调电动机带动压缩机产生制冷效果。控制器将传感器送来的电池组电量信号以及温度控制信号进行处理后，通过输出端控制驱动逆变器，从而通过驱动电动机控制压缩机的功率和转速。

目前市面上的新能源汽车多采用加热器的电制热方式，加热器一般配置在驾驶席和副驾驶席之间的地板下方。加热器由可用电发热的PTC（Positive Temperature Coefficient，PTC，即正温度系数）加热器元件、将加热器元件的热量传送至散热剂（冷却液）的散热扇、散热剂流路和控制底板等组成。因要求加热器要有较高的制暖性，因此，电源使用的是驱动电动机的锂离子充电电池的高压电源，而非辅助电池（12 V）。如果是纯电动汽车专用产品，也可以不使用冷却液，直接用鼓风机吹送经PTC加热器加热的暖风。

由于要制造的加热单元要使用动力电池的高电压，用少量放热元件产生大量热量，因此，需要丰富的设计和制造技术经验。加热器机身内部有板状加热器元件，通过在元件两侧通入散热剂提高散热性。加热器元件采用了普通的PTC元件，电阻值会随着热敏电阻本体温度的变化呈现出阶跃性的变化，PTC元件夹在电极中间，具有电阻随元件温度改变的性质。在低温区，电阻低，电流流通产生热量，随着温度升高，电阻逐渐增大，电流难以流通，发热量随之降低。PTC元件的特性符合汽车的制暖性能要求，即具备在低温区的高制暖性能。PTC实物如图6－3所示，其特性曲线如图6－4所示。

发动机车的制暖系统由发动机、冷却液、加热芯和送风的鼓风机电动机组成。吸收发动机热量而温度升高的散热剂在加热芯内部流过，车内冷空气从加热芯外部流过，为车内制暖。所以只要有冷却液式的加热器和电动水泵就能实现制暖。

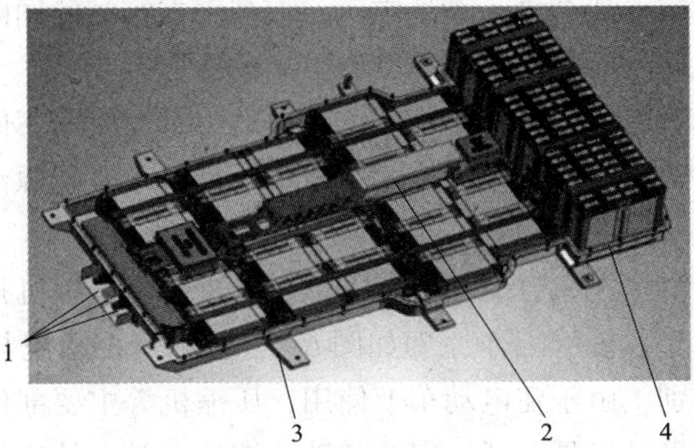

图 6－3　PTC 实物图

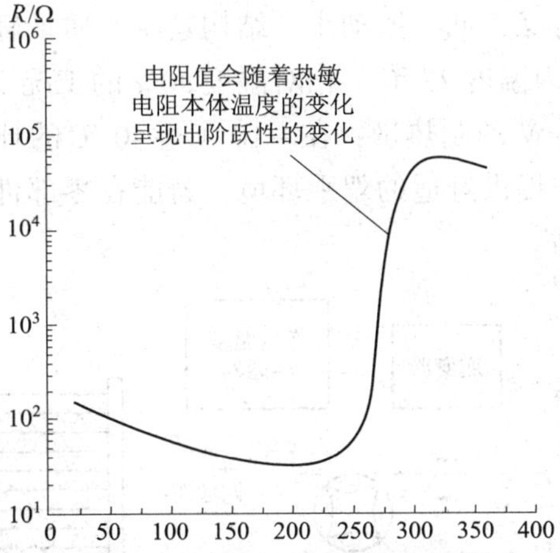

图 6－4　PTC 材料特性示意图

此外，目前加热器的 ECU 与空调系统整体是各自独立的，故也可将 ECU 与加热器融为一体。汽车厂商努力为 EV 配备了多个加热器元件，可以使其制暖能力提高到与发动机车相当。但是，为了尽量把电池容量用于提高续驶里程，汽车厂商在设计时对制暖耗电进行了抑制。

6.1.3　热泵型新能源汽车空调系统

在理论上，制冷循环逆转可以用于制暖。但在环境温度低的情况下，制暖性能会下降，无法满足在低温区汽车的制暖性能要求。利用电动压缩机压缩冷媒并使其循环，行驶时，冷媒在冷凝器中受风冷却，而且在冬天，当冷凝器（制暖时改为蒸发器）结霜时，制暖性能也难以发挥。这就需要考虑增加为冷凝器（制暖时为蒸发器）加温除霜的系统。

制暖原本在某些情况下需要比制冷具有更高的性能。例如，在冬天制暖行驶时，为防止车窗起雾一般会导入车外空气。汽车因在行驶的同时要向车外排放加热了的空气，故此时制暖需要比制冷具有更高的性能。

热泵型空调具备新能源汽车空调节能高效的要求，对于不同类型的新能源汽车，其通用性较好，并且对整车结构改变较小，是将来新能源汽车空调的主要发展趋势。

热泵型空调系统是在原有燃油汽车上进行改进的，压缩机是由永磁直流无刷电动机直接驱动的，系统的工作原理如图6－5所示。该系统与普通的热泵型空调系统并无本质区别，由于在电动车上使用，压缩机等主要部件有其特殊性，而且在国外，热泵技术已经具备了一定的基础。该技术最大的优点就是制冷、制热效率高。全封闭电动涡旋压缩机系统是由一个直流无刷电动机驱动，通过制冷剂回气冷却的系统，具有噪声低、振动小、结构紧凑、质量轻等优点。在测试条件为环境温度40 ℃、车内温度27 ℃、相对湿度50%的工况下，系统稳定时它能以1 kW的能耗获得2.9 kW的制热量；在－10 ℃～40 ℃的环境温度下，均能以较高的效率为新能源汽车提供舒适的驾乘环境。若能在零部件技术上得到改进，相应效率还可以得到提高。

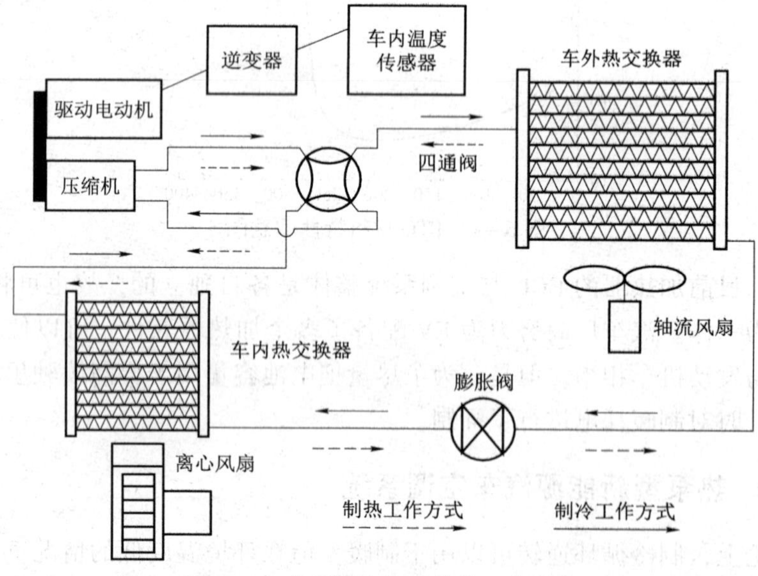

图6－5 热泵型空调系统的工作原理

目前热泵型新能源汽车空调最大的瓶颈是低温制热问题，尤其是在我国的东北地区，这也是将来该行业研究的难题之一。为了使热泵型新能源汽车空调更节能高效，一般从以下几个角度去着重解决：开发更高效的直流涡旋压缩机；开发控制更精准、更节能的硅电子膨胀阀；采用高效的过冷式平行流冷凝器；改善微通道蒸发器结构，使制冷剂蒸发更均匀。此外，新能源汽车开门的次数以及在行车中受车速、光照、怠速等因素的影响，空调湿热负荷大。压缩机乃至整个空调系统都要适应这种多因素变化工况，因此热泵型新能源汽车空调系统变工况设计尤为重要。

汽车空调热泵系统与普通的家用空调比较接近，是对普通家用空调使用场合的一种扩展。为防止制热时因除霜导致室内舒适性下降，采用了热气旁通不间断制热除霜方式。除霜时，运行原理与制热基本相同，只是将融霜电磁阀打开，使从压缩机出来的高温高压的过热气体有一部分被分流到室外换热器的入口，迅速把室外换热器的温度提高到0 ℃以上，融掉室外换热器上的霜层，使换热器保持良好的换热效率。

6.2　新能源汽车转向系统

6.2.1　电动助力转向系统的结构和原理

1. 电动助力转向系统（EPS）的结构

如图6-6所示，电动助力转向系统（EPS）利用电动机产生的动力协助驾驶人进行动力转向。EPS一般是由转矩（转向）传感器、电子控制单元（ECU）、助力电动机、减速器、机械转向器以及供电电源所构成的。

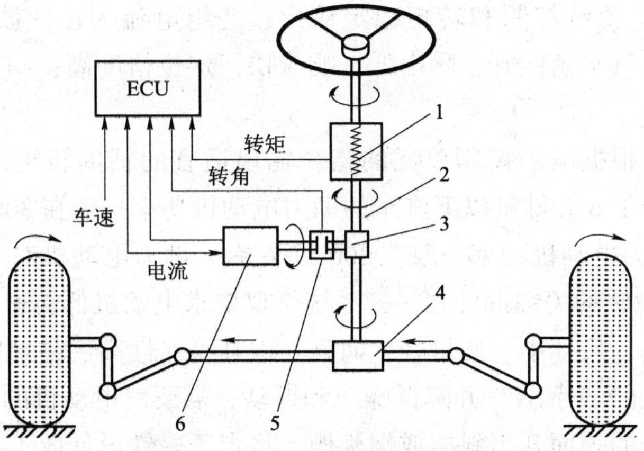

图6-6　电动助力转向系统结构

1—转矩传感器；2—转向轴；3—减速器；4—齿轮齿条转向器；5—离合器；6—助力电动机

1）转矩传感器

转矩传感器用来测量驾驶人作用在转向盘上的力矩大小和方向，以及转向盘转角的大小和方向，目前采用较多的是扭杆式电位计传感器，它是在转向轴位置加一根扭杆（见图6－7），通过扭杆检测输入轴与输出轴的相对扭转位移而得到转矩的。

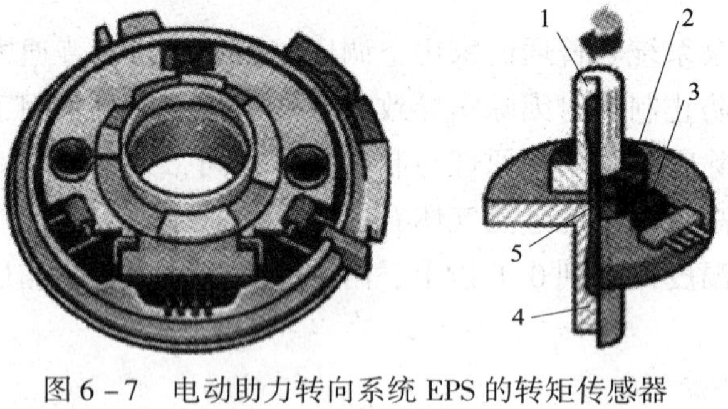

图6－7　电动助力转向系统 EPS 的转矩传感器

1—转向柱连接块；2—磁性转子；3—磁阻传感器元件；4—转向小齿轮连接块；5—扭杆

2）助力电动机

助力电动机通常选用有刷直流电动机或无刷直流电动机，这里以无刷直流电动机为例进行介绍。无刷直流电动机主要分为旋变式和霍尔式两种，旋变式无刷直流电动机及其控制系统价格昂贵，但它是未来发展的方向；而霍尔式无刷直流电动机转矩波动较大、噪声偏大、耐低温性能较差，故现在 EPS 公司一般很少采用霍尔式无刷直流电动机及其控制系统。旋变式无刷直流电动机及控制系统的优点在于：转子位置检测（旋转变压器），实现转子位置的实时检测；采用矢量控制算法，实现正弦波控制和转矩稳定输出；绕组电流为正弦波，谐波分量小，转矩脉动低；运行平衡性好，噪声低，响应快，定位精度高；与方波驱动比，转矩脉动小。

助力电动机根据电子控制单元的指令输出适宜的辅助转矩，是 EPS 的动力源。例如，用于1.6 L 排量以下汽车的助力电动机功率一般在300 W 以下；用于2.0 L 汽车的助力电动机功率一般在300 W 左右。助力电动机对 EPS 系统性能的影响很大，是 EPS 的关键部件之一，系统不仅要求电动机低转速、大转矩、波动小、转动惯量小、尺寸小、质量轻，而且要求其可靠性高、易控制。为了增强转向操纵时驾驶人的“手感”并降低噪声和振动，需要对电动机的结构进行些特殊处理，如沿转子的表面开出斜槽或螺旋槽、将定子磁铁设计成不等厚等。

转向助力用电动机需要正反转控制，其正反转控制原理如图6－8所示，图示中 a_1 和 a_2 为触发端信号。当 a_1 端得到输入信号时，晶体管 VT_1 导通（VT_1 得到基极电流而导通），电流经 VT_3、电动机 M、VT_1 和搭铁（地线）而构成回路，于是电动机正转；当 a_2 端得到输入信号时，电流则经 VT_1、电动机 M、VT_4 和搭铁而构成回路，电动机因电流方向相反而反转。控制触发信号端电流的大小，就可以控制通过电动机电流的大小。

3）电磁离合器

图6－9所示为单片干式电磁离合器的工作原理，当电磁离合器控制电流通过集电环进入电磁离合器线圈时，主动盘产生电磁吸力，带花键的压板被吸引与主动轮压紧，于是电动机的动力经轴、主动盘、压板、花键和从动轴传递给执行机构。EPS中的电磁离合器主要起安全保护作用。在EPS发生故障、助力电动机工作电流过大等情况下，电磁离合器会及时断开，汽车仍可以以传统的机械转向装置进行工作，从而保障整个系统和行车的安全。为了使电动机和电磁离合器的惯性不会影响到转向系的工作，离合器应及时分离以切断辅助动力。

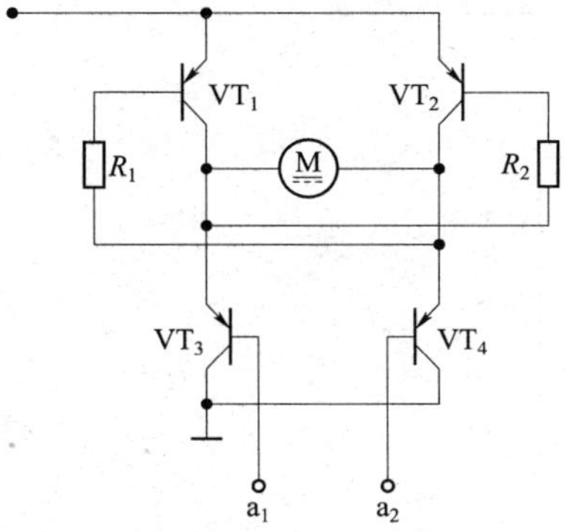

图6－8　助力电动机正反转控制原理图

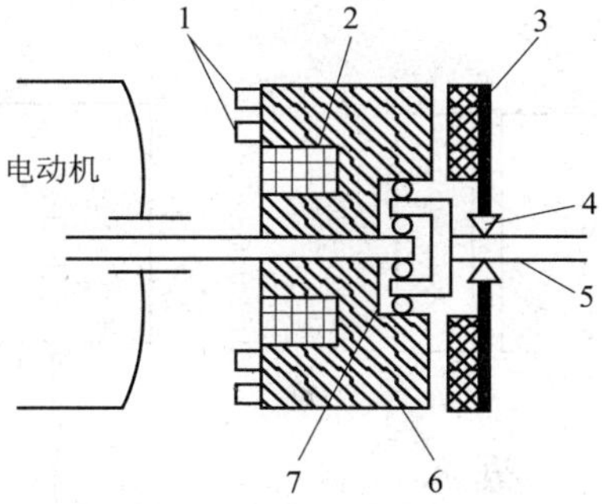

图6－9　单片干式电磁离合器工作原理

1—集电环；2—线圈；3—压板；4—花键；5—从动轴；6—主动盘；7—球轴承

4）减速机构离合器

减速机构离合器与电动机相连，可以起减速增矩作用，离合器装在减速机构一侧是为了保证EPS只在预先设定的车速（如0～45 km/h）范围内起作用。目前的减速机构有多种组合方式，一般采用蜗轮蜗杆与转向轴驱动组合式，也有的采用两级行星齿轮与传动齿轮组合式。为了抑制噪声和提高耐久性，减速机构中的齿轮大多采用特殊齿形，并由树脂材料制成。

5）电子控制单元（ECU）

ECU的功能是根据转矩传感器信号和车速传感器信号进行逻辑分析与计算后，发出指令控制电动机和离合器的动作。此外，ECU还具有安全保护和自我诊断功能。ECU作为关键部件，主要由微处理器、与传感器输入信号相匹配的接口电路、微处理器内置的模数转换器（A/D）、脉冲宽度调制器（PWM）、监测微处理器工作的监测电路、电动机的驱动电路和场效应管（MOSFET）组成的放大驱动电路等部分组成。

电子控制单元示意图如图 6－10 所示，图 6－11 所示为某新能源汽车助力转向系统电路图。

图 6－10 电子控制单元示意图

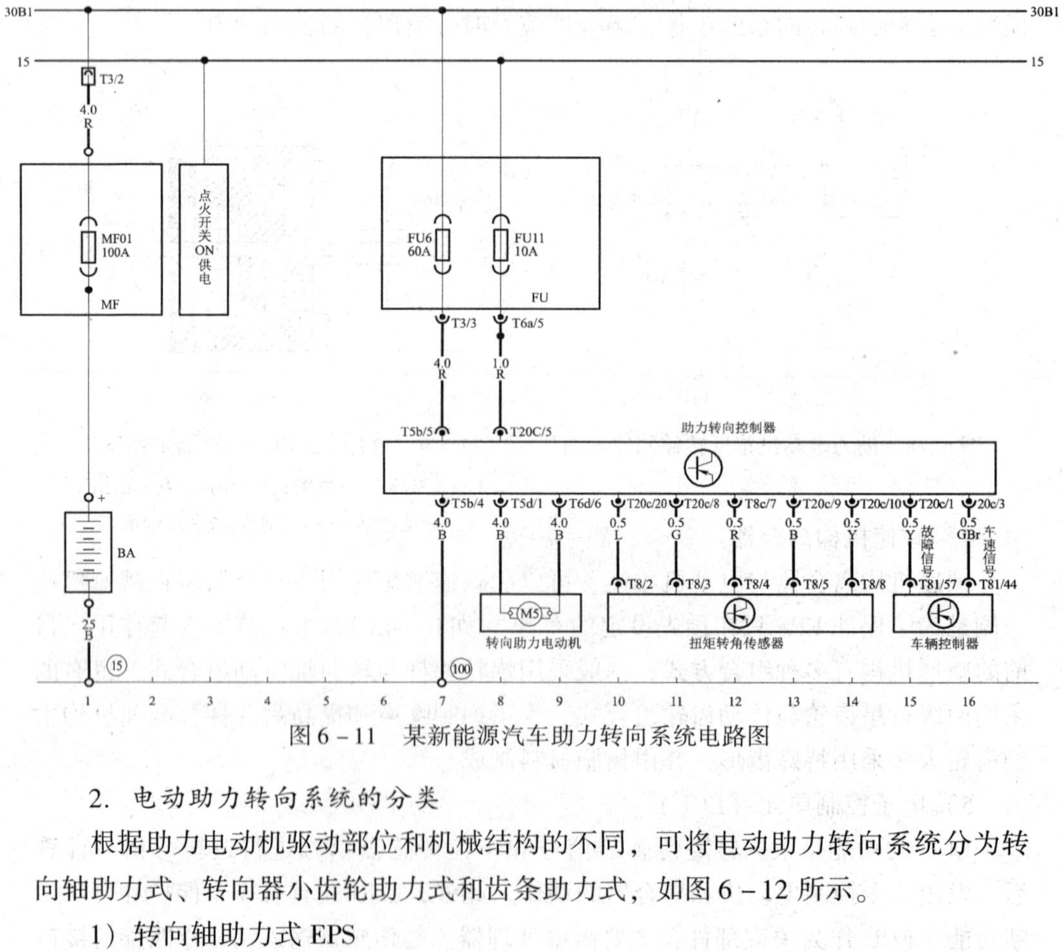

图 6－11 某新能源汽车助力转向系统电路图

2. 电动助力转向系统的分类

根据助力电动机驱动部位和机械结构的不同，可将电动助力转向系统分为转向轴助力式、转向器小齿轮助力式和齿条助力式，如图 6－12 所示。

1）转向轴助力式 EPS

如图 6－12（a）所示，其转矩传感器、助力电动机、离合器和转向助力机构组成一体，安装在转向柱上。其特点是结构紧凑，所测取的转矩信号与控制直流电动机助力的响应性较好。这种类型一般在小排量轿车上使用。

2）小齿轮助力式 EPS

如图6-12（b）所示，其转矩传感器、助力电动机、离合器和转向助力机构仍为一体，只是整体安装在转向小齿轮处，直接给小齿轮助力，这样可获得较大的转向力。这种方式可使各部件的布置更方便，但当转向盘与转向器之间装有万向传动装置时，取得的转矩与助力车轮部分不在同一条直线上，助力控制特性难以保证准确。

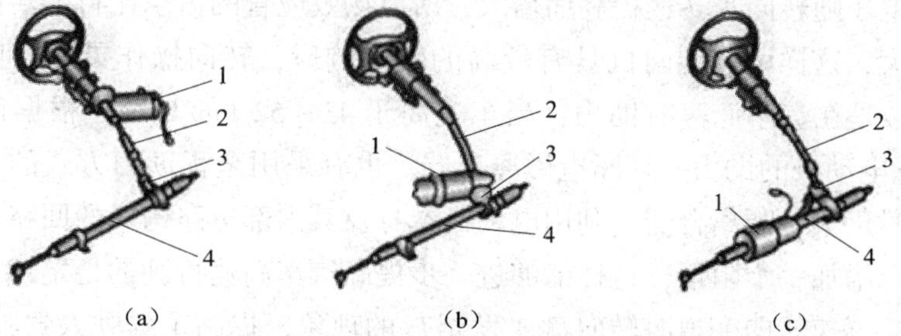

图6-12　电动助力转向系统类别
（a）转向轴助力式；（b）齿轮助力式；（c）齿条助力式
1—电动机；2—转向轴；3—转向齿轮；4—转向齿条

3）齿条助力式 EPS

如图6-12（c）所示，其转矩传感器单独安装在小齿轮处，电动机与转向助力机构一起安装在小齿轮另一端的齿条处，用以给齿条助力。该类型根据减速传动机构的不同又分为两种：一种是电动机做成中空的，齿条从中穿过，电动机的动力经一对斜齿轮和螺杆螺母传动副以及与螺母制成一体的铰接块传给齿条。这种结构是第一代电动助力转向系统，但是由于电动机位于齿条壳体内，故结构复杂，价格高，维修也困难。另一种是电动机与齿条的壳体相互独立，电动机的动力经另一小齿轮传给齿条，其易于制造和维修，成本低。因为齿条由一个独立的齿轮驱动，故可给系统较大的助力，主要用于大排量轿车。

3. 电动助力转向系统（EPS）的工作原理

如图6-13所示，汽车在转向时，转矩传感器把采集到的转向盘转矩和转动方向信号、车速传感器把采集到的汽车行驶速度信号，通过数据总线发给电子控制单元（ECU），ECU根据转动转矩、转动的方向、行驶速度等数据信号，进行综合逻辑分析与计算后，选择一条合适的助力特性曲线，向助力电动机控制器发出动作指令，通过驱动芯片使功率器件（MOSFET）按一定的占空比导通，电动机按转向盘转动的速度和方向产生所需的助力转矩协助驾驶人进行转向操纵，从而实现助力转向。电控单元（ECU）根据各传感器输入的信号通过查询控制策略表确定控制参数，并根据控制参数控制电动机转动。另外 ECU 还需要对系统进行故障诊断，一旦发现故障，将中断对电动机供电，EPS 的故障指示灯点亮，并将故障以代码的形式进行存储记忆。电动机控制装置主要由电动机驱动芯片、功率场效应管（MOSFET）、驱动电动机正向和反向转动的驱动电路、电流传感器及控制电动机电路通断的继电器组成。ECU 对电动机的驱动电路进行监测，当驱动电流不正常时将中断向电动机供电，转向控制（包括常规控制、回正控制和阻尼控制）是 EPS 开发的核心之一。汽车在低速行驶进行转向时，ECU 对电动机进行常规控制，由于要求电动机的端电压随转向盘转速提高而增大，所以场效应管的占空比将随转向盘转速的提高而增大，这样可使转向机具有较高的转向响应，转向操作灵敏轻便。以前的 EPS 大多数是在汽车低速时助力，当车速高于 43 ~ 52 km/h 时（根据设计要求确定），停止电动机的助力并切断电磁离合器。也有采用全程助力方式的，即汽车在高速行驶时仍不切断离合器，利用电动机本身及其内部电路构成的回路对汽车原有的转向系统增加一个阻尼，这样能够进一步提高汽车高速行驶的稳定性，且进一步降低了汽车高速转向变道时转向盘"发飘"的现象，提高了驾驶人驾驶的舒适性。回正控制可以改善转向盘的回正性。在汽车低速行驶过程中，当转向盘转动后回到中位时，电控单元对电动机进行回正控制，电动机将产生一个与电动机转速成正比的阻力矩，电控单元将使电动机电流逐渐减小，转向车轮迅速回正，使汽车具有良好的回正特性。在汽车高速行驶过程中，当转向盘转动后回到中位时，电控单元将使电动机电流逐渐减小，对转向车轮产生回正阻尼，使汽车具有稳定的转向特性。阻尼控制可以衰减汽车高速行驶时出现的转向盘抖动现象，消除转向车轮因路面输入引起的摆振现象。在 EPS 中，电动机的转动惯量使得系统的转动惯量大于传统系统的转动惯量。因此，当电动机转动惯量较大时，阻尼控制是很有效的方法之一。当电动机转矩小于设定值时，转速会大于阻尼控制表中的数据，例如，转向盘转速很高，但没有对转向盘施加作用（引起转向盘抖动），即需要进行阻尼控制以提高路面路感。

EPS 工作原理如图 6 - 13 所示。

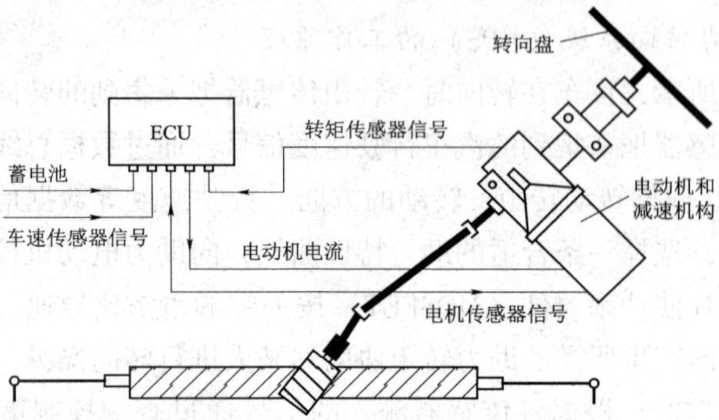

图 6 - 13　EPS 工作原理

6.2.2　电动线控转向系统的结构和工作原理

1. 电动线控转向系统的结构

如图6-14所示，电动线控转向系统由转向盘总成、转向执行总成和主控制器（ECU）3个主要部分以及自动防故障系统及电源等辅助系统组成，如图6-14所示。

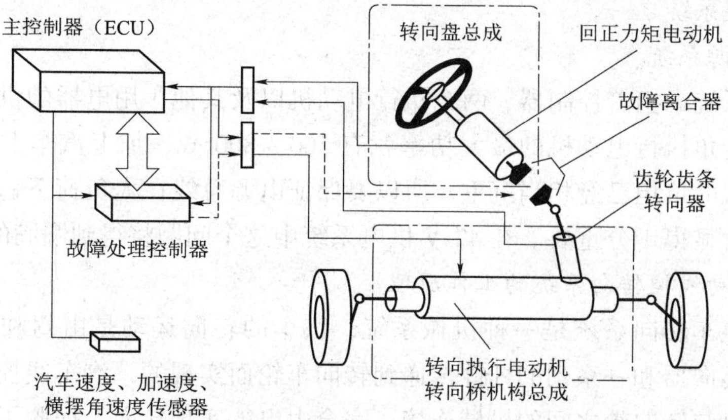

图6-14　电动线控转向的结构图

1）转向盘总成

转向盘总成包括转向盘、转向盘转角传感器、力矩传感器、转向盘回正力矩电动机。转向盘总成的主要功能是将驾驶人的转向意图（通过测量转向盘转角）转换成数字信号，并传递给主控制器，同时接收主控制器送来的力矩信号，产生转向盘回正力矩，以提供给驾驶人相应的路感信息。

2）转向执行总成

转向执行总成包括前轮转角传感器、转向执行电动机、转向电动机控制器和前轮转向组件等。转向执行总成的功能是接收主控制器的命令，通过转向电动机控制器控制转向车轮转动，实现驾驶人的转向意图。

3）主控制器

对采集的信号进行分析处理，判断汽车的运动状态，向转向盘回正电动机和转向电动机发送指令，控制两个电动机的工作，保证各种工况下都具有理想的车辆响应，以减少驾驶人对汽车转向特性随车速变化的补偿任务，减轻驾驶人负担。同时控制器还可以对驾驶人的操作指令进行识别，判定在当前状态下驾驶人的转向操作是否合理。当汽车处于非稳定状态或驾驶人发出错误指令时，线控转向系统会将驾驶人错误的转向操作屏蔽，而自动进行稳定控制，使汽车尽快地恢复到稳定状态。

4）自动防故障系统

自动防故障系统是线控转向系的重要模块，它包括一系列的监控和实施算法，针对不同的故障形式和故障等级做出相应的处理，以求最大限度地保持汽车的正常行驶。作为应用最广泛的交通工具之一，汽车的安全性是必须首先要考虑的因素，是一切研究的基础，因而故障的自动检测和自动处理是线控转向系统最重要的组成系统之一。

5）电源系统

电源系统承担着控制器、两个执行电动机以及其他车用电器的供电任务，其中仅前轮转角执行电动机的最大功率就有 500 ~ 800 W，加上汽车上的其他电子设备，电源的负担已经相当沉重。所以要保证电源总线在大负荷下稳定工作，电源的性能就显得十分重要。在 42 V 供电系统中这个问题将得到圆满的解决。

2. 电动线控转向系统的工作原理

传统汽车转向系统是一种机械系统，汽车的转向运动是由驾驶人操纵转向盘，通过转向器和一系列的杆件传递到转向车轮而实现的。汽车线控转向系统取消了转向盘与转向轮之间的机械连接，完全由电能实现转向，摆脱了传统转向系统的各种限制。它不但可以自由设计汽车转向的力传递特性，而且可以设计汽车转向的角传递特性。新能源汽车线控转向系统的工作原理框图如图 6 – 15 所示。用传感器检测驾驶人的转向意图，然后通过数据总线将信号传递给车上的 ECU，并从转向控制系统获得反馈命令；转向控制系统也从转向操纵机构获得驾驶人的转向指令，并从转向系统获得车轮情况，从而指挥整个转向系统的运动。转向系统控制车轮转到需要的角度，并将车轮的转角和转动转矩反馈到系统的其余部分，如转向操纵机构，以使驾驶人获得路感。这种路感的大小可以根据不同的情况由转向控制系统控制，将驾驶人的转向意图（通过转向柱上的转向盘角位移传感器输出转向盘左转或右转的转角信号）转换成数字信号并传递给转向控制器，在转向拉杆上安装一个线位移传感器，利用转向拉杆左、右移动的位移量 s 来反映转向车轮转角的大小，即转向控制器根据转向盘转角计算出拉杆的位移量 s，当转向拉杆的位移量达到所需值时，转向控制器切断转向电动机的电源，转向轮的偏转角不再改变。由于所选用的转向电动机是蜗轮蜗杆式减速电动机，其运动不能逆向传动，因此，转向轮可保持所设定的偏转角不变。当再次改变转向盘转角的大小时，转向控制器便重复上述控制过程，并计算出新的转向拉杆的移动位移量 s_1。当转向拉杆的位移量达到 s_1 时，转向控制器再次切断转向电动机的电源，汽车便保持新的转向状态，这种转向轮偏转角随转向盘转角的变化而变化的功能，就是所谓的转向随动作用。

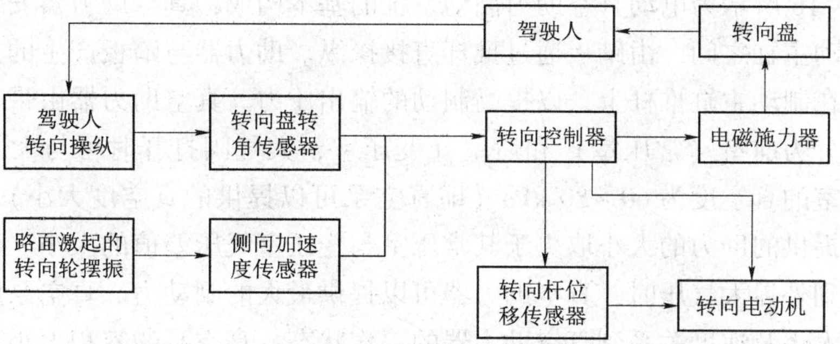

图6-15 新能源汽车线控转向系统的工作原理框图

6.3 新能源汽车制动系统

制动系统是汽车的安全系统。制动系统中包括因外界（主要是路面）对汽车某些部分（主要是车轮）施加一定的力，从而产生对汽车进行一定程度的强制制动的一系列专门装置。制动系统的作用：使行驶中的汽车按照驾驶员的要求进行强制减速甚至停车；使已停驶的汽车在各种道路条件下（包括在坡道上）稳定驻车；使下坡行驶的汽车速度保持稳定。

6.3.1 电动真空助力制动系统

传统内燃机轿车的制动系统真空助力装置的真空源来自于发动机进气歧管，真空度负压一般可达到0.05～0.07 MPa，对于由传统车型改装成的纯电动车一般可达到0.05～0.07 MPa。对于由传统车型改装成的纯电动汽车或燃料电池汽车，发动机总成被拆除后，制动系统由于没有了真空助力源而丧失了真空助力功能，仅由人力所产生的制动力无法满足行车制动的需要，因此需要对制动系统真空助力装置进行改进，而改进的核心问题是产生足够压力的真空源。为了产生足够的真空，除了一个具有足够排气量的电动真空泵外，为了节能和可靠，还要为电动真空泵电动机设计合适的工作时间。一般燃油车会在4～5 s内产生50 kPa（相对压力，下同）以上的真空度，所以在用制动系统的电动真空泵替代原发动机驱动的真空泵时，电动真空泵也需在4～5 s可产生50 kPa以上的真空度。

汽车制动系统常采用真空助力或压力助力，真空泵产生的真空度越大，制动助力性能越好，驾驶员踩踏板也就越省力。因此，对于真空助力制动系统电动真空泵，在设计或选择上，应尽量使真空度满足制动性能的要求。

计算结果表明，当电动真空泵最小真空度为37.5 kPa时，可为制动系统提供满足设计要求的制动助力。

图 6-16 所示为电动真空助力制动系统的基本构成，真空助力器安装于制动踏板和制动主缸之间，由踏板通过推杆直接操纵。助力器与踏板产生的力叠加在一起作用在制动主缸推杆上，以提高制动的输出压力。真空助力器由带有橡胶膜片的活塞分为前室（常压室）和后室（变压室，大气阀打开时可与大气相通），一般常压室的真空度为 60～80 kPa（即真空泵可以提供的真空度大小）。真空助力器所能提供的助力的大小取决于其常压室与变压室气压差值的大小。当变压室的压力达到外界大气压时，真空助力器可以提供最大的制动力。真空泵所产生的真空度的大小及速度关系到真空助力器的工作状态；真空泵的容积大小关系到助力器性能，进而影响到制动系统在各种工况下能否正常工作。电动真空助力制动系统示意图如图 6-17 所示。

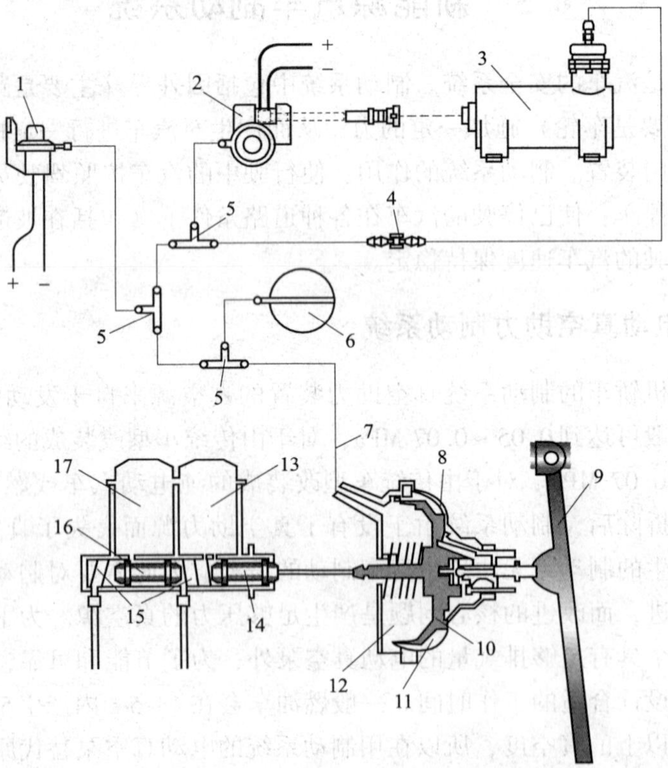

图 6-16　电动真空助力制动系统的基本构成

1—压力报警器；2—压力延时开关；3—电动真空泵；4—单向阀；5—三通阀；
6—真空罐；7—真空软管；8—真空助力器；9—制动踏板；10—隔膜；11—后室；
12—前室；13—主储罐；14—主活塞；15—弹簧；16—辅助活塞；17—辅助储罐

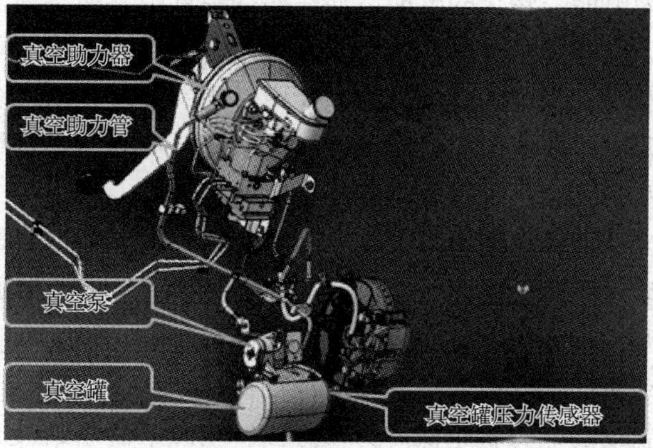

图6-17　电动真空助力制动系统示意

电动真空助力制动系统的控制过程如下：

（1）接通汽车12 V电源，压力延时开关闭合，真空泵大约工作30 s后开关断开，此时真空罐内真空度约为80 kPa；

（2）当真空罐内真空度降至55 kPa时，压力延时开关再次闭合；

（3）当真空罐内真空度降至约34 kPa时，压力报警器发出信号。

如果真空泵控制开关存在很明显的短时间开启和关闭，说明发生了泄漏。根据这个控制策略，设计了间歇性真空发生系统，该间歇性真空发生系统的基本工作原理是：当驾驶员发动汽车时，12 V电源接通，压力延时开关和压力报警器开始压力自检，如果真空罐内的真空度小于55 kPa，压力膜片将会挤压触点，从而接通电源，真空泵开始工作；当真空度增加到55 kPa时，压力延时开关断开，然后通过延时继电器使真空泵继续工作大约30 s后停止；每次驾驶员有制动动作时，压力延时开关都会自检，从而判断电动真空泵是否应该工作；如果真空罐内的真空度低于34 kPa，真空助力器不能提供有效的真空助力，此时压力报警器将会发出信号，提醒驾驶员注意行车速度。

电动真空助力泵控制也可采用电控单元控制，只要把压力开关换成绝对压力传感器，电动真空泵由控制单元控制继电器控制即可。国内的一些纯电动汽车采用了由真空助力器、真空度传感器、整车控制器ECU、电动真空泵工作继电器、真空泵电动机组成的一个闭环真空度控制系统，以保证制动时真空助力器能够正常工作。

6.3.2　电动机再生制动

再生制动是新能源汽车所独有的，即在减速制动（制动或者下坡）时将车辆的部分动能转化为电能，转化的电能储存在储存装置中，如各种蓄电池、超级电容器和高速飞轮，以增加新能源汽车的续驶里程。如果储能器已经被完全充满，再生制动就不能实现，所需的制动力就只能由常规的液压制动系统来提供。现在几乎所有的新能源汽车都安装了再生液压制动系统，从而达到节约制动动能、回收部分制动动能及为驾驶员提供常规制动性能的目的。

一般而言，当新能源汽车减速、在公路上放松加速踏板巡航或踩下制动踏板停车时，再生制动系统均会起动。正常减速时，再生制动的力矩通常保持在最大负荷状态；新能源汽车高速巡航时，其驱动电动机一般在恒功率状态下运行，驱动力矩与驱动电动机的转速或者车辆速度成反比。因此，恒功率下驱动电动机的转速越高，再生制动的能力就越低。另一方面，当踩下制动踏板时，驱动电动机通常运行在低速状态。由于在低速时，新能源汽车的动能不足以为驱动电动机提供能量来产生最大的制动力矩，因而再生制动能力会随着车速降低而减小。新能源汽车的再生制动力矩通常不能像传统燃油汽车中的制动系统一样提供足够的制动减速度，所以在新能源汽车中，再生制动和液压制动系统通常共同存在。不过，只有当再生制动已经达到最大制动能力而且还不能满足制动要求时，液压制动才起作用。

再生液压混合制动系统是新能源汽车所独有的，再生制动与液压制动之间的协调是问题的关键所在，而且应该考虑如下特殊要求：为了使驾驶员在制动时有一种平顺感，液压制动力矩应该可以根据再生制动力矩的变化进行控制，最终使驾驶员获得所希望的总力矩。同时，液压制动的控制不易引起制动踏板的冲击，因而不会给驾驶员一种不正常的感觉。

可利用 ABS 扩展到 ESP 功能实现电动泵的油压升高，这要求 ABS 的 ESP 模块与整车控制系统进行通信，可以把再生制动软件写在 ABS 模块，驱动油泵及控制摩擦制动和制动助力的真空源，ABS 与整车控制器通信，控制再生制动的强度即可。液压制动力矩是电控的，即将产生的液压传到制动轮缸上，因而再生液压制动系统需要有防止制动失效的机构。为了提高系统的可靠性，满足安全标准，系统一般采用双管路制动，当其中一条管路失效时，另一条管路必须能提供制动力。

为了使车辆能够稳定地制动，前、后车轮上的制动力必须能够很好地平衡分配。此外，为防止汽车发生滑移，加在前、后轮上的最大制动力应该低于允许的最大值（主要由滚动阻力系数决定）。

新能源汽车采用的再生液压混合制动系统即可满足上述要求，其基本结构如图 6－18 所示。

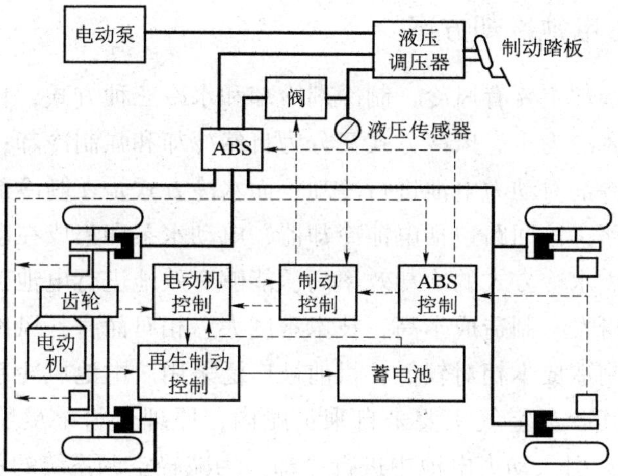

图 6－18　再生液压混合制动系统的基本结构

驾驶员踩下制动踏板后，电动泵使制动液增压，产生所需的制动力，制动控制与电动机控制协同工作，确定新能源汽车上的再生制动力矩和前后轮上的液压制动力。再生制动时，再生制动控制回收再生制动能量，并且反充到蓄电池中。新能源汽车上的 ABS 及其制动比例控制阀（ABS 的扩展功能 EBD 元件）的作用与传统燃油车上的相同，即产生最大的制动力。电动泵可以利用现有汽车 ABS 扩展功能中的 ESP 电动供能泵作为动力源。

6.4　新能源汽车冷却系统

目前纯电动汽车的冷却系统主要分为两部分：一是对动力系统的驱动电动机、车辆控制器和 DC/DC 等部件的冷却；二是对供电系统的动力电池（锂电）和车载充电器的冷却。动力电池冷却性能的好坏，直接影响着电池的效率，同时也会影响到电池寿命及其使用安全，其在轻量化、低能耗、高效率、低成本等方面的要求与传统车辆的冷却系统一致；不同的是纯电动汽车冷却系统针对的充电器部件受温度影响更加明显，所以对温度的控制要求更加精确。同时，由于纯电动汽车的动力系统和供电系统的电子部件耐受温度低、整车降噪小，使得纯电动汽车对冷却系统的散热性能和噪声的要求较传统车辆更为严格。因此，开发高效可靠的冷却系统，势必成为纯电动汽车动力系统进一步提高效率、改善续驶里程的关键技术之一。

6.4.1 动力电池冷却方案

动力电池的冷却主要有风冷、制冷剂冷却和水冷三种方式，目前市场上的纯电动汽车主要以风冷为主。风冷方式又分为自然冷却和强制冷却；制冷剂冷却方式是直接利用制冷剂对动力电池进行冷却；而水冷方式是在制冷剂冷却基础上增加了第二冷却回路，该回路包括电池冷却器、电动水泵和集成在动力电池内的冷却板及冷却框架。水冷方式的冷却效率高，能够有效地进行电池热管理、实现智能控制，但是其研发、制造成本高，技术难度大。相对而言，风冷方式技术更加成熟，其研发、制造成本相对较低，目前被广泛采用。电池风冷系统主要包括通风道和鼓风机，其冷却空气主要来自乘员舱内，原理是将乘员舱内的低温空气（温度约为25 ℃）引入动力电池中进行冷却。为减轻空调系统的负荷，冷却后约60%的空气返回到乘员舱内，同时利用电池包内的传感技术，反馈电池温度，控制鼓风机的负荷，从而减小鼓风机电能的消耗。

6.4.2 电动机冷却系统方案

1. 水冷方案

驱动电动机及动力系统控制单元的冷却一般集成在一个冷却回路内，称为电动机冷却系统。冷却方式有自然冷却和强制水冷两种，为了提高动力系统的效率，一般采用强制水冷方式。电动机冷却系统需要冷却的单元有驱动电动机、电动机控制器、DC/DC及车载充电器。冷却系统的组成包括散热器、电动水泵、冷却液循环回路、电子风扇、除气室和水温传感器等。

冷却液在流经电动机控制器和电动机等热源时，热源通过热传导将热量传递给冷却液，高温冷却液通过电动水泵提供的动力经过散热器时将热量通过热传导传递给散热器芯体，冷却空气通过热对流将热量带走，完成换热过程。

按照电动机、控制器等单元对温度的要求，电动机冷却系统对水温的要求如下：

（1）电动机出水温度≤65 ℃；

（2）电动机/车辆控制器出水温度≤60 ℃；

（3）DC/DC及车载充电器出水温度≤57 ℃。

冷却液循环管路务必保证具有良好的密封性，被冷却单元的工作温度越低其效率越高，所以要求尽量降低被冷却单元的工作温度。

2. 冷却系统的关键部件

1）电动水泵

电动水泵是冷却液循环的动力元件，其主要作用是对冷却液加压，促使冷却液在冷却系统中循环，以带走系统中的热量。其一般采用的是永磁无刷直流电动机，浮动式转子与叶轮制成一体。严禁电动水泵在没有冷却液的情况下空载运行，否则将使转子和定子磨损，并最终导致水泵损坏。电动水泵电器接插件位于水泵后盖上，接插件为两线，分别为正极和负极。电动水泵安装在车身右纵梁前部下方，位于整个冷却系统较低的位置，水泵自带橡胶支架，起到降低噪声的作用。

2）电子风扇

电子风扇可提高流经散热器、冷凝器的空气流速和流量，以增强散热器的散热能力，并可冷却机舱其他附件。其采用两挡调速风扇。

冷却系统电动水泵与风扇由整车 ECU 控制，即根据热源（电动机、电动机控制器和充电器）的温度进行控制。由于电子风扇同时给冷凝器、散热器提供强制冷却风，故其运行策略受空调压力与整车热源温度双向控制，两者择高不择低。

3）膨胀水箱

膨胀水箱为冷却系统冷却液的排气、膨胀、收缩提供受压容积，同时也可作为冷却液加注口。手工加注流程为：打开膨胀箱盖、水箱放水阀；排空冷却系统；关闭放水阀；一次加注；起动车辆，运转水泵；二次加注；关闭膨胀箱盖。

第 7 章　新能源汽车充电技术

新能源汽车市场的快速扩张，使得与新能源汽车相配套的充换电站成为一种新兴产业，在世界各地，新能源汽车充换电站纷纷涌现，对新能源汽车的进一步推广普及起到了积极的推动作用。2015 年以来我国接连出台了《关于加快新能源汽车充电基础设施的指导意见》和《新能源汽车充电基础设施发展指南(2015—2020 年)》，明确提出到 2020 年要完成 500 万辆新能源汽车配套建设相应规模的充电基础设施的任务目标。反之，新能源汽车产业能否得到快速发展，充电技术是关键因素之一。智能、快速的充电方式成为新能源汽车充电技术发展的趋势。

7.1　概　　述

7.1.1　新能源汽车对充电设备的要求

新能源汽车充电设备是指与新能源汽车或动力电池相连接，并为其提供电能的设备，是新能源汽车充电站最主要的设备。

新能源汽车对充电设备的基本要求如下：

（1）安全性。新能源汽车充电时，要确保人员的人身安全和蓄电池组的安全。

（2）方便性。充电设备应具有较高的智能性，不需要操作人员过多干预充电过程。

（3）经济性。成本经济、价格低廉的充电设备有助于降低整个新能源汽车的成本，提高运行效益，促进新能源汽车的商业化推广。

（4）效率高。高效率是对现代充电设备最重要的要求之一，效率的高低对整个新能源汽车的能量效率具有重大影响。

（5）对供电电源污染要小。采用电力电子技术的充电设备是一种高度非线性的设备，会对供电网及其他用电设备产生有害的谐波污染，而且由于充电设备功率因数低，在充电系统负载增加时，对其供电网的影响也不容忽视。因此，要求充电设备对整个供电网污染要小。

7.1.2　新能源汽车充电设备的类型

新能源汽车充电设备的类型有很多，一般分为非车载充电动机、车载充电动机、交流充电桩、直流充电桩和交直流充电桩等。

1. 非车载充电动机

非车载充电动机是指安装在新能源汽车车体外，将电网的交流电能变换为直流电能，采用传导方式为新能源汽车动力电池充电的专用装置。图 7－1 所示为某企业生产的新能源汽车非车载充电动机。

非车载充电动机一般由高频开关电源模块、监控单元、人机操作界面、与新能源汽车相连的电气接口、计量系统和通信接口等组成。

2. 车载充电动机

车载充电动机是指固定安装在新能源汽车上运行，将交流电能转换为直流电能，采用传导方式为新能源汽车动力电池充电的专用装置。图 7－2 所示为某企业生产的新能源汽车车载充电动机。

图 7－1　新能源汽车非车载充电动机

图 7－2　新能源汽车车载充电动机

车载充电动机由交流输入接口、功率单元、控制单元、直流输出接口等部分组成，充电过程中宜由车载充电动机提供电池管理系统、充电接触器、仪表板、冷却系统等低压用电电源。

3. 交流充电桩

交流充电桩是指固定在新能源汽车外，与交流电网连接，采用传导方式为具有车载充电装置的新能源汽车提供交流电源的专用供电装置。交流充电桩只提供电力输出，没有充电功能，需连接车载充电动机为新能源汽车充电。图7－3所示为新能源汽车交流充电桩。

图7－3　新能源汽车交流充电桩

交流充电桩由桩体、电气模块和计量模块三部分组成。桩体外部结构包括外壳和人机交互界面；电气模块包括充电插座、供电电缆、电源转接端子排、安全防护装置等；计量模块包括电能表、计费管理系统、非接触式读写装置等。

4. 直流充电桩

直流充电桩是指固定在新能源汽车外，与交流电网连接，可以为非车载新能源汽车动力电池提供小功率直流电源的供电装置。直流充电桩的输入电压采用三相四线AC380V（1±15%），频率50 Hz，输出为可调直流电，直接为新能源汽车的动力电池充电。图7－4所示为新能源汽车直流充电桩。

直流充电桩主要由监控器、电度计量表、读卡器、人机交互界面、通信模块及充电接口、执行机构和户外柜体等部分组成。

5. 交直流充电桩

交直流充电桩是采用交直流一体的结构，既可实现直流充电，也可以实现交流充电。白天充电业务多的时候，使用直流方式进行快速充电，当夜间充电站用户少时可用交流充电进行慢充操作。图7－5所示为新能源汽车交直流充电桩。

图 7－4　新能源汽车直流充电桩

图 7－5　新能源汽车交直流充电桩

7.1.3　新能源汽车充电方法

新能源汽车蓄电池充电方法主要有常规充电方法和快速充电方法。

1. 常规充电方法

常规充电方法包括恒流充电法、恒压充电法和阶段充电法。

1）恒流充电法

恒流充电法是指充电过程中使充电电流保持不变的方法。恒流充电具有较大的适应性，容易将蓄电池完全充足，有益于延长蓄电池的寿命；缺点是在充电过程中，需要根据逐渐升高的蓄电池电动势调节充电电压，以保持电流不变，充电时间也较长。电池的可接受电流能力随着充电过程的进行而逐渐下降，到了充电后期，充电电流多用于电解水，产生气体，此时电能不能有效转化为化学能，多变为热能消耗掉了。

恒流充电是一种标准的充电方法，分以下 4 种类型：

（1）涓流充电，即维持电池的满充电状态，恰好能抵消电池自放电的一种充电方法，其充电电率对满充电的电池长期充电无害，但对完全放电的电池充电，电流太小。

（2）最小电流充电，是指在能使深度放电的电池有效恢复电池容量的前提下，把充电电流尽可能地调整到最小的方法。

（3）标准充电，即采用标准速率充电，充电时间为 14 h。

（4）高速率（快速）充电，即在 3 h 内就给蓄电池充满电的方法，这种充电方法需要自动控制电路保护电池不损坏。

2）恒压充电法

恒压充电法是指充电过程中保持充电电压不变的充电方法，充电电流随蓄电池电动势的升高而减小。合理的充电电压，应在蓄电池即将充足时使其充电电流趋于0。如果电压过高，会造成充电初期充电电流过大和过充电；如果电压过低，则会使蓄电池充电不足。充电初期若充电电流过大，则应适当调低充电电压，待蓄电池电动势升高后再将充电电压调整到规定值。

恒压充电的优点是：充电时间短，充电过程无须调整电压，较适合于补充充电；缺点是：不容易将蓄电池完全充足，充电初期大电流对极板会有不利影响。

3）阶段充电法

该方法包含多种充电方法的组合，如先恒流后恒压充电法、多段恒流充电法、先恒流再恒压最后恒流充电法等。常用的为先恒流后恒压的充电方式，如铅酸蓄电池、锂离子电池常采用这种方式充电。

2. 快速充电方法

为了能够最大限度地加快蓄电池的化学反应速度，缩短蓄电池达到充满电状态的时间，同时保证蓄电池正负极板的极化现象尽量少或轻，提高蓄电池使用效率，快速充电技术近年来得到了迅速发展。下面介绍几种常用的快速充电方法，这些方法都是围绕最佳充电曲线进行设计的，目的就是使充电曲线尽可能地逼近最佳充电曲线。

1）脉冲式充电法

首先用脉冲电流对电池充电，然后停充一段时间，再用脉冲电流对电池充电，如此循环，如图7－6所示。充电脉冲使蓄电池充满电量，而间歇期使蓄电池经化学反应产生的氧气和氢气有时间重新化合而被吸收掉，使浓差极化和欧姆极化自然而然地得到消除，从而减轻了蓄电池的内压，使下一轮的恒流充电能够更加顺利地进行，使蓄电池可以吸收更多的电位。间歇脉冲使蓄电池有较充分的反应时间，减少了析气量，提高了蓄电池的充电电流接受率。

2）ReflexTM 快速充电法

这种技术是美国的一项专利技术，最早主要面对的充电对象是镍镉电池。这种充电方法缓解了镍镉电池的记忆效应问题，并大大降低了蓄电池快速充电的时间。如图7－7所示，ReflexTM 充电法的一个工作周期包括正向充电脉冲、反向瞬间放电脉冲和停充维持三个阶段。与脉冲式充电法相比，该方法加入了负脉冲的思想。近年来，这种充电方法在其他类型的电池上的应用也大量开展，用于提高充电速度并降低充电过程中的极化。

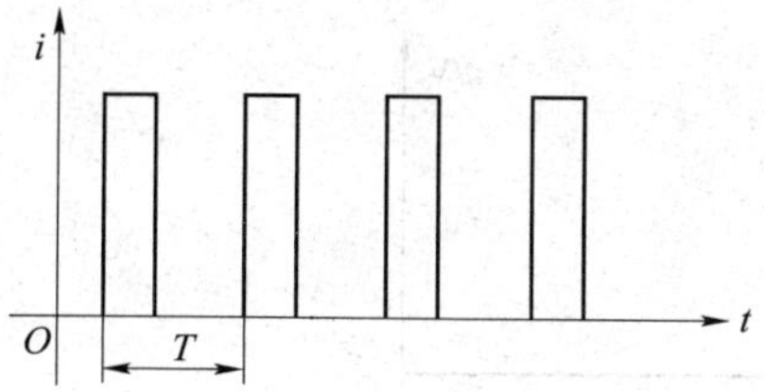

图7－6　脉冲式充电曲线

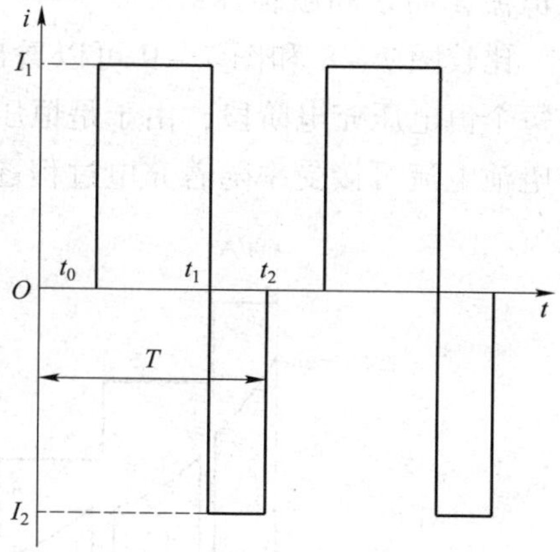

图7－7　ReflexTM快速充电曲线

3）变电流间歇充电法

这种充电方法建立在恒流充电和脉冲充电的基础上，如图7－8所示。其特点是将恒流充电段改为限压变电流间歇充电段。充电前期的各段采用变电流间歇充电的方法，保证加大充电电流，获得绝大部分充电量。充电后期采用定电压充电段，获得过充电量，将电池恢复至完全充电状态。通过间歇停充，使蓄电池经化学反应产生的氧气和氢气有时间重新化合而被吸收掉，使浓差极化和欧姆极化自然而然地得到消除，从而减轻了蓄电池的内压，使下一轮的恒流充电能够更加顺利地进行，使蓄电池可以吸收更多的电量。

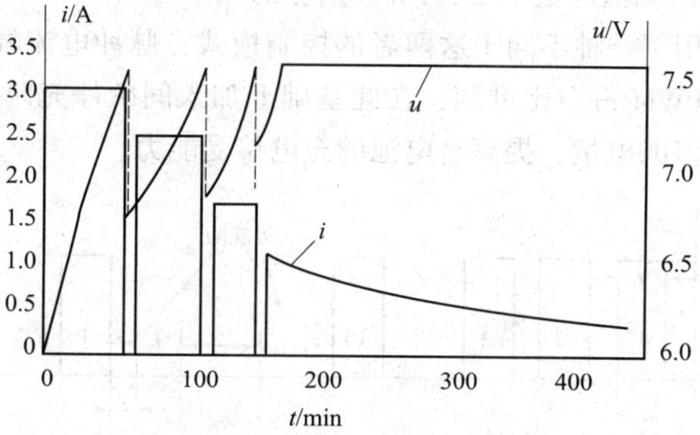

图7－8　变电流间歇充电曲线

4）变电压间歇充电法

在变电流间歇充电法的基础上又有人提出了变电压间歇充电法，如图7－9所示。变电压间歇充电法与变电流间歇充电法的不同之处在于第一阶段不是间歇恒流，而是间歇恒压。

比较图 7－8 和图 7－9 可以看出，图 7－9 更加符合最佳充电的充电曲线；在每个恒电压充电阶段，由于是恒压充电，充电电流自然按照指数规律下降，符合电池电流可接受率随着充电过程逐渐下降的特点。

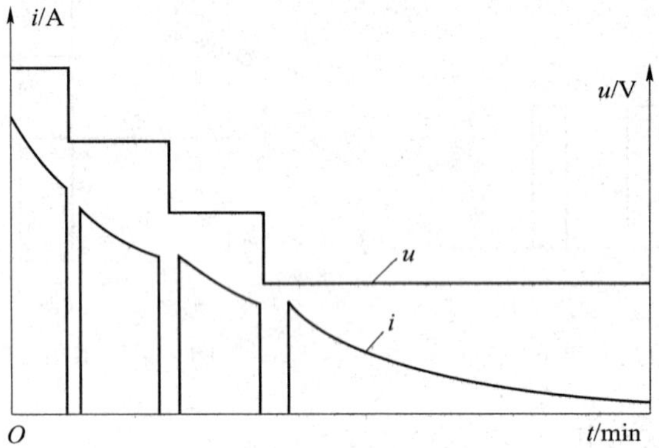

图 7－9　变电压间歇充电曲线

5）变电压、变电流波浪式间歇正负零脉冲快速充电法

综合脉冲充电法、ReflexTM 快速充电法、变电流间歇充电法及变电压间歇充电法的优点，变电压、变电流波浪式间歇正负零脉冲快速充电法得到发展应用。脉冲充电法充电电路的控制一般有两种：

（1）脉冲电流的幅值可变，而驱动充放电开关管（PWM）信号的频率是固定的。

（2）脉冲电流幅值固定不变，PWM 信号的频率可调。

图 7－10 采用了一种不同于这两者的控制模式，脉冲电流幅值和 PWM 信号的频率均固定，PWM 占空比可调，在此基础上加入间歇停充阶段，能够在较短的时间内充进更多的电量，提高蓄电池的充电接受能力。

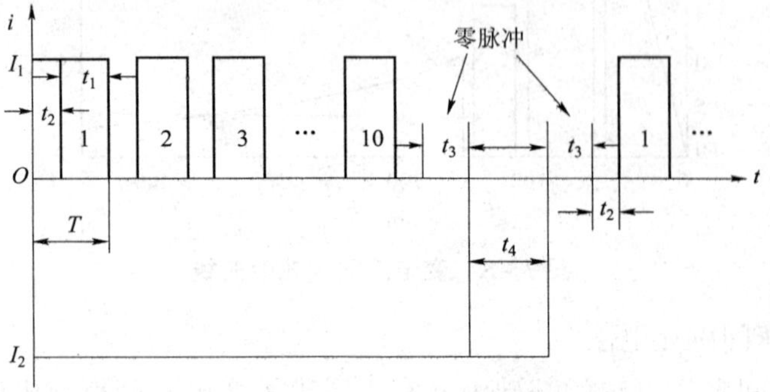

图 7－10　波浪式间歇正负零脉冲快速充电曲线

7.1.4　新能源汽车充电方式

新能源汽车充电方式主要有常规充电方式、快速充电方式、更换电池充电方式、无线充电方式和移动式充电方式。

1. 常规充电方式

常规充电方式采用恒压、恒流的传统充电方式对新能源汽车进行充电，相应充电器的工作和安装成本相对比较低。新能源汽车家用充电设施（车载充电动机）和小型充电站多采用这种充电方式。车载充电动机是新能源汽车的一种最基本的充电设备，如图 7－11 所示。充电动机作为标准配置固定在车上或放在行李厢里。由于只需将车载充电器的插头插到停车场或家中的电源插座上即可进行充电，因此充电过程一般由客户自己独立完成。直接从低压照明电路取电，充电功率较小，由 220 V/16 A 规格的标准电网电源供电。典型的充电时间为 8～10 h（SOC 达到 95% 以上）。这种充电方式对电网没有特殊要求，只要能够满足照明要求的供电质量就能够使用。由于在家中充电通常是晚上或者是在用电低谷期，有利于电能的有效利用，因此电力部门一般会给予新能源汽车用户一些优惠，如用电低谷期充电打折。

图 7－11　车载充电动机充电方式

小型充电站是新能源汽车的一种最重要的充电方式，如图 7－12 所示，充电动机设置在街边、超市、办公楼、停车场等处。采用常规充电电流充电，新能源汽车驾驶人只需将车停靠在充电站指定的位置上，接上电线即可开始充电。计费方式是投币或刷卡，充电功率一般为 5～10 kW，采用三相四线制 380 V 供电或单相 220 V 供电。其典型的充电时间是：补电 1～2 h，充满 5～8 h（SOC 达到 95% 以上）。

图 7-12 小型充电站充电方式

常规充电方式的主要优点：充电技术成熟，技术门槛低，使用方便，容易推广普及；充电设施配置简单，占地较少，投资少；电池充电过程缓和，电池能够深度充满，续航能力更长；充电时电池发热温和，不易发生高温短路或爆炸危险，安全性较高；接口和相关标准较低；充电功率相对低，对配电网要求降低，基础设施配套需求小；一般选择夜间充电，可避开傍晚用电高峰期，享受低谷电价优惠，节能效果较好。

常规充电方式的主要缺点：充电时间长，续驶里程有限，使用受到限制。用于有慢速充电需求的停车场所，如住宅小区停车场、社会公共停车场等。

2. 快速充电方式

快速充电方式以 150 ~ 400 A 的高充电电流在短时间内为蓄电池充电，与常规充电方式相比安装成本相对较高。快速充电也可称为迅速充电或应急充电，其目的是在短时间内给新能源汽车充满电，充电时间应该与燃油车的加油时间接近。大型充电站（机）多采用这种充电方式。

大型充电站（机）的快速充电方式如图 7-13 所示，它主要针对长距离旅行或需要进行快速补充电能的情况进行充电，充电动机功率很大，一般都大于 30 kW，采用三相四线制 380 V 供电。其典型的充电时间是 10 ~ 30 min。这种充电方式对电池寿命有一定的影响，特别是普通蓄电池不能进行快速充电，因为在短时间内接受大量的电量会导致蓄电池过热。快速充电站的关键是非车载快速充电组件，它能够输出 35 kW 甚至更高的功率。由于功率和电流的额定值都很高，因此这种充电方式对电网有较高的要求，一般应靠近 10 kV 变电站附近或在监测站和服务中心使用。

图7－13　大型充电站（机）的快速充电方式

快速充电方式的主要优点：技术较为成熟，接口标准要求较低并逐渐统一；充电速度快，增加新能源汽车长途续航能力，是一种有效的补充方案。

快速充电方式的主要缺点：充电功率较大，接口和用电安全提高，电池散热成为重要因素；电池不能深度充电，一般为电池容量的80%左右，容易损害电池寿命，需要承担更多的电池折旧成本；短时用电消耗大，对配电网要求较高，基础设施配套需求巨大；一般在白天和傍晚时间段充电，属于城市电力负荷高峰时段，对城市电网的安全性是一种威胁，而且不享受夜间电价打折。

3. *更换电池充电方式*

更换电池充电方式采用更换动力电池的方法迅速补充车辆电能，更换电池可在10 min以内完成，理论上无限提升了车辆续驶里程。

图7－14所示为利用换电动机器人为新能源汽车更换电池。

图7－14　利用换电动机器人为新能源汽车更换电池

更换电池充电方式的主要优点：电池更换就像传统的加油站加油；用户只需购买裸车，电池采用租赁，大幅降低了车辆价格；采用适合的充电方式保证电池的健康及电池效能的发挥，电池集中管理便于集中回收和维护，减小环境污染；选择夜间用电低谷时段慢速充电，降低服务机构运行成本，对电网起到错峰填谷作用。

更换电池充电方式的主要缺点：基础设施建设成本较高，占用场地大，电网配套要求高；需解决新能源汽车更换电池方便问题，如电池设计安装位置、电池拆卸难易程度等；需要新能源汽车行业众多标准的严格统一，包括电池本身外形和各项参数的标准化，电池和电动车接口的标准化，电池和外置充电设备接口的标准化等；电池更换容易导致电池接口接触不良等问题，对电池及车辆接口的安全可靠要求提高；电池租赁带来的资产管理、物流配送、计价收费等一系列问题，运作复杂性和成本提高。

4. *无线充电方式*

新能源汽车无线充电方式是利用无线电能传输技术对蓄电池进行充电的一种新型充电方式，主要有感应式、谐振式和微波无线电能传输三种形式。

（1）感应式无线电能传输是松散耦合结构，相当于可分离变压器。

（2）谐振式无线电能传输利用近场电磁共振耦合，可以实现电能中距离有效传输。

（3）微波无线电能传输是一种远场辐射型能量传输方式，由于其传输效率很低，而且容易对人体产生危害，因此不宜用于新能源汽车无线充电。

相对于新能源汽车的有线充电而言，无线充电具有使用方便、安全、可靠，没有电火花和触电的危险，无积尘和接触损耗，无机械磨损，没有相应的维护问题，可以适应雨雪等恶劣的天气和环境等优点。无线充电技术用于新能源汽车充电可以降低人力成本，节省空间，不影响交通视线等。如果可以实现新能源汽车的动态无线充电，则可以大幅减少新能源汽车配备的动力电池容量，从而减小车体质量，降低新能源汽车的运行成本。

有了无线充电技术，公路上行驶的新能源汽车或双能源汽车可通过安装在电线杆或其他高层建筑上的发射器快速补充电能。电费将从汽车上安装的预付卡中扣除。

新能源汽车无线充电示意图如图 7-15 所示。

5. *移动式充电方式*

对新能源汽车蓄电池而言，最理想的情况是新能源汽车在路上巡航时充电，即所谓的移动式充电（MAC）。这样，新能源汽车用户就没有必要去寻找充电

图 7-15　新能源汽车无线充电示意图

站、停放车辆并花费时间去充电了。移动式充电系统埋设在一段路面之下，即充电区，不需要额外的空间。

接触式和感应式的移动式充电系统都可实施。对接触式的移动式充电系统而言，需要在车体的底部装一个接触拱，通过与嵌在路面上的充电元件接触，接触拱便可获得瞬时高电流。当新能源汽车巡航通过移动式充电区时，其充电过程为脉冲充电。对于感应式的移动式充电系统，车载式接触拱被感应线圈所取代，嵌在路面上的充电元件被可产生强磁场的高电流绕组所取代。很明显，由于机械损耗和接触拱的安装位置等因素的影响，接触式的移动式充电对人们的吸引力不大。

目前的研究主要集中在感应式移动充电方式，因为它不需要机械接触，也不会产生大的位置误差。当然，这种充电方式的投资巨大，现在仍处于实验阶段。

7.1.5　新能源汽车充电技术的发展趋势

新能源汽车充电技术具有以下发展趋势：

（1）充电通用化。在多种类型蓄电池、多种电压等级共存的市场背景下，用于公共场所的充电装置必须具有适应多种类型蓄电池系统和适应各种电压等级的能力，即充电系统需要具有充电广泛性，具备多种类型蓄电池的充电控制算法，可与各类新能源汽车上的不同蓄电池系统实现充电特性匹配，能够针对不同的电池进行充电。因此，在新能源汽车商业化的早期，就应该制定相关政策措施，规范公共场所用充电装置与新能源汽车的充电接口、充电规范和接口协议等。

（2）充电快速化。在目前动力电池比能量不能大幅度提高、续驶里程有限的情况下，提高充电速度，从某种意义上可以缓解新能源汽车续驶里程短导致的使用不方便的问题。

（3）实现智能充电控制。新能源汽车充电行为具有随机性和间歇性，会对电网造成诸多不利影响。如果能在提供方便安全的新能源汽车充电服务的基础上，通过现代化的技术手段和管理方法，对新能源汽车充电设施进行统一监控，实现充电网络一体化、自动化与智能化的充电设施管理与控制，可大幅度削弱新能源汽车充电给电力系统带来的不利影响，甚至可将新能源汽车充电设施作为电力系统的"友好负荷"，使其参与电力系统削峰填谷，有助于提高电力系统的运行效率和安全性。充电系统应该能够自动识别电池类型、充电方式、电池故障等信息，以降低充电人员的工作强度，提高充电安全性和充电工作效率。

（4）与新能源发电配合。新能源发电可利用的资源丰富、污染较少，甚至是零污染，可以在一定程度上缓解电力供应的紧张情况和环保压力。如能将充电设施与新能源发电集成接入电力系统，将在一定程度上削弱新能源接入对电力系统造成的不利影响，降低充电设施带来的负荷增量，提高可再生能源的利用率；在新能源丰富的郊区建立新能源汽车充电站，同时在市区提供电池组更换服务，通过双向运输等方式促进新能源汽车和新能源发电的发展。

（5）管理网络化。对于一些公共场合，例如大型市场的停车场、公交车总站等，为了适用数量大的新能源汽车充电要求，就必须配备相当数量的充电器，如何对这些充电器进行有效的协调管理是一个不可忽视的问题。基于网络化的管理体制，可以使用中央控制主机来监控分散的充电器，从而实现集中管理、统一标准及降低使用和管理成本的目的。

（6）作为系统储能的组成部分。由于太阳能、风能具有随机性、波动性和不可控性，在含光伏发电、风力发电的微电网或配电网中，需配置一定容量的储能设备。若储能配置偏少，可能无法满足系统发电和用电之间的实时动态平衡；若储能配置过于充裕，将显著增加系统总投资费用，可能造成经济性变差。从新能源汽车特性可知，只有在蓄电池荷电状态比较充裕时才可使用，因此当新能源汽车的电量不足以行驶时，仍有一定的电量存储，可用于参与含分布式电源的微电网或配电网功率实时动态平衡。此外，新能源汽车行驶时间通常较短，可在其大量的空置时间内参与电网运行，作为储能单元参与系统削峰填谷，减少系统静态储能设备的配置，提高系统的经济性。

（7）成为智能电网的重要组成部分。新能源汽车是发展新能源汽车的重要方向，支持新能源汽车发展的电网技术是智能电网的重要组成部分。目前，为充电设施安装智能电表、充电站双向通信设施等都是新能源汽车充电的主要研究方向。智能电网的实现也依赖于对电网中各环节重要运行参数的在线监测和实时信息掌控，新兴的物联网可作为“智能信息感知末梢”，使管理更加集中化、统一化、智能化。将物联网应用于新能源汽车充电有助于实现新能源汽车的自动识别、自动报警、自动管理等功能，是推动智能电网发展的重要技术手段。

7.2 充　电　机

7.2.1 充电动机的类型及性能要求

充电动机是与交流电网连接，为动力电池等可充电的储能系统提供直流电能的设备。它一般可由功率控制单元、计量单元、充电接口、供电接口及人机交互界面等部分组成，实现充电计量等功能，并扩展具有反接、过载、短路、过热等多重保护功能及延时起动、软起动、断电记忆自起动等功能。

充电动机技术涉及两个方面：

（1）充电动机的集成和控制技术，主要是通过研究充电过程对电池使用寿命、温度、安全性等方面的影响，选择合理的拓扑结构，采取合适的充电方式，实现充电过程的动态优化及智能化控制，从而实现最优充电。

（2）充电监控技术，主要是规范充电动机和充电站监控系统之间的通信协议，实现对多台充电动机状态和充电过程的实时监控，并达到与其他监控系统、运营收费系统通信的功能。

1. 充电动机的类型

新能源汽车充电动机根据不同的分类标准，可分为多种类型，如表 7－1 所示。

表 7－1　新能源汽车充电动机的类型

分类标准	充电动机类型	
安装位置	车载充电动机	非车载充电动机
输入电源	单相充电动机	三相充电动机
连接方式	传导式充电动机（接触式）	感应式充电动机（非接触式）

1）车载充电动机

车载充电动机安装于新能源汽车上，通过插头和电缆与交流插座连接。车载充电动机的优点是在蓄电池需要充电的任何时候，只要有可用的供电插座，就可以进行充电。其缺点是受车上安装空间和质量限制，功率小，只能提供小电流慢速充电，充电时间一般较长。图 7－16 所示为电动轿车安装的 3 kW 车载充电动机。

2）非车载充电动机

非车载充电动机一般安装于固定的地点，与交流输入电源连接，直流输出端与需要充电的新能源汽车充电接口连接。非车载充电动机可以提供大功率电流输出，不受车辆安装空间的限制，可以满足新能源汽车大功率快速充电的要求。图7－17所示为向电动轿车提供快速充电的50 kW充电动机。

图7－16 某电动轿车安装的3 kW车载充电动机

图7－17 非车载充电动机

3）传导式充电动机和感应式充电动机

传导式充电动机的供电部分与受电部分有着机械式的连接，即输出通过电力电缆直接连接到新能源汽车充电接口上，如图7－18所示，新能源汽车上不装备电力电子电路。这种充电动机结构相对简单，容易实现，但操作人员不可避免地要接触到强电，所以容易发生危险。

图7－18 传导式充电

感应式充电动机利用电磁能量传递原理，以电磁感应耦合方式向新能源汽车传输电能，供电部分和受电部分之间没有直接的机械连接，如图7－19所示，两者的能量传递只是依靠电磁能量的转换，这种结构设计比较复杂，受电部分安装在新能源汽车上，受到车辆安装空间的制约，功率受到一定的限制，但由于不需要充电人员直接接触高压部件，安全性高。

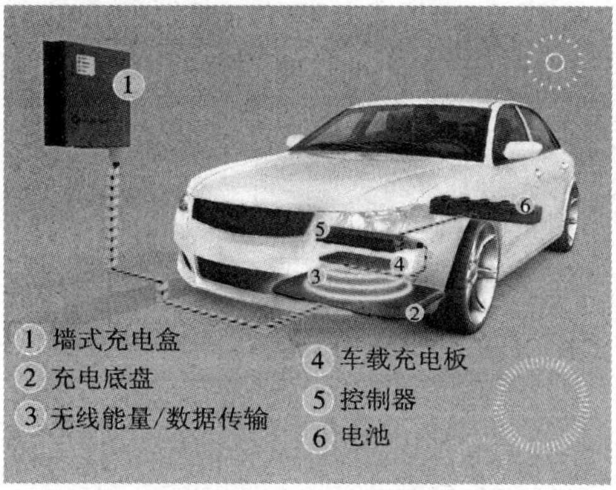

图 7－19　感应式充电

2. 充电动机的性能要求

为实现安全、可靠、高效的动力电池组充电，充电动机需要达到以下基本性能要求：

（1）安全性。保证新能源汽车充电时，操作人员的人身安全和蓄电池组充电安全。

（2）易用性。充电动机要具有较高的智能性，不需要操作人员对充电过程进行过多的干预。

（3）经济性。充电动机的成本降低，对降低整个新能源汽车使用成本，提高运行效益，促进新能源汽车的商业化推广有重要的作用。

（4）高效性。保证充电动机在充电全功率范围内高效率，在长期的使用中可以节约大量的电能。提高充电动机能量转换效率对新能源汽车全寿命经济性有重要作用。

（5）对电网的低污染性。由于充电动机是一种高度非线性设备，在使用中会产生对电网及其他用电设备有害的谐波污染，需要采用相应的滤波措施降低充电过程对电网的污染。

7.2.2　新能源汽车车载充电动机

车载充电动机具有为新能源汽车动力电池安全、自动充满电的能力。充电动机依据电池管理系统提供的数据，能动态调节充电电流或电压参数，执行相应的动作，完成充电过程。

1. 新能源汽车车载充电动机的组成

车载充电动机由交流输入端口、功率单元、控制单元、低压辅助单元、直流输出端口等部分组成。车载充电动机连接示意图如图 7－20 所示。

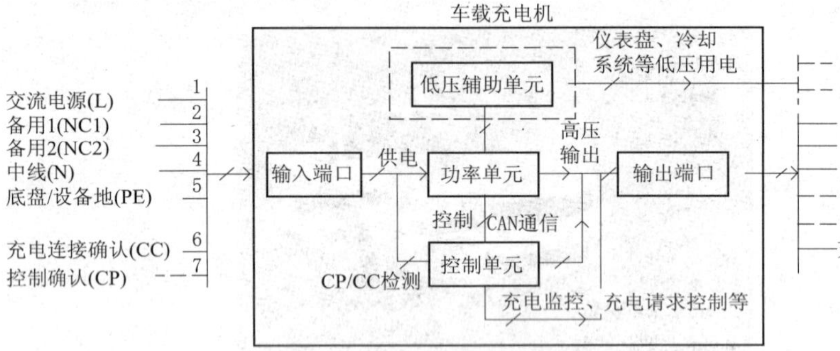

图 7－20 车载充电动机连接示意图

输入端口是车载充电动机与地面供电设备的连接装置，当使用车载充电动机对新能源汽车充电时，推荐使用图 7－21 所示的典型引导电路作为充电接口连接状态及车载充电动机输出的判断装置。

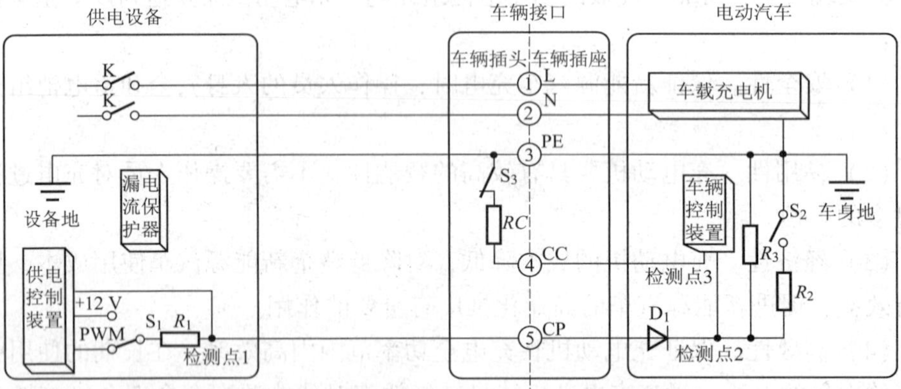

图 7－21 车载充电动机输入控制引导电路

功率单元作为充电能量的传递通道，主要包括 EMI 抑制模块、整流模块、PFC 校正模块、滤波模块、全桥变换模块、直流输出模块，其作用是在控制单元的配合下，把电网的交流电转换成蓄电池需要的高压直流电。

控制单元主要包括原边检测及保护模块、过电流检测及保护模块、过电压/欠电压监测及保护模块、DSP 主控模块，其作用是通过电力电子开关器件控制功率单元的转换过程，通过闭环控制方式精确完成转换功能，并提供保护功能。

低压辅助单元主要包括 CAN 通信模块、辅助电源模块、人机交互模块，其作用是为控制单元的电力电子器件提供低压供电及实现系统与外界的联系。

输出端口是车载充电动机与蓄电池之间的连接装置，车载充电动机输出控制引导电路如图7－22所示。

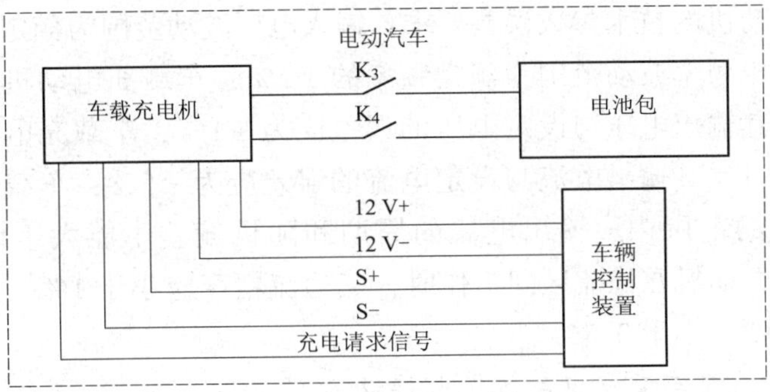

图7－22　车载充电动机输出控制引导电路

2. 新能源汽车车载充电动机技术参数

车载充电动机输入技术参数的推荐值如表7－2所示。

表7－2　车载充电动机输入技术参数的推荐值

序号	额定输入电压/V	额定输入电流/A	额定输入功率/kW	额定频率/Hz
1	单相220	10	2.2	50
2	单相220	16	3.5	
3	单相220	32	7.0	
4	三相380	16	10.5	
5	三相380	32	21.0	
6	三相380	63	41.0	

车载充电动机输出技术参数的推荐值如表7－3所示。

表7－3　车载充电动机输出技术参数的推荐值

输出电压等级	输出电压范围/V	标称输出电压推荐值/V
1	24～65	48
2	55～120	72
3	100～250	144
4	200～420	336
5	300～570	384、480
6	400～750	640

输出电流可根据各厂家蓄电池组电压情况设定。车载充电动机在额定输入电压、额定负载的状态下，效率应不低于90%，功率因数应不低于0.92。

车载充电动机的技术参数误差要求：输入电压波动范围为额定输入电压的±15%；输入电压频率波动范围为额定频率的±2%；车载充电动机在恒压输出状态下运行时，其输出电压与设定电压的误差应为±1%；车载充电动机在恒流输出状态下运行时，其输出电流与设定电流的误差应为±5%；车载充电动机在允许的输出电流的范围内，输出电流的周期和随机偏差不能大于设定电流值的10%；车载充电动机在稳流区间工作时，其稳流精度应小于1%，在稳压区间工作时，稳压精度应小于0.5%。

3. 新能源汽车车载充电动机充电接口

新能源汽车车载充电动机属于交流充电，其接口应满足交流充电接口的要求。

车载充电动机车辆供电插头的触头布置方式如图7－23所示，车辆充电插座的触头布置方式如图7－24所示。

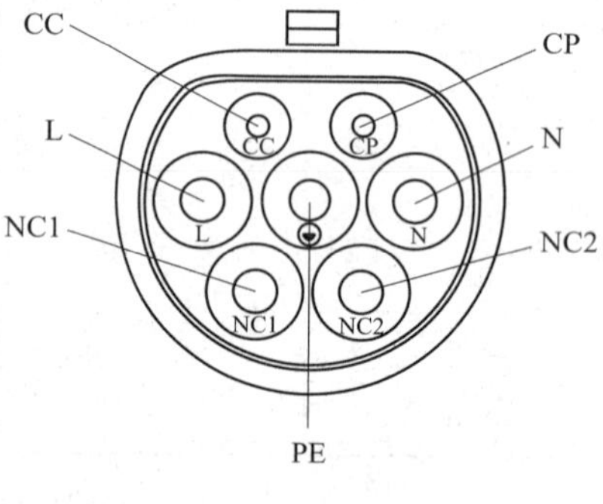

图7－23　车载充电动机车辆供电插头的触头布置方式

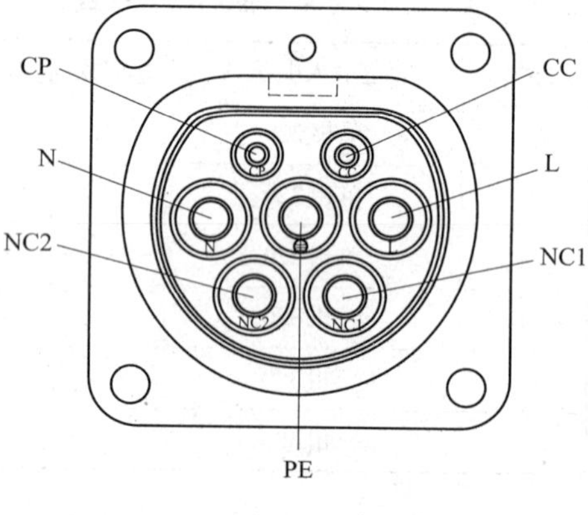

图7－24　车载充电动机车辆充电插座的触头布置方式

在充电连接过程中，首先接通保护接地触头，最后接通控制确认触头与充电连接确认触头；断开过程与此相反。车辆充电接口的电气连接界面如图7－25所示，供电接口的电气连接界面如图7－26所示。

4. 新能源汽车车载充电动机充电过程

利用车载充电动机对新能源汽车充电，充电过程如下：

（1）将车辆插头和插座插合后，车辆的总体设计方案可以自动启动某种触发条件，通过互锁或者其他控制措施使车辆处于不可行驶状态。

（2）新能源汽车车辆控制装置通过测量图7－21中检测点3与PE之间的电阻值，判断车辆插头与车辆插座是否已完全连接。

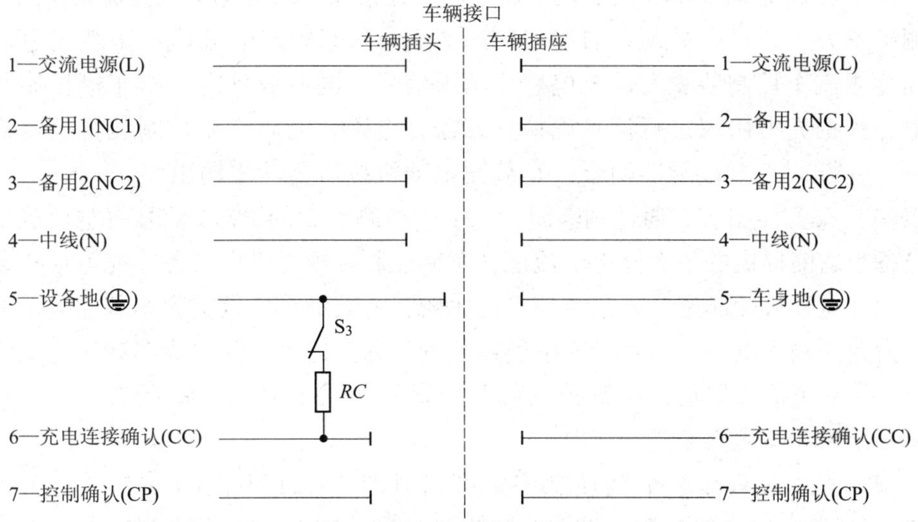

图 7－25　车辆充电接口的电气连接界面

（3）在操作人员对供电设备完成充电启动设置后，如供电设备无故障，并且供电接口已完全连接，则闭合 S_1，供电控制装置发出 PWM 信号，新能源汽车车辆控制装置通过测量图 7－21 中检测点 2 的 PWM 信号，判断充电连接装置是否已完全连接。

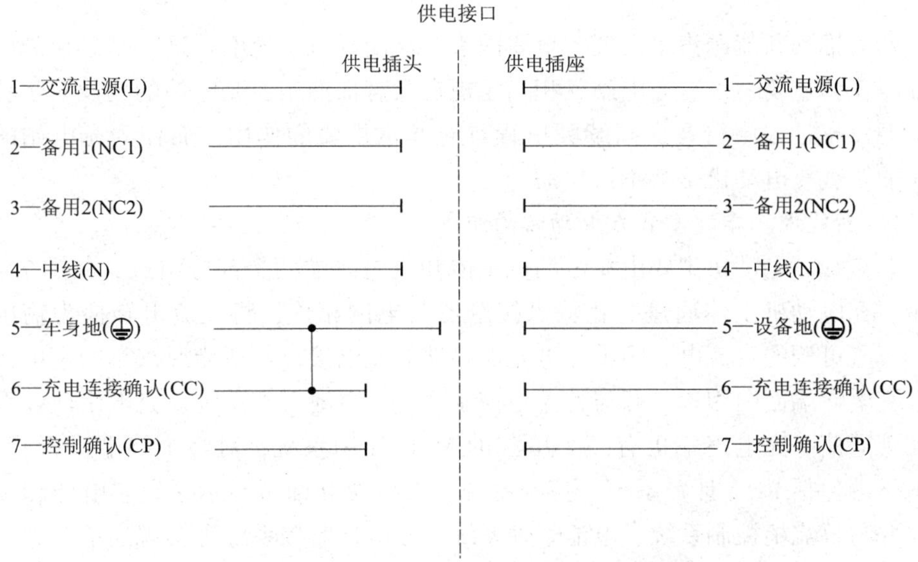

图 7－26　车辆供电接口的电气连接界面

（4）在新能源汽车和供电设备建立电气连接及车载充电动机完成自检后，通过测量图7－21中检测点2的PWM信号确认充电额定电流值；车载充电动机给新能源汽车控制装置发送充电感应请求信号，同时或延时后给车辆控制装置供电；根据充电协议进行信息确认，若需充电则新能源汽车控制装置发送需充电报文并控制充电接触器闭合，车载充电动机按所需功率输出。

（5）车辆控制装置通过判断图7－21中检测点2的PWM信号占空比确认供电设备当前能提供的最大充电电流值；车辆控制装置对供电设备、充电连接装置及车载充电动机的额定输入电流值进行比较，将其最小值设定为车载充电动机当前最大允许输入电流；当判断充电连接装置已完全连接，并完成车载充电动机最大允许输入电流设置后，车辆控制装置控制图7－22中K_3、K_4闭合，车载充电动机开始对新能源汽车进行充电。

（6）充电过程中，车辆控制装置可以对图7－21中检测点3的电压值及PWM信号占空比进行监测，供电控制装置可以对图7－21中检测点1的电压值进行监测。

（7）在充电过程中，当充电完成或者因为其他原因不满足充电条件时，车辆控制装置发出充电停止信号给车载充电动机，车载充电动机停止直流输出、CAN通信和低压辅助电源输出。

7.2.3 新能源汽车非车载充电动机

作为推动新能源汽车发展的重要因素，新能源汽车充电站这一基础设施的建设显得尤为重要，没有充电站就相当于现在没有加油站，充电站的建设对于提供新能源汽车远程旅行及提高续驶里程具有非常重要的作用，而作为充电站的核心，非车载充电动机是必不可少的。

1. 新能源汽车非车载充电动机的组成

非车载充电动机主要由充电动机主体和充电终端两个部分组成，如图7－27所示。充电动机主体通过三相输入接触器与电网相连，将交流电转换为输出电压、电流可调的直流电。输出经过充电终端的充电接口与新能源汽车的蓄电池相连。充电终端面向用户，并与整流柜控制系统、电池管理系统、充电站监控系统等实现通信。充电终端也有一个单独的MCU控制系统，对整个终端进行管理。充电终端包括IC卡计费系统、打印系统、人机交互面板显示系统、电能测量系统，并与整流柜控制系统、电池管理系统、充电站监控系统等实现通信，它们之间的相互关系如图7－28所示。

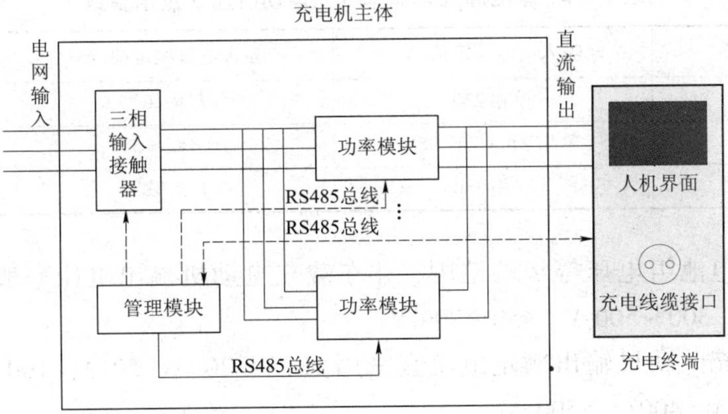

图7－27　非车载充电动机系统结构

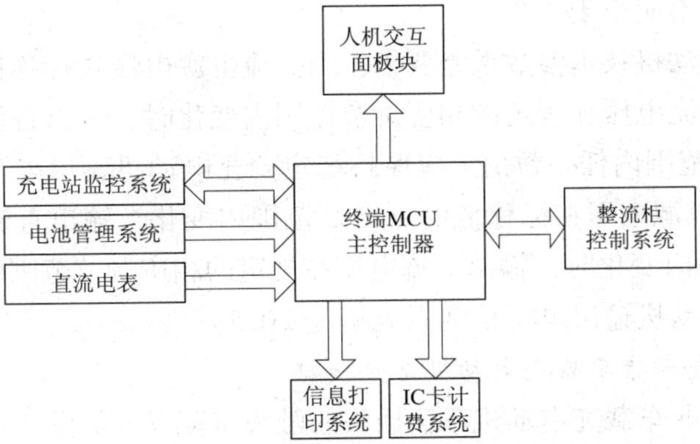

图7－28　非车载充电动机充电终端结构

功率模块是非车载充电动机中实现能量传递的主体，是充电动机中最关键的部件，单个功率模块难以实现充电动机的大功率输出，必须选择分布式系统来实现，即多个相同的功率模块并联均流。

人机交互界面不但要提供充电时客户所关心的一些信息，还要提供给充电站维护人员一些必要信息，主要有电池类型、充电电压、充电电流、电能量计量信息，电池单体最高/最低电压，故障及报警信息等；在充电完成后，需要充电动机打印输出交易信息，如用电度数、交易金额及充电时间等。

管理模块和充电终端及各功率模块进行数据交互，通过RS485总线下发正确的充电控制命令和参数设置命令给各功率模块。功率模块作为充电的具体执行模块，按照管理模块下发的命令上传自身参数，或者接收管理模块的命令，设置相关参数完成充电过程。管理模块和功率模块协同工作实现充电功能。

2. 新能源汽车非车载充电动机技术参数

新能源汽车非车载充电动机输入技术参数如表7－4所示。

表 7－4 新能源汽车非车载充电动机输入技术参数

输入方式	输入电压额定值/V	输入电流额定值/A	频率/Hz
1	单相 220	$I_N \leqslant 16$	50
2	单相 220/三相 380	$16 < I_N \leqslant 32$	
3	三相 380	$I_N > 32$	

根据蓄电池组电压等级的范围，非车载充电动机输出电压一般分为三级：150～350 V，300～500 V，450～700 V。

非车载充电动机输出额定电流宜采用 10 A、20 A、50 A、100 A、160 A、200 A、315 A、400 A、500 A。

当非车载充电动机的输出功率为额定功率的 50%～100% 时，效率不应小于 90%，功率因数不应小于 0.9。

非车载充电动机技术参数误差要求：当交流电源电压在标称值的 ±15% 范围内变化，输出直流电压在规定的相应调节范围内变化时，输出直流电流在额定值的 20%～100% 范围内任一数值上应保持稳定，充电动机输出电流精度不应超过 ±1%；当交流电源电压在标称值的 ±15% 范围内变化，输出直流电流在额定值的 0～100% 范围内变化时，输出直流电压在规定的相应调节范围内任一数值上应保持稳定，充电动机输出电压精度不应超过 ±0.5%。

3. 新能源汽车非车载充电动机充电接口

新能源汽车非车载充电动机车辆插头的触头布置方式如图 7－29 所示，车辆插座的触头布置方式如图 7－30 所示。

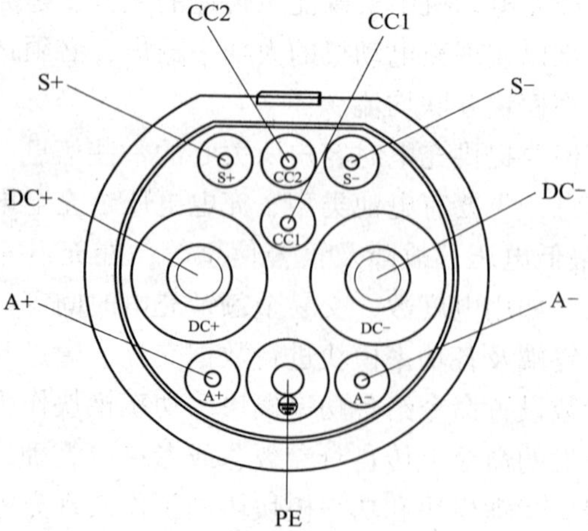

图 7－29 非车载充电动机车辆插头的触头布置方式

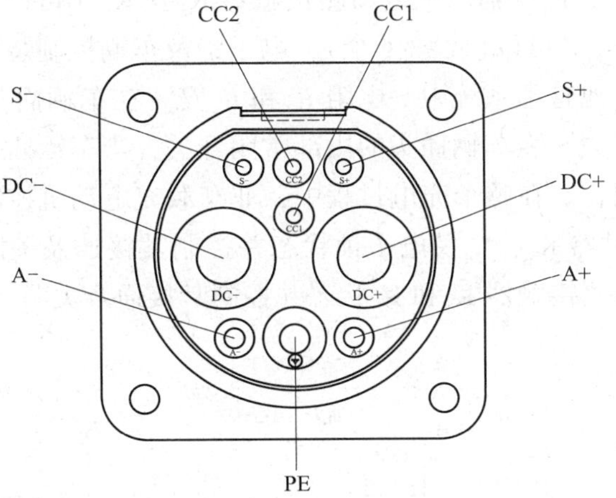

图 7 - 30　非车载充电动机车辆插座的触头布置方式

车辆插头和车辆插座在连接过程中触头耦合的顺序为保护接地，直流电源正、直流电源负、车辆端连接确认，低压辅助电源正与低压辅助电源负，充电通信与供电端连接确认；在脱开的过程中则顺序相反。直流充电接口的连接界面如图 7 - 31 所示。

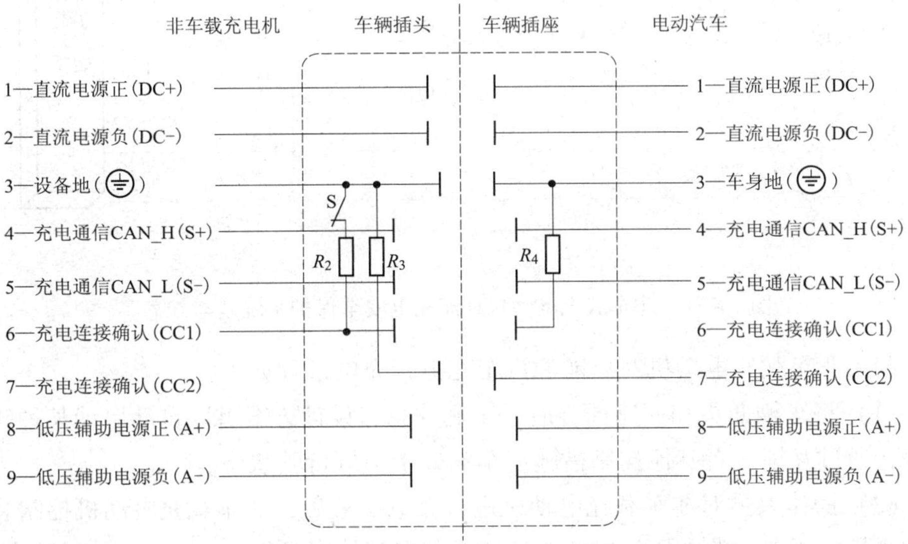

图 7 - 31　非车载充电动机直流充电接口的连接界面

4. 新能源汽车非车载充电动机充电过程

非车载充电动机直流充电安全保护系统的基本方案如图 7 - 32 所示，包括非车载充电动机控制装置，电阻 $R_1 \sim R_5$，开关 S，直流供电回路接触器 K_1 和 K_2

（可以仅设置 1 个），低压辅助供电回路接触器 K_3 和 K_4（可以仅设置 K_3），充电回路接触器 K_5 和 K_8（可以仅设置1 个），电子锁及车辆控制装置，其中车辆控制装置可以集成在电池管理系统中。电阻 R_2 和 R_3 安装在车辆插头上，电阻 R_4 安装在车辆插座上。开关 S 为车辆插头的内部常闭开关，当车辆插头和车辆插座完全连接后，开关 S 闭合。在整个充电过程中，非车载充电动机控制装置应能监测接触器 K_1、K_2，接触器 K_3、K_4 及电子锁状态并控制其接通及关断；新能源汽车车辆控制装置应能监测接触器 K_5 和 K_6 状态并控制其接通及关断。

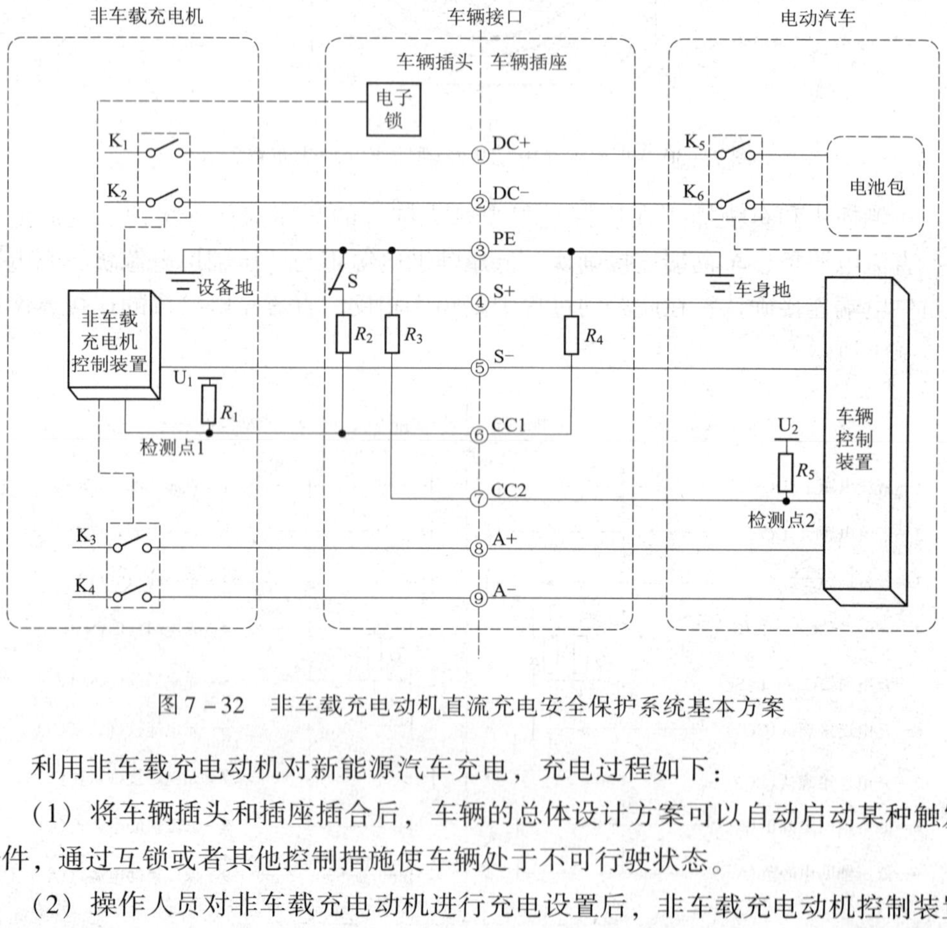

图 7－32 非车载充电动机直流充电安全保护系统基本方案

利用非车载充电动机对新能源汽车充电，充电过程如下：

（1）将车辆插头和插座插合后，车辆的总体设计方案可以自动启动某种触发条件，通过互锁或者其他控制措施使车辆处于不可行驶状态。

（2）操作人员对非车载充电动机进行充电设置后，非车载充电动机控制装置通过测量检测点 1 的电压值判断车辆插头与车辆插座是否已完全连接，如检测点 1 的电压值为 4 V，则判断车辆接口完全连接，非车载充电动机控制电子锁锁止。

（3）在车辆接口完全连接后，如非车载充电动机完成自检，则闭合接触器 K_3 和 K_4，使低压辅助供电回路导通，同时开始周期发送充电动机辨识报文；在得到非车载充电动机提供的低压辅助电源供电后，车辆控制装置通过测量检测点

2的电压值判断车辆接口是否已完全连接；如检测点2的电压值为6 V，则车辆控制装置开始周期发送车辆控制装置（或电池管理系统）辨识报文，该信号也可以作为车辆处于不可行驶状态的触发条件之一。

（4）车辆控制装置与非车载充电动机控制装置通信完成握手和配置后，车辆控制装置闭合接触器 K_5 和 K_6，使充电回路导通，非车载充电动机控制装置闭合接触器 K_1 和 K_2，使直流供电回路导通。

（5）在整个充电阶段，车辆控制装置通过向非车载充电动机控制装置实时发送充电级别需求来控制整个充电过程，非车载充电动机控制装置根据电池充电级别需求来调整充电电压和充电电流以确保充电正常进行。此外，车辆控制装置和非车载充电动机控制装置还相互发送各自的状态信息。

（6）车辆控制装置根据电池系统是否达到满充状态或是否收到充电动机中止充电报文来判断是否结束充电。在满足以上充电结束条件时，车辆控制装置开始周期发送车辆控制装置（或电池管理系统）中止充电报文，在一定时间后断开接触器 K_5 和 K_6；非车载充电动机控制装置开始周期发送充电动机中止充电报文，并控制充电动机停止充电，之后断开接触器 K_1、K_2、K_3 和 K_4，然后电子锁解锁。

7.3　充　电　站

充电站（Charge Station）主要是指快速高效、经济安全地为各种新能源汽车提供运行中所需电能的服务性基础设施。为提高车辆的使用率和使用方便性，除采用动力电池车载充电以外，还可采取新能源汽车动力电池系统与备用电池系统更换的方案使新能源汽车获得行驶所必需的电能。

7.3.1　充电站主要功能与布局

充电站的主要功能决定其总体布局。一般来说，一个功能完备的充电站由配电区、监控区、充电区、更换电池区和电池维护区5个基本部分组成，如图7－33所示。根据充电站的规模和服务功能差异，在功能区设置上存在一定的差异。例如，不需要对电池进行更换的充电站将不需要设置更换区以及配备电池更换设备和大量电池的存储设备。

（1）配电区。配电区为充电站提供所需的电源，不仅给充电动机提供电能，而且要满足照明、控制设备的需要，内部建有变配电所有设备、配电监控系统，相关的控制和补偿设备也需要加以考虑。配电室是整个充电站正常运行的基础。根据配电功率的需要，一般采用充电用负荷、监控和办公负荷分开供电的形式。

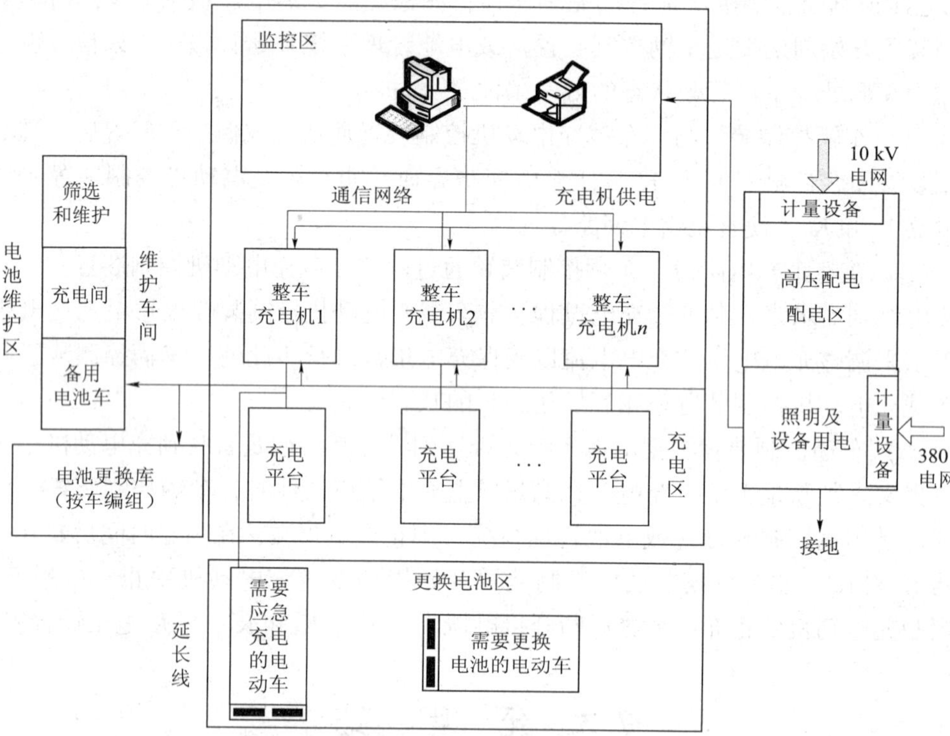

图 7－33　充电站总体结构

（2）充电区。充电区完成动力电池组电能的补给，是整个充电站的核心部分，配备各种形式的充电动机，建设充电平台以及充电站监控系统网络接口，满足多种形式的充电需求，提供方便、安全和快捷的全方位充电服务。

（3）更换电池区。更换电池区是车辆更换电池和电池调度的场所，需要配备电池更换设备，同时应建设电池存储区域用于存放备用动力电池组。

（4）电池维护区。对所有的电池实时进行数量、质量和状态管理，开展电池重新配组、电池组均衡、电池组实际容量测试、电池故障的应急处理和日常维护等工作。

（5）监控区。监控区用于监控整个充电站的运行状况，包括充电参数监控、烟雾监控、配电监控等，可以扩展具备车辆运行参数监控、场站安保监控等功能，并完成管理状况的报表打印等。各监控子系统可通过局域网和 TCP/IP 协议与中央监控室以及上一级的监控中心进行连接，实现数据汇总、统计、故障显示以及监控功能。充电站监控系统构架如图7－34 所示，一般采用分级并行结构。

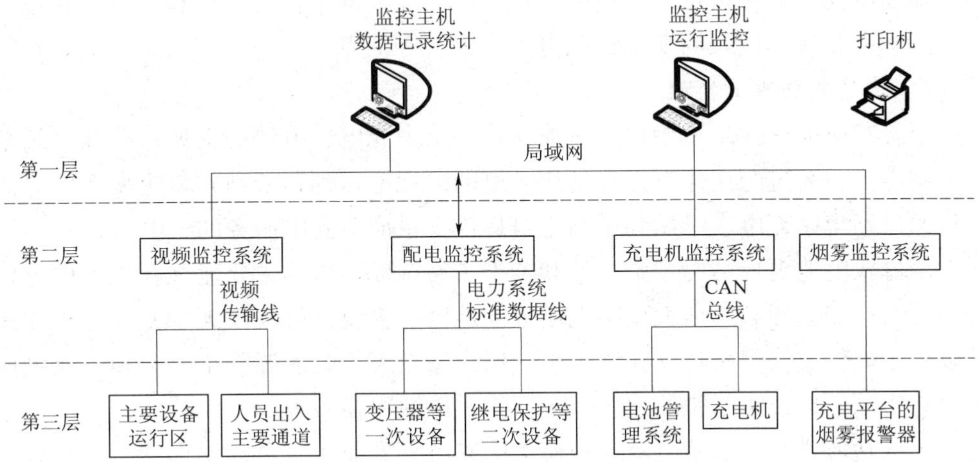

图 7－34　充电站监控系统架构

配电监控系统要通过现场总线实现配电站供电系统信息的交换和管理，除实现常规的二次设备继电保护、安全自动装置、测量仪表、操作控制、信号系统等功能之外，该系统需要和监控系统实现通信，保证当充电系统出现故障时，配电系统能够采取适当的措施进行处理。

烟雾监控系统主要监视充电平台上的电池状态，当电池发生冒烟、燃烧等危险状况时发出警报。该系统独立于电池管理系统，是电池安全措施的一部分。

充电动机监控系统完成充电过程的监控，充电动机数据以及电池数据通过通信传输到监控计算机，监控计算机完成数据分析以及报表打印等。监控计算机也可以通过通信对充电动机的起停以及输出电流、电压实现控制。

视频监控系统对整个充电站的主要设备运转以及人员进行安全监视。

7.3.2　充电站建设形式

由于新能源汽车可以采用整车充电和更换电池的方式来进行电能补充，故充电站的建设形式较加油站有很大的灵活性。按建设和结构形式来划分，充电站可分为一体式充换电站、子母式电池更换站、停车式整车充电站。

1. 一体式充换电站

一体式充换电站根据作业车间布局的相对位置，可分为地面一体式充换电站、地下一体式充换电站和立体式充换电站等。该类充换电站以采用电池更换设备提供电池更换服务为主，也可提供少量整车应急充电服务。更换下的动力电池在站内实现电能补充。具有新能源汽车能量补给速度快（一般 5 min 即可完成电池更换服务），服务能力强，自动化和专业化程度高，对电池性能要求较低，有利于增加电池寿命等优点，但也存在建站灵活性较低，备用电池和充电设备造成建设成本高，成本回收周期长，配电容量较大等缺点。

2. 子母式电池更换站

子母式电池更换站是指动力电池在母站集中充电，电池的更换作业在母站和各子站进行，通过配送体系将母站充满电的电池配送到各子站并将更换下的电池运送回母站集中充电，母站和子站也可提供少量应急充电服务的充电站。

子母式电池更换站由一个母站和若干子站构成，母站主要建立在城市中土地资源充裕、交通便利、离大型配电站近的地区，主要进行规模大、专业化程度高的集中充电作业；子站建立在城市中交通流量较大、新能源汽车充电和电池更换需求旺盛、土地资源紧张的地区，主要提供电池更换服务。

子母站形式的充电站电池大规模集中充电，专业化、自动化程度高，有利于更好地监控电池的性能并作出专业化的处理，充分发挥电池的潜能，延长电池寿命，提高电池的充电安全性，也增强了辐射服务范围，缓解了充电站用地紧张的问题。但其也存在需要建立专用的配送服务体系，增加了系统复杂性，电池的利用率相对有一定程度的降低。母站作为高能储存场所，配电容量巨大，需要更加严格的措施来保证母站的安全性。

3. 停车式整车充电站

停车式整车充电站是指为车辆提供整车常规充电和应急快速充电的充电站，其本质就是一个配有一定数量充电动机的停车场。

这种充电站依托现有的飞机场、火车站、酒店、医院、学校、购物场、超市、会议中心、旅游胜地和社区等停车场，在停车位附近设置常规充电动机或快速充电动机，利用车辆的停车间隙时间或者夜晚，为车辆提供小电流常规充电或大电流、短时快速充电服务。

由于停车式整车充电站对已有停车场影响小，可以利用的场地很多，因此具有灵活性大，配电容量小，对城市规划布局或现有设施影响小，服务范围广等优点。

7.3.3 典型新能源汽车充电站

在我国国内目前建设的大型新能源汽车充电站中，2008 年北京建设的奥运电动客车充电站是国际上第一个具有电池自动快速更换功能的充电站，2010 年上海建设的世博电动客车充电站是目前国际上规模最大的充电站。这两个充电站功能完善，充换电兼容，在设计和功能实现上具有典型性。下面以奥运电动客车充电站为例，进行充电站设计的介绍。

奥运电动客车充电站总占地面积为5 000 m^2，建设面积约2 600 m^2。在奥运期间为50辆电动客车提供24 h充电、动力电池更换服务以及相应的整车和电池维护保养服务。新能源汽车充电站建设充分考虑了功能性、技术要求、经济效益和社会效益等多方面因素。充电站主体为一个封闭式充电间，主要组成部分有配电站、充电车间、停车区、办公区、车辆调度区。中央通道是需更换电池车辆通道，沿车道中心线对称为电池自动更换设备，自动更换设备后是对称工作链，实现车上电量耗尽电池与充完电电池的更换操作。车辆在快速更换区域通过自动更换机械实施电池分箱组合式快速更换，10 min内可以完成一辆车的电池更换工作。

具体过程：新能源汽车进站停到指定位置后，手动或机械自动打开电池仓门，更换设备通过激光定位，自动循迹找到电池箱位置，通过液力驱动直线导轨将电池搁置平台伸出与车体实现搭桥连接，电磁吸取装置动作实现电池箱解锁并拖出到电池搁置平台。电池拖出过程中，升降臂将根据车体刚度变化调整搁置平台高度，保持电池箱拖出过程平稳。另一侧更换设备从电池存储架上取电池的过程与从车上取电池类似。之后回转平台旋转180°，实现电池换位。再次调整定位后，按照拖出电池过程的逆过程将电池分别推入电动客车电池仓和电池存储架，完成一组电池的更换工作。

电池存储平台再向外对称拓展为充电动机，通过电力电缆和通信电缆实现与电池存储平台上的电池连接，对电池存储平台上待充电电池在单体电压、温度等极端单体参数监测条件下实施电池分箱充电。充电数据通过充电监控系统传输并记录在监控终端。

其他配电区、监控区、电池维护区等独立区域根据功能要求和安全要求进行统一布局。为保证电动客车在不同线路高效、有序运行，综合集成通信、计算机网络、GPS、GIS等多项技术，根据新能源汽车的特点和奥运应用工况需要，在充电站监控系统中集成了电动客车远程监控与调度系统，在充电站设置了新能源汽车调度监控中心，进行车辆运行状态全方位控制和管理。

该站至今在为北京电动公交客车提供运行充电保障服务，由该站建设创建的对称式布局、充换电兼容的总体布局结构对国内外更换式充电站的设计和建设产生了深远的影响。

7.3.4　新能源汽车光伏充电站

目前，新能源汽车充电站主要是利用电网供电，如果新能源汽车得到大量推广使用，必将额外消耗大量不可再生资源用于发电，煤、石油等化石能源在燃烧发电过程中又造成环境污染，加重了传统能源消耗和环境问题，因此，开发利用清洁的可再生能源给新能源汽车充电站供电势在必行，光伏充电站是新能源汽车未来最理想的充电站。

新能源汽车光伏充电站可以分为两类，即离网运行的新能源汽车光伏充电站和并网运行的新能源汽车光伏充电站，目前应用较多的是并网运行的新能源汽车光伏充电站。

并网运行的新能源汽车光伏充电站主要由光伏电池阵列、储能电池组、多组 DC/DC 变流模块、交流电源、中央控制器等单元组成，如图 7－35 所示。

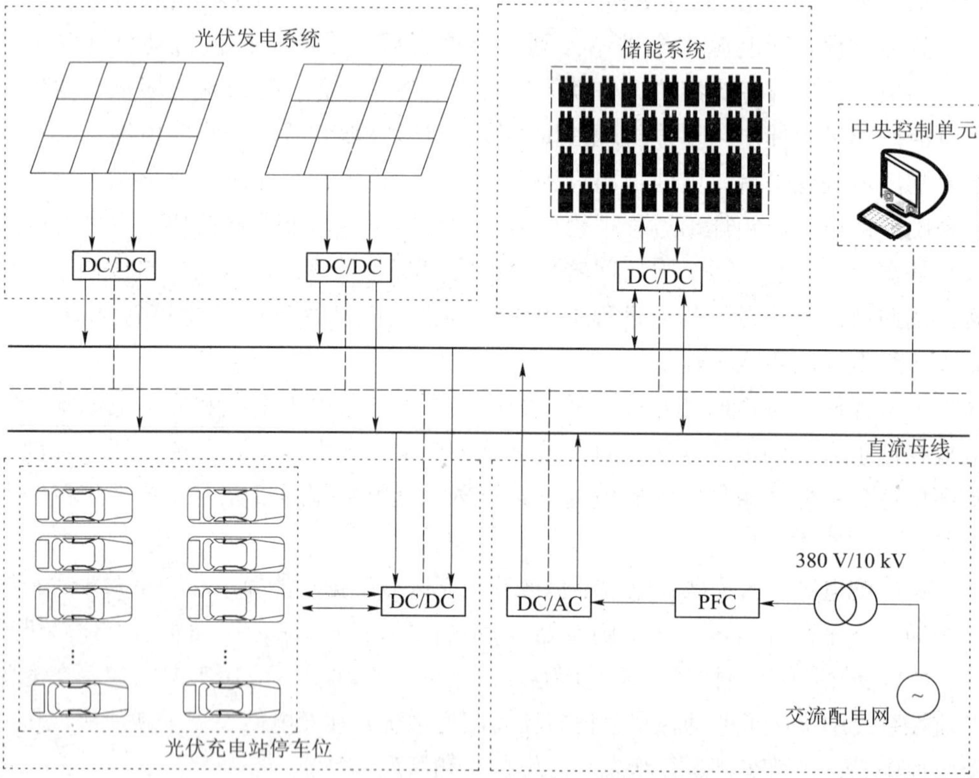

图 7－35　新能源汽车光伏充电站系统结构

光伏电池阵列由太阳电池板串、并联组成，它吸收太阳能并发出直流电，经 DC/DC 变流模块接入充电系统，是站内新能源汽车充电的主要电源。

储能电池组在系统中起能量储存和调节的作用，当光伏发电量过剩时，储存多余的电能；光伏不足时，由储能或与交流配网一起向新能源汽车充电。

多组 DC/DC 变流模块作为光伏电池阵列、储能电池组和新能源汽车充电系统的变流单元，其中，光伏发电系统和新能源汽车充电系统使用能量单向流动的

DC/DC 模块，储能电池组使用能量双向流动的 DC/DC 模块。

DC/AC 变流模块作为交流配电网与光伏充电系统的连接单元，根据站内充电需要，将配电网输入的交流电转换为直流接入充电系统。

中央控制器协调系统内各组成单元正常运行，实现能量的监测与控制。

新能源汽车光伏充电站的原理是利用高储能电池把太阳能发出的电量储存并及时提供给新能源汽车充电使用或是给其他系统供应电力，而在太阳能发出的电量不足以满足充电站使用时可以从电网中输送电量到充电站中储存以便于及时给汽车提供电力。

光伏充电站的主要特点是：第一，光伏充电站不需要建设专门的电站或者电网来供电给充电站使用，也不需要加大电网的电容量。因为光伏发电系统不但有自身的发电功能，在遇到供不应求的情况时，光伏充电站系统会在电网低谷时段选择从国家电网购买电量储存在电容器里，这样不仅使充电站的电量能满足快速供给新能源汽车充电而不影响电网的使用，而且对国家电网低谷时段的电力做了有效利用。相反，当国家电网到高峰时段用电压力较大时，也同样可以利用充电站储电优势反供电给电网。第二，因为储能光伏充电站是由多个储能电池组合成的，在遇到供不应求的情况下，也不需要重新建造更大的充电站，其扩大能量的方法非常简单，只要按需求增加电池组数量即可。这样在很大程度上节约了充电站的建设成本，也给充电站的长远发展提供了更多的可能性。